정토교와 기독교
— 종교에서의 구제와 자각

『浄土教とキリスト教: 宗教における救済と自覚』
Annotated and compiled by Nanzan Institute for Religion and Culture
ⓒ 1990 by Nanzan Institute for Religion and Culture
This Korean edition published 2017
by Dong-yeon Press, Seoul

정토교와 기독교
─ 종교에서의 구제와 자각

2017년 3월 2일 인쇄
2017년 3월 9일 발행

엮어쏨 | 南山宗教文化研究所
옮긴이 | 김호성 김승철
펴낸이 | 김영호
펴낸곳 | 도서출판 동연
등   록 | 제1-1383호(1992년 6월 12일)
주   소 | 서울시 마포구 월드컵로 163-3
전   화 | (02) 335-2630
팩   스 | (02) 335-2640
이메일 | yh4321@gmail.com

ISBN 978-89-6447-349-8 93210
ISBN 978-89-6447-348-1 94210(세트)

이 책은 난잔종교문화연구소(南山宗教文化研究所)의 출간 지원금을 받아 펴냈습니다.

이 도서의 국립중앙도서관 출판예정도서목록(CIP)은 서지정보유통지원시스템 홈페이지(http://seoji.nl.go.kr)
와 국가자료공동목록시스템(http://www.nl.go.kr/kolisnet)에서 이용하실 수 있습니다.
(CIP제어번호: CIP2017005493)

난잔종교문화연구소 연구총서 4

정토교와 기독교
— 종교에서의 구제와 자각

南山宗教文化研究所 엮어씀

김호성 · 김승철 옮김

동연

발 간 사

〈난잔종교문화연구소연구총서〉를 펴내면서

1974년에 창설된 난잔종교문화연구소(南山宗教文化硏究所, Nanzan Institute for Religion and Culture)는 일본 나고야(名古屋)에 있는 난잔대학(南山大學) 내에 설치되어 있다. 난잔대학은 〈하느님의 말씀의 선교수도회〉(神言修道會 SVD Societas Verbi Divini)에 의해서 설립된 대학으로서, 난잔종교문화연구소는 가톨릭교회의 제2차 바티칸공의회에서 천명된 기독교와 타종교와의 대화의 정신을 실현해 나가고 있다.

동 연구소에서는 연구회, 심포지움, 워크숍, 출판 활동 등을 통해 동서의 종교 간의 대화, 문화 간의 대화, 다양한 사상과 철학 사이의 대화 그리고 일본과 아시아의 종교에 대한 연구에 매진하고 있다. 해마다 국내 · 외 많은 연구자들이 연구소를 방문하여 연구 활동을 하면서 활발히 교류하고 있으며, 연구 성과는 저널이나 서적을 통해서 다양하게 출판하고 있다. (자세한 내용은 동 연구소의 홈페이지 http://nirc.nanzan-u.ac.jp/en/ 를 참조해 주시기 바란다.)

금번 한국에서 일련의 시리즈로서 계획되어 출판되는 〈난잔종교문화연구소 연구총서〉는 동 연구소가 종교 간의 대화를 실천하는 가운데 축적해 온 연구 성과들을 한국에 소개함으로 한국과 일본에서의 종교간의 대화를 더욱 진작, 보급하며, 양국의 연구자들 사이의 활발한 교류를 촉진하려는 목적에서 기획되었다. 특히 일본에서 이루어지는 기독교와 불교의 대화는 일본의 불교적 전통을 바탕으로 서구의 종교와 철학을 수용하였던 교토학파(京都學派)의 사상을 매개로 하면서 이루어져 왔다는 특징이 있으므로, 본 〈난잔종교문화연구소 연구총서〉 시리즈에서는 난잔종교문화연구소의 연구 성과들을 번역, 출판함과 동시에, 교토학파의 대표적인 사상가들을 소개하는 일을 겸하게 될 것이다.

이러한 취지로 그동안 다음과 같은 책을 번역, 출판해왔다.

〈난잔종교문화연구소 연구총서 1〉
니시다 기타로(西田幾多郎),『장소적 논리와 종교적 세계관』(김승철
    역, 정우서적, 2013년)
〈난잔종교문화연구소 연구총서 2〉
난잔종교연구소 편,『기독와 불교, 서로에게 배우다』(김승철, 강이레,
    마츠야마 켄사쿠, 홍민기, 홍이표 공역, 정우서적, 2015년)
〈난잔종교문화연구소 연구총서 3〉
다나베 하지메(田邊 元),『참회도로서의 철학』(김승철 역, 도서출판 동
    연, 2016년)

그리고 이번에 〈난잔종교문화연구소 연구총서〉 제4권으로서 난잔종교문화연구소 편,『정토교와 기독교 ─ 종교에서의 구제와 자각』(浄土教とキリスト教: 宗教におけり救済と自覚)을 김호성과 김승철 공역으로 여기에 펴내는 바이다. 이 책은 1989년에 개최되었던 제7회 난잔종교문화연구소 심포지움의 전 기록을 정리한 것이다.

〈난잔종교문화연구소 연구총서〉의 발행을 통해서 한국과 일본, 나아가서는 아시아에 있어서의 종교 간의 대화가 보다 활발히 진행되는 계기가 되기를 간절히 바라면서, 연구자들과 독자 여러분의 성원을 부탁드리는 바이다.

2017년 2월

난잔종교문화연구소

김승철

차 례

오 리 엔 테 이 션

얀 반 브라후트
(난잔종교문화연구소 소장)

제7회 난잔종교문화연구소 심포지엄을 개회하겠습니다.

종교 간의 대화가 중요하다는 사실을 전제로 2년마다 열리는 이 난잔 심포지엄 시리즈의 목적이나 정신에 대해서는 지금까지 기회가 있을 때마다 수차례 말씀드려왔으므로 이번에는 생략하기로 하겠습니다.[1]

이번 심포지움의 주제는 "정토교와 기독교"입니다. 정토교와 기독교의 만남에는 어떤 의미가 있는가, 두 종교는 서로 어떤 식으로 다가가서 무엇을 주고받을 수 있는가에 대하여 잠시 여러분과 함께 생각해 보려고 합니다. 우선 양자의 만남의 역사에 대해서 간단히 언급하도록 하겠습니다.

1. 만남의 역사

기독교와 정토교가 만나는 것은 물론 이번이 처음이 아닙니다. 중국에서도 다소간의 접촉이 있었습니다. 일본에서는 기리시단(切支丹) 시대에 어느 정도의 교섭이 있었는지는 잘 모르겠습니다만, 다만 그 당시부터 가톨릭 선교사가 유럽에 보내는 편지에 "정토진종(淨土眞宗)은 프

---

[1] 南山宗教文化研究所 編, 『絶対無と神』, 東京: 春秋社, 1981, 8-9.

로테스탄트와 꼭 닮아서, 둘 다 동일한 악마의 술수다"라고 썼던 것이 생각납니다.

그리고 메이지 유신 이후 정토교와 기독교가 다시 만났습니다만, 극히 최근까지 서로 자신의 종교를 무조건적으로 절대시하는 입장이었기 때문에 상대방을 사교(邪敎)라고 경멸하거나 두려워하였습니다. 이런 조건하에서는 설령 만났다고 하더라도 참된 의미의 '만남'은 될 수 없었고, 아무리 서로에 대해서 연구한다고 하더라도 진정으로 상대방을 이해하는 방법이 되지 못했음은 재론의 여지가 없을 것입니다.

당시의 문헌을 통해서 상대방에 대한 발언을 읽어보면 금방 알 수 있는 것은, 그러한 명제가 상대를 이해하려는 노력의 결과이기는 커녕, 상대에 대해서 호교적(護敎的)으로 자신의 아이덴티티를 주장하고, 상대의 가르침을 발판으로 삼아서 자신들의 전통과 교리의 우위성을 단정하려는 시도에 지나지 않았다는 사실입니다.

그와는 달리 상대를 진정으로 이해하기 위한 만남, 다시 말해서 종교적인 차원에서 참된 의미로서의 인간적 만남을 소망하는 우리에게는 어떠한 정신적 태도가 요구될까요? 그것은 한마디로 말씀드리면 "이번에야말로 우리 자신의 독자성을 상대방과의 공통성 위에 세워보고 싶다"는 태도일지도 모르겠습니다.

그런데 거칠게 말씀드린다면, 정토교와 기독교와의 관계에 대해서는 의견이 완전히 둘로 나누어져 있는 것 같습니다.

2. 정토교와 기독교의 관계

한편에서는 더글라스 폭스가 20년 전에 썼던 대로, '진종'(眞宗, 신란의 '정토진종淨土眞宗'을 약해서 흔히 '진종'이라고 부른다 _역주)을 관찰한 기독교인이나 종교학자의 상당수는 특히 구제의 가르침에 관해서 진종과 기독교 사이에 매우 밀접한 유사성이 있다고 지적해 왔다"[2]고 합니다. 그리고 이런 인상은, 많은 경우에 "정토교를 정말 불교라고 할 수 있을까"라는 의문을 수반하는 것이었습니다.

하지만 정반대의 의견도 있습니다. 그것은 제가 알고 있기로 대부분의 정토진종 학자들이 지니고 있는 입장으로 대강 다음과 같은 것입니다.

> 언뜻 보면, 즉 일반 신도의 실천 또는 종교적 현상의 차원에서 보면, 정토교와 기독교와는 서로 대단히 비슷할지도 모른다. 하지만 그것은 표면적인 것으로서, 본질적인 차원, 즉 교상(教相)의 차원에서 보면 정토교는 이차적인 독자성은 있어도 근본적으로 대승불교 일반의 논리로 환원될 수 있고, 기독교와는 완전히 다르다.

이 심포지엄에서 이러한 딜레마를 조금이라도 극복할 수 있다면 다행이라고 하겠습니다만, 저 자신은 나름대로 다음과 같이 확신하고 있습니다.

> 정토교라는 종교는 근본적이고 내면적으로 불교이며, 불교의 전통이야말로 정토교의 깊이나 순수함의 원천이다. 그러나 동시에 정토교는 단지 불교 일반의 '본래적 인스피레이션'이라든가 '정수'(精髓)라는 것으로 환원될 수 없는 종교적 충동(衝動)을 포함하고 있고, 그러한 충동이야말로 불교 전통 내에서 정토교의 독자성을 이루면서, 정토교와 기독교 사이의 깊은 차원에서의 친근성과 유사성을 성립시킨다.[3]

---

[2] Douglas A. Fox, "Soteriology in Jodo Shin and Christianity," *Contemporary Religions in Japan*, vol. 9(1968), 130

대단히 거칠고 당돌한 말이기에 여러분들의 비판을 듣고 싶습니다.

3. 구제

그런데 이번 심포지엄의 주제인 정토교와 기독교의 만남은 프로그램 상으로는 "종교에서의 구제와 자각"으로 되어 있습니다. 먼저 '구제'라는 개념 일반에 집중해서 말씀드리겠습니다. 거기서 우리 종교인들이 충분히 자각해야 할 것은 우리가 각각의 전통적인 교리 체계나 다양한 상징에 의해서 구제를 말한다고 하더라도, 아무래도 그러한 이야기는 현대인에게는 별로 잘 받아들여지지 못한다는 사실입니다. 현대인들은 우리가 제기하고 있는 구제의 필요성을 느끼지 않는 것처럼 보입니다.

현대라는 시대에 불교와 기독교에게 동일한 과제를 던져주고 있으며, 우리는 이를 해결하기 위해서 서로서로 도울 수 있는 것은 아닐까요?

게다가 구원 메시지의 표현 방법이나 해석, 경험 방법도 시대에 따라서 바뀌어 왔다고 하는 역사적 사실이 있습니다. 현대야말로 우리 각자의 전통에 '충실하면서' 창조적인 것이 되지 않으면 안 된다고 할 수 있지 않을까요?

이 외에 "신(神), 무(無), 아미타불," "종교에서의 법(法)과 사람," "두 종교에 있어서의 언어 ― 로고스(Logos)와 명호(名號)" 같은 주제도 생각할 수 있었습니다만, 어쨌든 '구제'라는 개념이 두 종교의 큰 부분을 포괄하는 것은 부정할 수 없으며, 종교의 일부를 이해하려는 경우, 아무래도 그 일부를 그 종교의 살아있는 전체 안에서 보지 않으면 안 될 것입니다. 스즈키 다이세쓰(鈴木大拙) 박사가 말했던 것처럼, "정토진종의 교

---

3 이러한 나의 견해를 조금 더 자세하게 다음의 글에서 피력하였다. "浄土真宗とは何か―私の真宗観,"「同朋仏教」, 第23号 (1988年 7月).

학(敎學)은 서로 연결된 하나의 체계이므로 어딘가 한 군데를 건드리면 체계 전체가 움직이기 시작한다. 따라서 한군데라도 철저하게 알기 위해서는 체계 전체를 이해하지 않으면 안 된다."[4]

I. 무엇으로부터의 구원인가, 무엇을 향한 구원인가?

1. 구원되어야 할 상황

이 둘은 물론 서로 별개의 것이 아닙니다. 전자가 인류의 경험으로부터 알려진 것임에 반해서 후자는 이상적인 모습이라고 일단 생각할 수 있습니다. 하지만 실은 전자도 단순한 경험이 아니라 오히려 어떤 이상적인 모습을 배경으로 하면서 거울에 비치어 경험한 '인간의 조건'을 판단하는 것입니다.

그래서 우선 지적할 수 있는 것은, 인간의 조건에 관한 판단에서 불교와 기독교는 근본적으로 일치하고 있습니다. 즉 불교와 기독교는 모두 인류가 처해 있는 현 상황이 본래적인 것이나 응당 그러해야 할 바의 것이 아니고, 오히려 일탈된 것, 왜곡되어 있으며, 거기에 '조직적인 왜곡'과 비틀림이 있으므로 인간은 그곳으로부터 벗어나고 해방되어야 한다고 이해합니다.

그러나 그 '왜곡'에 대한 견해는 종교들 사이에서 미묘한 차이를 드러냅니다. 석가모니는 "모든 것이 고(苦)다"라고 말씀하시면서 인간이 처해 있는 상황의 특징을 바로 생로병사라고, 말하자면 인간의 물리적, 실

---

4 『鈴木大拙全集』, 第六卷, 225頁.

존적 측면과 관련지어서 이해하셨습니다. 그리고 이른바 영지주의적인 해석에 의해서 그 왜곡의 근원에 무명(無明, *avidyā*)을 보셨다고 할 수 있 겠지요. 이와는 달리 유대교나 기독교는 인간의 비참한 상황을 보다 윤리적인 눈으로 보며, 그 근저에서 역시 죄(신과의 관계의 뒤틀림)를 보아왔습니다.

그렇다면 정토교의 경우는 어떨까요? 다른 불교 일반과 비교해서 정토교에서는 인간이 죄 많은 존재라는 사실이 매우 강조됨으로, 정토교에서 죄의 역할은 기독교에서 죄가 담당하는 역할에 가깝다고 자주 지적되곤 합니다. 그러나 이 양자 사이에 죄나 죄악의 의미는 미묘하게 다르다는 생각이 듭니다. 신란 성인(親鸞 聖人)은 선도(善導)의 말을 즐겨 인용하곤 했습니다. "나는 참으로 죄악이 무거워서 생사를 거부하는 범부이다. 참으로 긴 시간[曠劫已來] 동안 늘 죽고, 늘 유전(流轉)해왔으니, 벗어날 인연이 있을 수 없다고 믿는다." 신란 성인은 인간의 조건인 왜곡을 '존재인 죄' 또는 '인간의 윤리적, 종교적 무력(無力)의 고(苦) 즉 죄'라고 이해한 것 같습니다.

2. 해방의 가능성

그 문제는 그렇다고 하더라도, 그러한 비참한 상황으로부터의 해방의 가능성에 대한 이야기에 이르면 기독교와 정토교에는 중대한 분기점이 있습니다. 그에 대해서 한편에는 불교 일반이 있고, 다른 한편에는 기독교와 정토교가 어깨를 나란히 하고 서 있습니다.

첫 번째 분기점은 "인간은 자신 힘으로 자신을 해방할 수 있는가?"라는 물음에 대해서입니다. 불교 일반은 "그렇다"고 대답하면서 자력의 길과 향상(向上)의 길을 권합니다. 그러나 정토교와 기독교는 "아니오, 인간이 해방될 수 있는 것은 오직 초월적인 힘에 의해서, 인간의 차원에까지 내려와 주시는 '절대자'의 자비에 의해서입니다"라고 대답합니다. 이 것이 타력의 길이고, 향하(向下)의 길입니다.

　두 번째의 분기점은, "이 해방은 현세에서 성취되고 완성될 수 있는 것인가?"라는 질문에 관해서입니다. 불교 일반, 적어도 일본의 성도문 (聖道門)은 그것이 가능하다고 하면서 "즉신성불"(卽身成佛) 같은 말을 가지고 그러한 신념을 표현합니다. 그러나 기독교와 정토교에서는 그러한 해방은 현세에서 기본적으로 시작될 수 있지만 그것의 완성(정토교에서는 '정각正覺=정토', 기독교에서는 '신을 보는 것')은 내세에서 이루어질 것으로 기대됩니다.[5]

3. 구원된 상황

　다음으로는 "무엇을 향한 구제인가?"라는 문제입니다. 각 종교는 개념보다는 다양한 상징을 가지고 "인간의 이상적이고 기대해야 할 상황"을 묘사합니다. 물론 상징인 만큼, 상징들을 서로 비교하기는 매우 어렵습니다. 그러나 한편으로 생각해 보면 종교의 매력이나 힘은 그러한 상징에서 유래한다고 여겨지기에, 그에 대한 올바른 이해방식은 대단히 중요하다고 하지 않을 수 없습니다. 그런데 여기에서 불교와 기독교와 정토교 사이에 근본적인 차이가 있는 걸까요? 먼저 공통점이라고 생각되는 것을 보면, '빛'과 '생명'이라는 상징이 어느 종교에서나 큰 역할을 하고 있습니다. 그리고 나아가 각 종교가 말하는 이상상(理想像)은 "모

---

[5] 조금 더 파고 들어가서 살펴보면, 두 종교 사이에는 "그러한 완성은 현세에서는 불가능한 가?"라는 물음에 대한 대답이 다를지도 모릅니다.

든 속박으로부터의 완전한 자유"이고, 인간의 실존이 본래의(authentic) 모습이 되는 것, 또는 거기로 돌아가는 것을 포함하고 있습니다.

그러나 각 종교인들이 그러한 이상상을 어떤 곳으로부터 생각하고 있는가에 따라서 그 색깔이 다소 달라집니다.

불교는 이상적 상황을 완전한 자각(正覺, 見性)으로부터, 본래의 자기와 완전하게 하나가 되는 곳으로부터 보고 있지만, 그와는 달리 기독교는 그것을 우선 신과 이웃과의 원만한 관계(이른바 간주관적間主觀的 관계)라는 관점으로부터 바라보고 있다고 말할 수 있겠지요. 그렇다면 정토교의 경우는 어떨까요? 정토교는 이상적 목표로서 '이타(利他)의 정각'으로부터 접근하여서, 그 내용을 주로 "마음껏 자비의 행(還相回向)을 할 수 있는 상황"으로서 보고 있는 듯합니다만, 확실히 정각이란 그것을 위한 조건으로서 필요불가결한 것입니다.

4. 구제와 자증(自證)

이쯤에서 본 심포지엄의 테마에 속해 있는 또 하나의 말에 대해서 고찰해 보겠습니다. 즉 '구제와 자각'에서 '자각'이라는 개념에 대해서 논해보려는 것입니다. 아마도 '자각' 대신에 '정각' 혹은 '자증'이라고 말하는 편이 좋았을지도 모르겠습니다. 이 문제 제기는 주로 정토교와 불교 일반의 관계로부터 나온 것으로서, 기독교 안에서는 지금까지 별로 직접적으로 문제시되어 온 것은 아니지 않을까 합니다. 하지만 그것이 기독교에 있어서 중대한 문제가 아니라는 식으로 결론을 내려야 하는 것은 아닙니다. 이와 관련해서 우리들 기독교인들은 우선 정토교 신자들로부터 '자각', '깨달음'(證), 또는 '자증'이라는 개념의 정확한 의미를 배우지 않으면 안 된다고 생각합니다.

정토교에서는 신란 성인 자신이 '깨달음'을 비교적 존중하였으며, 거기에 따라서 그의 가르침이 대승 불교 일반에 더욱 가까워진다고 하지만, 그 '깨달음'이라는 개념 안에 포함되는 구성적 계기는 어떤 것입니까? 옳은지 어떤지 잘 모르겠습니다만, 저 나름대로의 생각을 말씀드리면 다음과 같습니다.

(1) 원생(願生)이란 단순한 행복(욕망이 채워진 것)에 대한 동경이 아니고, 진실한 지혜에 대한 관심을 포함하지 않으면 안 된다.
(2) 구원은 단지 외면적인 것이 아니고, 본질적으로 자기의식의 전환을 포함한다.
(3) 구원이란 단지 내세에서 기대하는 것이 아니고 현재에 경험하는 것이다.

여기까지라면 기독교도 이것을 충분히 받아들일 수 있다고 생각합니다. 그러나 기독교에서는 구원을 단순히 내면적 사건이나 단순한 자각의 전환으로 환원할 수는 없습니다. 그것은 외면(신체, 세계, 사회)을 다시 새롭게 만드는 일도 포함합니다. 그런데 정토교에 있어서의 '정토'라는 상징도 본래는 이와 동일한 이념을 포함하고 있지 않을까요?

II. 구원의 실현 방법

방금 전 구원의 실행에 관해서 정토교와 기독교에 공통된 원리를 거론해 보았습니다. 즉, 그것은 "타력에 의해서"라는 원리입니다. 환언하면 "구원의 길은 상대자(중생)으로부터 절대자에게로 향상적(向上的)으로 열리는 것이 아니라, 그 길은 단지 절대자로부터 인간에게로 향하적(向下的)으로 열리는 이외에 달리 없다"는 말입니다. 그 구원의 길을 세 가지 계기로 나누어 본다면 편리할 것입니다.

1. 구원의 근원

기독교에서 구원의 원천은 분명히 독립해 있는 하나의 위격으로서 생각된 신에게 있습니다. 즉 "아버지되시는 전능한 신의 구제 의지"입니다. 그 안에 구원하고 싶다는 의지(소원이라고도 할 수 있을까요), 구원하려는 결심, 구원하는 힘이 갖추어져 있습니다. 그 근원을 정토교에서는 아미타 여래의 본원(本願)에서 찾는다고 할 수 있지만, 그것에 대해서 제가 받은 인상을 솔직하게 말씀드리고 싶습니다. 왜냐하면 본원에 관한 정토교의 교리 안에 애매한 점이 있다고 여겨지기 때문입니다.

(1) '본원은 어디에 놓여지는가'라는 물음에 대해서 교리에는 양립하기 어려운 두 가지 경향이 있지는 않은지요? 하나는 본원을 이른바 일신론적으로 하나의 위격(位格)으로서 생각된 아미타불(혹은 인위因位의 법장보살)의 주체성 안에서 찾는 경향. 또 하나는 본원을 이른바 범신론적으로 우주, 대자연을 꿰뚫는 자비로서 보거나, (이와 동시에) 본원을 구원에 대한 인간의 소망과 동일시하는 경향이 있는 것은 아닌가?

(2) 두 번째 점은 첫 번째 점과 밀접한 관계가 있습니다. 그것은 본원이 구원하는 힘은 어디에서 오는가 하는 질문입니다. 성서 안에 있는 신의 말씀, 약속(에멧트)과 같이 본원도 반드시 성취하는 것으로서 생각됩니다. 그런데 그 필연성은 어디에서 유래합니까? 기독교적인 눈으로 보면 애매하게 보입니다. 본원은 방편, 구원실성(久遠實成)의 아미타(向下佛)의 업입니까? 그 경우 본원이 단순한 '기도'(祈禱)가 아니라 실현의

힘이 있다고 알고 있습니다. 그렇지 않고 본원이 보신(報身), 십겁성도
(十劫成道)의 아미타의 업이라면, 그것은 그러한 힘이 있을 리가 없는 인
간의 업(자력)으로 환원되지는 않는가라는 의문이 남는 것 같습니다.[6]

2. 구원의 방법론: 구원의 구체적 실행

기독교에서는 구세주 예수 그리스도가 구원의 중심이 됩니다. 구원
이 실현되는 것은 그의 성육신[受肉]과 십자가에 의해서입니다. 성육신
에 의해서 예수 그리스도는 신인(神人: 참된 신과 동시에 참된 인간)이 됩니
다. 성육신한 예수 그리스도에게서 위로부터의 선(신의 구제의 의지)과 아
래로부터의 선(구제를 향한 인류의 소원)이 하나가 됩니다(기법일체機法一體입
니까?). 그러나 구원의 업은 예수의 죽음과 부활 안에서 중점적으로 나타
납니다. 이를 가리켜 "우리는 예수의 십자가의 무한한 공덕에 의해서 구
원받았다"고 합니다. 이러한 견해는 법장보살의 영겁에 걸친 수행을 상
기시키는 바도 있습니다.

다른 한편 구원 실행에 대해서 말할 때 정토교에서는 명호(名號)가
중심이지 않겠습니까? 그리고 그 배후에 법장보살이라는 인격의 모습
이 있지만, 그것이 어떤 의미로는 이차적인 것으로 보이는 것도 사실입
니다.[7]

---

6 이와 관련해서 '본원'(本願)이라는 말을 영어로 어떻게 옮기면 좋은가 하는 문제가 됩니
다. Vow, Prayer, Desire, Promise라는 네 단어 중에서 어떤 것이 가장 적절하겠습니까?
7 기독교에서 '예수의 이름'이 차지하는 위치나 기능에 대해서는 사도행전 4장 2절과 성 바울
로의 서간인 빌립보서 2장 8-9절이 특히 주목해야 할 부분입니다.

3. 구원을 받아들임

이른바 객관적인 구원은 나 개인에게 어떤 식으로 도달하고 성취하는가라는 문제, 곧 구원의 받아들임의 문제라고도 할 수 있는 점입니다. 정토교에서는 여기서 '행신'(行信)을 거론한다고 생각합니다. 즉 신앙심과 함께 칭명염불(稱名念佛)의 정행(正行)을 말합니다. 기독교에서 여기에 해당하는 것은 '신앙'과 '사랑의 행위'는 아닐까요? 이 점에 관해서 정토교와 기독교 사이에는 역시 많은 차이점과 문제점이 있다고 생각합니다. 예를 들어서 '믿음의 획득, 개발, 결정'이라고 할 때, '신심'(信心)의 주체는 누구인가? 그리고 '신앙'의 성격에 관해서 생각해 볼 때 신앙은 지혜와 어떻게 연결되는가? 등등의 문제가 있습니다만, 여기서는 생략하겠습니다.

III. 구원에 관한 여러 문제

1. 구원의 보편성

정토교에서도 기독교에서도 구원의 보편성이라는 이념이 각 종교의 토대가 되는 전통—즉, 정토교의 경우 소승 또는 대승의 성도문, 기독교의 경우는 유대교—에서 보다 더 강조되었습니다. 기독교에서 그 전형적 표현은 "하느님께서는 모든 사람이 다 구원을 받게 되고 진리를 알게 되기를 바라십니다"(디모데전서 2장 4절)라는 기록입니다. 정토교에서도 이러한 경향은 매우 분명합니다. 정토교야말로 구원과는 연(緣)이 없는 사람, 즉 악인을 위한 구원의 길이라고 자각되고 있는 것은 아닐까요?

일견 이 점에서도 양자는 서로 비슷하다고 생각됩니다만, 동시에 큰 차이점도 있는 것은 아닐까요? 왜냐하면 기독교에서는 신의 의지에서 볼 때 구제가 보편적이라고 하더라도, 인간의 의지로부터 본다면 반드시 그렇지는 않기 때문입니다. 신은 인간을 자유로운 존재로 만드셨고, 그렇게 함으로써 이른바 자신의 전능을 제한하셨으므로, 인간이 신의 구원을 거절하고 신의 구원의 칙명에 대해서 불복종하는 태도를 취할 수 있다고 생각됩니다. 따라서 자신의 구원에 대한 책임이 인간에게 있다고 할 수 있습니다. 정토교에서는 어떻습니까? 아미타 여래의 부르심[招喚]의 칙명에 대해서 인간은 그 자유를 잃게 됩니까?

그리고 언뜻 보면 기독교나 정토교에나 '구제의 조건'이 있는 것 같습니다. 기독교에서는 "그리스도를 믿고 세례를 받는다"는 것이 조건이고, 정토교에서는 신심과 칭명과 염불이 요구되지 않습니까? 그렇지만 기독교에서는 신앙과 세례가 문자 그대로 '구원의 조건'이라고 여겨졌으므로 "그렇다면 불신자는 어떻게 되는가?"라는 문제가 예부터 존재해 왔습니다. 그와는 달리 정토교에서는 아미타 여래의 무연(無緣)의 자비가 강조되었기 때문에 '구원의 조건'이라는 표현을 피할 수 있었던 것은 아닐까요? 그 반면 정토교 신도 이외의 사람들의 구원은 별로 문제시되지 못했다고 할 수 있지 않겠습니까? 좀 더 구체적으로 말해 본다면, 나 브라후트는 구원됩니까? 그리고 만약 그것이 가능하다면 그것은 지금의 나인 브라후트로 구원되는 것인가요, 아니면 몇 차례나 윤회유전(輪廻流轉)하고 난 뒤에 구원되는 것일까요?

2. 구원의 확실함(정정취正定聚, 불퇴전不退轉)

기독교의 역사를 보면 구원의 확실함이라는 것이 문제시 되지 않았다고는 결코 말할 수 없습니다. 하지만 제 인상에 지금도 남아 있는 것은 진종(眞宗)의 교학에서 구원의 확실함이 어느 정도로 중심적 관심사인가 하는 문제입니다. 조금 형식적으로 말해본다면 신란 성인이 추구하신 것은 구제 자체라기보다는 구제의 확실함이었던 것처럼 생각될 정도입니다. 그것은 구제의 본질에 관련되는 것일까요? 그렇지 않으면 그것은 보다 심리학적인 것이기 때문에 신란이 살았던 시대적 배경에 비추어서 해석해야 하는 것일까요? 예를 들어서 앞에서 인용했던 미국의 학자도 쓰고 있듯이, "신란의 시대는 실존적 불안의 시대였다. 그는 그 시대를 향해 신심만에 의해서 보증되는 구원의 메시지를 말했던 것이다."[8]

3. 구원에 있어서의 현재와 미래

이것은 기독교에서는 종말론(그리고 생활 태도로서의 '망덕望德')에 관한 문제이며, 정토교에서는 "현세와 미래의 두 가지 이익"[現當二益]이 거기에 해당되는 것은 아닐까 합니다. 문헌을 읽으면서 받은 인상을 정직하게 말씀드리면, 현대의 진종 교학자는 중국 이래의 정토교가 너무 미래와 내세를 강조했던 것에 대한 반발로서 이번에는 현세의 이익만을 강조함으로서 정토교뿐만 아니라 '종교' 그 자체에서도 매우 중요한 미래를 향한 지향성을 충분히 평가하지 않았다고 생각합니다. 예를 들어 그 한 측면으로서 전통적으로 정토교가 '임종내영'(臨終來迎)에 집중했던 것이 현실 생활로부터의 도피를 포함하고 있다고는 하더라도, 역시 인생 그 자체에 있어서 죽음의 순간이 소중한 일념인 것은 부정할 수 없고, 하물며 "죽음의 사실을 철저히 염두에 두는 생활 방식을 지향하는 것"이

---

8 Jean Higgins, "Luther and Shinran on Fides Sola," *The Pacific World*, n.s. No.4 (1988), 27.

라고도 할 수 있는 종교에서, 죽음이 중대한 계기라고 하지 않을 수 없을 것입니다.

선(禪)의 깨달은 자[覺者]라면 "나는 몸의 죽음에 대하여 개의치 않는다. 나는 죽음이라는 것을 완전히 나의 일상생활 속에 흡수했다"고 말할 수 있을지 모르겠습니다만, 일반적인 범부(모든 종교의 평신도)는 그렇게 말할 수 없을 것입니다.

덧붙여서 정토교 신도들에게 질문 드리고 싶습니다. 삼심(三心) 중의 원생(願生), 욕생(欲生)은 정토교의 종교성에서 어떤 역할을 하고 있습니까?

4. 구제의 현세적 이익은 무엇인가?

그렇지만 "나의 신앙은 지금의 나의 인생에 대해서 무엇을 가져다주는가?"는 물음은 대단히 중요한 문제라고 하지 않을 수 없습니다. 건전한 종교는 사람들에게 어떤 의미에서는 서로 모순되는 것을 제공하지 않으면 안 된다고 저는 생각하고 있습니다. 한 가지는 안심, 즉 자신을 비롯해서 있는 그대로의 세계를 수용할 수 있는 생활 태도의 토대(말하자면 고향)이고, 또 다른 한 가지는 개인적이고 사회적인 향상(개선)을 위한 동기나 힘입니다. 이 양자의 균형이라는 문제일지도 모르겠습니다만, 그 점에 있어서 기독교와 정토교 사이에는 큰 차이가 있는 것일까요?

이 문제와 관련해서 앞으로의 우리들의 논의를 위한 출발점이 되기 위해 제가 받은 인상을 한 가지 더 말씀드리고 싶습니다. '현익'(現益)이란 역시 '현세의 이익'(現世利益)입니다. 하지만 이 말은 일상적인 일본어에서는 신에게 의존하는 대상을 의미합니다. 이른바 물질적인 필요성에 응해서 그때마다 사람의 욕망을 채워주는 것이라고 이해됩니다. 진종교학에서는 그러한 '현세의 이익'은 엄하게 부정되고 있으며, 그것을 얻기 위한 기원이나 기도는 경멸되는 것은 아니겠습니까? 그 점에 있어서 기독교의 태도는 상당히 다른 것 같습니다. 기독교가 사용하는 '기도'라는 말의 내용은 —염불까지도 그 중에 포함되는— 넓은 것입니다. '기도'는 신을 향해서 여러 가지 은혜를 바라는 기도(기구新求의 기도)도 인정되므로, 그것과 관련해서 정신적 은혜와 물질적 은혜를 처음부터 구별하는 것은 아니라고 생각합니다. 그것은 기독교의 역사를 통해서 기독교가 민속종교와 타협한 결과라고 여겨질지도 모르겠습니다만, 저는 그렇게는 생각하지 않습니다. 예수 그리스도께서도 같은 태도를 취하고 계셨다고 말할 수 있기 때문입니다.

그렇다면 이러한 차이는 무엇을 의미합니까? 그리고 이러한 차이로부터 우리들은 무엇을 서로 배울 수 있을까요?

5. 구원은 개인적인 것인가, 사회적인 것인가?

마지막으로 구제와 관련된 문제로서 '구원은 개인적인 것인가, 그렇지 않으면 사회적인 것인가, 혹은 두 측면을 모두 포함한 것인가?'라는 문제에 대해서 언급하고 싶습니다. 이에 관해서는 두 가지 관점을 생각할 수 있습니다.

첫 번째 관점은 "혼자서는 아무도 구원받을 수 없다"라는 말로 표현되는 것인데요, 구제에서 우리는 모두 서로 연결되고, 구제가 나에게 미치는 것은 신앙 공동체를 통해서 이루어진다는 생각입니다. 그것은 정토교에서도 기독교에서도 마찬가지로 강조된다고 생각합니다. 정토교에서는 선지식(善知識), 환상회향(還相回向) 등의 개념을 가지고, 기독교에서는 그리스도의 신비체로서의 교회라는 가르침을 가지고 그러한 사상을 드러냅니다.

　두 번째 관점입니다. 기독교에서 구원의 사회성은 단지 구원의 파이프라인(pipeline)만을 지칭하지 않고, 분명히 구원 자체(구원의 본질) 속에서 개인적 측면 외에 우주적, 사회적 측면을 인정하고 있습니다. 이 점에서도 기독교는 분명히 구약 성서(특히 예언자)의 전통을 계승하고 있다고 하지 않을 수 없습니다. 이러한 사실에 대해서 미국의 한 신학자는 이렇게 말하고 있습니다. "유대교의 전통에서 최종적으로 문제가 되는 것은 불의[不正]이다. 따라서 구원의 중심적 상징은 정의이다. … 이러한 관심은 불교 전통에서는 눈에 띄지 않는다고 생각한다."[9] 이것은 역시 유대교와 기독교의 가르침에서는 '간주관적 관계'가 언제나 중심적이라는 사실과 연결되어 있다고 생각합니다.

IV. 기독교는 정토교로부터 무엇을 배울 수 있는가

　그러면 구제의 문제 그 자체에 대해서는 이 정도로 말씀드리기로 하고, 마지막으로 기독교는 정토교로부터 무엇을 배울 수 있는가에 대해서 언급하고 싶습니다. 이것은 대단히 중요한 문제입니다만, 이 물음에 대한 대답은 대화를 통해서 점차적으로 알게 되리라고 생각하기 때문에, 여기에서는 단지 제가 저 나름대로의 반성을 통해서 생각해 본 몇 가지 힌트를 말씀드리고자 합니다.

---

9 Rosemary Ruether, "Responses to Massao Abe," *Buddhist-Christian Studies*, vol.7 (1987), 42.

（1）우선 일반적인 사실에 대한 고찰에서부터 시작하겠습니다. 기독교는 불교의 다양한 종파(말하자면 성도문聖道門)와의 대화보다 정토교와 더 열심히 대화하려는 동기를 가지고 있는가요? 만약 있다고 하면 그것은 어디로부터 유래하는 것이며, 또 근 근거는 무엇입니까? 한편, 정토교와 기독교는 많은 종교적 충동이라든지 반응이라는 문제를 공유하고 있음에 틀림없을 것입니다. 그러나 다른 한편, 그들의 근본적인 곳은 각각 매우 다른 환경과 다른 전통 속에서 자라나고 형태를 취해 왔기 때문입니다.

그것은 거칠게 말씀드린다면 이렇습니다. 기독교에는 구약성서, 유대교의 셈족적인 사고와 동시에 그리스 철학의 전통이 있고, 정토교의 경우는 불교, 특히 대승불교의 논리와 동양의 풍토 일반이 있다고 해도 무방하리라 생각합니다. 정토교는 기독교 역시 직면하고 있는 동일한 문제를 처음부터 불교의 논리에 비추어서 해명해 온 종교이기 때문에, 기독교는 그것으로부터 배워서 일방적으로 서양의 논리를 통해서 형성된 교리를 보충하거나 정정할 수 있는 기회가 주어질 것이라고 생각됩니다.

（2）신과 인간 사이의 관계가 문제가 되는 경우, 기독교에서는 그 중의 한 측면, 즉 신의 초월성, 절대적 실재와 인간과의 대면성이라는 측면은 충분히 강조되고 또 해명되어 왔을지 모릅니다. 그러나 또 다른 측면, 즉 이 세상, 특히 인간에 있어서의 신의 내재성이나 구원에 있어서의 신과 인간과의 합동(合同)이라는 측면에 대해서는 정토교로부터—예를 들어서 기법일체(機法一體)나 이중심신(二重深信)에 있어서 아미타불과 범부 사이의 즉비적 통일(卽非的統一)로부터— 많은 것을 배울 수 있는 것은 아니겠습니까?

（3）그와 관련해서 기독교는 '신앙'을 신으로부터의 은혜라고 말하

면서, 보통 그 은혜를 받음에 있어서 인간이 신에게 협력한다거나 그에 대한 책임이 강조되고, 이는 중요한 측면이라고 생각합니다. 그러나 신앙이라는 행위의 주체가 결코 단순한 인간이 아니라, 그리스도/아미타불을 그 근원적 주체로 하는 인간이라는 것을 좀 더 중심적으로 생각해 보라고 정토교는 기독교에게 요구하는 것 같습니다.

(4) 다음으로는 정토교가 실증(實證)하고 있는 것처럼 생각되는 부분입니다만, '일심'(一心)이 되는 것, 하나의 정행(正行)을 전수(專修)하는 것[專修念佛]의 순수함이나 힘에 대해서 생각해보고 싶습니다. 기독교 자체를 하나의 '행'(行)으로 간단히 요약할 수는 없다고 생각합니다만, 기독교 신자 개인의 영성에 대해서 생각해 보면, 많은 경우 여러 가지 수행을 위해서 노력하는 것보다도 단지 하나를 선택해서 그것을 철저하게 행하는 편이 좋다고 하는 교훈을 정토교로부터 고맙게 받아들여도 좋다고 생각합니다.

말씀드리는 김에 한 가지 더 덧붙이자면, 만약 기존의 기독교 안에 전수염불과 닮은 것이 있다고 한다면 그것은 아마도 예를 들어 반도 쇼쥰(坂東性純)[10] 선생님이 연구해 오신 '예수의 기도'(Jesus Prayer)가 되겠지요.

(5) 마지막으로 '기도'에 대한 정토교의 생각에 대해서입니다. 예를 들어 소가 료진(曾我 量深)[11] 선생님은 다음과 말씀하셨습니다. "원래 여래의 큰 기원과 기도가 있기에 우리들 범부자력의 경험적 기도를 필요로하지 않는다."[12] 확실히 기독교에서도 기도는 자아의 욕망으로부터

---

10 쇼쥰(坂東性純, 1932-2004). 일본의 정토진종 오타니파(大谷派)의 승려, 오타니 대학 교수. (역주)
11 료진(曾我 量深, 1875-1971). 일본의 정토진종 오타니파의 승려, 오타니대학 교수. (역주)
12 『曾我量深選集』, 第10卷, 190頁.

나오는 것을 넘어서 신의 뜻이 이루어지는 것, 즉 모든 것을 신에게 맡기고, 오직 신만을 바라는 것으로 나아가야한다는 사실이 강조되어 왔습니다. 이 점에서도 정토교와의 대결(Auseinandersetzung)(?)로부터 중요한 교훈이 태어나기를 기대하고 싶습니다.

예를 들어, 역시 소가 선생님이 설명하신 것입니다만, 아미타불의 원생(願生)과 범부의 욕생(欲生)이 동일한 것이고, 욕생은 인간의 모든 바람을 통일하는 것으로서 인간의 유일한 근본 욕망이라는 사상은 기독교적인 용어로 번역하기 쉬운 것은 아닐까 생각합니다.

V. 정토교에 대해서 이해하기 어려운 것

마지막으로 정토교 분들의 가르침을 받고자 합니다. 정토교 교리 중에서 대부분의 기독교인들, 특히 서양 기독교인들에게 이해하기 어려운 몇 개의 점을 짧게 거론해볼 수 있다면 감사하겠습니다.

(1) 아미타 여래의 실재나 그 존재성이란 어떤 것인가?

(2) 본원을 반드시 성취시키는 힘은 어디에서 오는 것인가? 이 질문은 아마도 향상(向上)의 부처와 향하(向下)의 부처, 십겁정각의 아미타불과 구원실성의 아미타불을 포함하는 것은 아닐까 생각합니다.

(3) 방금 전 이미 말씀드렸던 점입니다만, '정정취'와 '불퇴전'은 정토교에서 정말로 신앙생활의 중심이 되어 있는가?

(4) '의심 없음'이 신심의 기본적 요소로서 강조된다는 점. 하지만 그것을 영어로 문자 그대로 'no doubt'라고 번역한다면, 신앙생활과 일상적 경험이 조화를 이루기 어려운 것이라고 여겨지기 십상입니다.

(5) 정토교 교리에서 '업'(業)의 의미나 그 말의 사용법은 인도의

"karma"와는 매우 다르다고 느껴지는데, 그러므로 오해를 초래할 뿐이 아닌가 하는 점.

(6) 대승불교의 보살 사상에서 '자비'의 위치나 중요함이 지혜와 같은 차원으로까지 존중된다고들 합니다만, 문헌을 읽어보면, 정토교에서도 그러한 이념이 충실하게 지켜지지 않는 곳이 많아서, 여전히 지혜가 더 높게 평가되고 강조되고 있는 것은 아닌가 하는 인상을 왠지 모르게 받게 된다는 문제.

(7) 마지막으로, 이해하기 어려운 것 중의 하나입니다만, 정토교의 가르침으로부터 개인적 윤리 그리고 특히 사회적 윤리의 토대나 동기가 어떻게 해서 가능한가 하는 점입니다.

이야기가 길어졌습니다만, 다소나마 제7회 난잔심포지움의 토론을 위한 출발점이 되었다면 다행이라고 생각합니다.

제 1 장

신란에 있어서 구제의 성격

시가라키 다카마로(信樂埈麿)

I. 머리말

신란이 밝히고자 한 본원(本願)의 불도(佛道)는 진실한 염불이나 신심의 성립에 입각하여 이 세상에서 이 몸으로 궁극적 가치인 진실과 만나고, 그 현성(現成)[1]의 체험을 얻는 것이었다. 신란은 그러한 진실과의 만남, 그 현성체험의 사태 내지 경지를 밝혀서 아미타불의 '구제'(拯, 濟)라고 하고 '도움'(救)이라고 하였다. 또 아미타불에 의한 '구제'라고도 표현하고 있는 것이다. 이러한 구제는 옛날의 불교 문헌에는 보이는 말인데, 지금은 모든 종교에서도 널리 쓰이고 있는 술어(術語)이고 개념이다.

신란은 이 진실과의 만남, 현성체험인 구제라는 사태 내지 경지에 대하여 여러 가지로 밝히고 있는데, 불도를 실천하는 입장에서 이렇게 말하였다.

무명의 어둠이 밝아지니, 생사의 긴 밤 이미 밝아졌네(『존호진상명문(尊號眞像銘文)』진성전[2] 2, 575-576).
미타께서 마음의 빛으로 거두어주심으로써 길었던 생사를 건너게 되었

---

[1] 현전(現前)과 유사한 의미인데, 지금 이 자리에서 그것이 나타나 실현된다는 의미이다. 도겐(道元)의 『정법안장(正法眼藏)』에 '현성공안(現成公案)'장이 있어서, 일본 불교에서는 이 '현성'이라는 표현이 시민권을 얻었다고 볼 수 있다. 그래서 그대로 쓴다. (역주)
[2] '진성전'은 '진종성교전서(眞宗聖教全書)'의 약칭이다. (역주)

네(『고승화찬(高僧和讚)』, 진성전 2, 510).

　또 『십주비바사론(十住毘婆沙論)』(이행품)의 '필정(必定)'의 '필'을 해석하면서는 "審이다, 然이다, 分極이다"(『행문류行文類』[3], 진성전 2, 22.)라고 하고, 그것이 어리석음과 깨달음을 명확히 자연적으로 나누는 것이라고 서술하였다. 또한 신심을 해석하면서는 "본원을 믿고 받아들인다는 것은 앞생각의 목숨은 끝나는 것이고, 곧 왕생을 얻는다는 것은 뒷생각이 곧 일어나는 것이다"(『우독초愚禿鈔』, 진성전 2, 460)라고 하면서, 그것이 오래된 생명을 끝내고 새로운 생명으로 태어나는 것이라 주석하고 있다. 이러한 글들은 그 어느 것도 구제라는 일이 어리석음과 깨달음을 나누어 놓고(分極) 어리석음의 경지를 떠나서 깨달음의 경지에 입각하는 것, 진실한 세계에 전입(轉入)하는 것을 의미하는 것으로 생각할 수 있다. 그리고 또 신란은 그러한 진실의 체험에 대하여, 그것은 주체적, 자각적으로는 "이미 진리를 얻어서 부처가 되어야 할 몸이 되는"(『彌陀如來名號德』, 진성전 2, 735) 것이다. 그것은 또한 '정정취'(正定聚), '불퇴전'(不退轉)의 지위에 머물며, '여래와 같은 사람'(『말등초末燈鈔』, 진성전 2, 661-662)이 되는 것이라는 것도 분명히 하고 있다.
　여기서는 그러한 사건이 번뇌가 구족된 그대로 이미 부처가 되어야 할 몸, 부처와 같은 사람이 된다는 것이어서, 분명히 인격적 주체의 성장과 변혁을 의미하는 것으로 이해된다. 그리고 또 신란은 그러한 진실의 체험에 대하여, 그곳에서 성립하는 마음의 상황 내지 경지로서 "그 마음은 이미 정토에 머문다"(『말등초』, 진성전 2, 662)라고 하고, "신심을 얻으면 곧 왕생이라 말한다"(『유신초문의唯信鈔文意』, 진성전 2, 642)라고 말하

---

3 『교행신증』 6권 중 제2권, 『현정토진실행문류(顯淨土眞實行文類)』의 약칭이다. (역주)

고, 또한『십주비바사론』을 인용하여 신심을 얻는다는 것은 "여래의 집에 태어나는"(『행문류』, 진성전 2, 9) 것이라고도 논하고 있다. 이러한 글들은 모두 구제라고 하는 사건이 자기의 주체를 궁극적 세계, 진실의 세계에서 확실히 정립하는 것이다. 또 그럼으로써 동시에 필연적으로 완전히 새로운 세계가 전개되는 것을 의미하는 것으로 생각되는 것이다. 신란은 이렇게 아미타불의 구제에 대하여 지극히 다양한 표현을 시도하고 있다. 신란에게 아미타불로부터 구제된다는 것은 기본적으로는 어떠한 의미를 가지며, 또 구체적으로는 자기 자신이 어떻게 되었다는 것일까?

종래의 전통 교학은 그 훈고주석학의 성격으로 인하여, 위에서 본 것 같은 진실의 체험에 관한 신란의 말이나 문장은 전적으로 표층적으로만 분석, 주석하였으며, 개념적, 추상적 해석으로 끝나는 것이 많았다. 구제라고 하는 사건에 대한 전체적, 구체적인 파악이나 해명은 거의 이루어지지 못하였던 것이다. 그러한 전통 교학은 신란의 사후, 중세와 근세[4]를 관통하는 봉건체제 아래에서 오직 그러한 체제에 순응하고 추수(追隨)한다는 자세로 형성되어 왔다. 더욱이 오늘날까지도 여전히 그러한 봉건적 성격을 탈피하지 못하고 있다. 그렇기에 저 진실의 체험을 현실 속으로 전개해 가는 것에 대한 이해는 지극히 소극적이고, 오직 체제 내적 해석으로서 내면적이고 관념적인 이해로 시종하고 있는 것이다. 즉 손가쿠(存覺, 1290-1373)[5]는 다음과 같이 분명히 말함으로써, 저 구제의 사건을 "곧바로 왕생을 얻는다(卽得往生)"라 말하고, "불퇴전에 머

---

4 일본의 역사에서 근세는 에도막부의 시대를 말하고, 중세는 그 이전의 가마쿠라막부와 무로마치막부 시대를 말한다. (역주)

5 가쿠뇨(覺如, 1270-1351)의 아들로서 교리적 문제로 아버지와 충돌하여 2번이나 의절과 화해를 반복하였다. (역주)

문다(住不退轉)"라 말하는 것으로 보았다.

> 왕생을 증득하는 것은 현생에서 불퇴전이라는 비밀스런 이익을 때로
> 나타내는 것이다.
> 이것으로 우리 종파(流)의 극치로 삼는다(『정토진요초淨土眞要鈔』, 진
> 성전 3, 134).

> 한 생각에 귀명(歸命)할 때 불퇴전의 지위에 머문다. 이것이 불퇴전의
> 비밀스런 이익(密益)이다. 열반에 이를만한 이유라고 부처님께서 말씀
> 하셨다(『렌뇨스님일대기문서蓮如上人御一代記聞書』, 진성전 3, 582).

여기서 말하는 비밀스런 이익이라는 것은, 본래 『마하지관摩訶止觀』
의 '명훈밀익冥薫密益'의 문장에 의한 것으로서 '남이 알지 못하게 이롭게
하는 것'을 말한다. 하지만 전통 교학에서는 드러내놓고 이익하게 하는
것(顯益)[6]에 대응하는 것으로서, 현실적인 생활 속에서 이익을 보는 자
(機相)에게는 전혀 구체적으로 나타나는 것이 없는 이익을 말한다. 즉
비밀스런 이익은 염불이나 신심이 갖고 있는, 단순히 추상적, 관념적,
종교적인 가치인 법덕(法德)을 의미하는 것이다. 이와 같은 이해는 그
후의 근대적 교학에도 계승되었는데, 예컨대 카가이 센묘(利井鮮妙,
1835-1914)[7]의 『종요논제결택편宗要論題決擇編』에는 현생의 열 가지 이
익에 대하여 이렇게 말하고 있다.

지금 비밀스런 이익이라 말하는 '정정취에 들어가는 이익' 이전의 아홉

---

[6] 불교에서는 밀(密)이 현(顯)보다 더 높게 평가된다. (역주)
[7] 정토진종 본원사파의 학승이었다. (역주)

가지 역시 비밀스런 이익이다. 최초로 일념을 일으키는 믿음의 이익이
기 때문이다8(『진종총서』 2, 701).

신심의 체험에서는 정정취의 이익은 물론 그것과 관계하는 모든 이
익은 다 비밀스런 이익이고 진리의 이익(法益)이다. 이렇게 이해하는 것
의 반대 의견(裏面)9은, 아미타불의 구제는 정히 금생에 이 몸을 대상으
로 하는 것이 아니라 모두 사후의 내생에서 비로소 성취하는 것이며, 현
생에서는 그 사후의 내생에서 이루게 될 구제를 위한 원인을 축적하고,
그러한 결정과 약속을 받는 것일 뿐이라고 말하는 것이다. 그런 점에서,
전통 교학이 이해하는 아미타불의 구제는 기본적으로는 현실에서는 그
저 추상적이고 관념적인 가치, 즉 법덕이 부여되는 것일 뿐이며 어떤 구
체적, 경험적 모습을 갖는 것이 아니다. 아미타불의 구제는 전적으로 사
후세계에서만 꽃을 피운다고 말하는 것이다. 그와 같은 내세 중심의 이
해는 오늘날의 진종교학에서도 기본적으로는 여전히 계승되고 있는 전
통이다. 즉 기리타니 쥰닌(桐溪順忍, 1895-1985)10 선생은 이러한 현생
의 열 가지 이익에 대하여, 처음의 아홉 가지 중에서 앞의 여섯 가지 이

---

8 현생의 열 가지 이익은 『교행신증』 신권(信卷, 信文類)에 나온다. 금강과 같은 신심을 얻
 으면 현생에 열 가지 이익을 얻는다고 한다. 그 열 번째 이익이 곧 '정정취에 들어가는 이익'
 이다. 지금 맥락에서는 그 정정취에 들어가는 이익을 비밀스런 이익이라고 하였다. 그렇다
 면, 나머지 앞의 아홉 가지 이익은 드러내놓고 이익하게 하는 것이 아닌가라는 반론이 가능
 하다. 이에 대하여, 카가이 센묘는 그렇지 않다. 그 아홉 가지 이익 역시 다 비밀스런 이익
 이라는 입장을 취하였다. 왜냐하면 그 모두가 다 최초로 발한 일념의 믿음이 가져오는 이익
 이기 때문이라고 설명하였다. (역주)
9 카가이 센묘의 입장은 종래의 입장, 즉 현생의 열 가지 이익 중에 앞의 아홉 가지는 드러난
 이익이고 마지막 열 번째만이 비밀스런 이익이라는 것을 비판하면서 극복하고 있는 것이
 다. 인도의 논리학에서는, 그 이전에 존재하는 종래의 견해를 전주장(前主張)이라고 말한
 다. 정히 원문에서 말하는 '이면'이라는 것이 그러한 의미이다. (역주)
10 정토진종 본원사파의 승려이자 불교학자. 류고쿠대학의 교수를 역임하였다. (역주)

익은 비밀스런 이익이며 뒤의 세 가지 이익은 드러난 이익으로 이해한다.[11] 다만, 신란에게 구제는 "정토에 왕생한다는 미래의 희망, 미래의 밝음에 의해서 현재에 의미를 부여하는" 것이라고 본다. 어디까지나 "미래가 우위에 있다는 입장에 선 것"이라 말하며, 진종에서 말하는 구제 또한 내세의 사후가 중심이 되는 것으로 이해하고 있는 것이다. 또 후겐 다이엔(普賢大円)[12] 선생도 그 현생의 열 가지 이익에 대하여, 처음의 아홉 가지 중 앞의 여섯 가지 이익을 비밀의 이익이라 하고 뒤의 셋을 드러난 이익으로 이해[13]하고 있지만, 그『신앙과 실천』에서는 그 중에서 둘째 지극한 덕을 갖추는 이익(至德具足益)과 셋째 악을 선으로 바꾸는 이익(轉惡成善益)만을 비밀스런 이익이라고 하는 발상이 보인다. 그러나 그 어느 경우든지 "스님(聖人)[14]은 정토의 큰 이상을 성불이라는 궁극적 목적에 두고서 동경하였으나, 현실에서 몸에 넘치는 여래의 구제를 느끼고 있었다. 그것은 곧 왕생하여 성불하는 것에 대한 희망으로 산다고 하는 것이었다"라고 하였다. 즉 신란에게 구제는 피안인 정토를 동경하고, 사후에 내세에 왕생하여 성불하리라는 희망을 갖고서 현세를 산다는 것으로 이해한 것이다. 분명히 사후의 내세를 중심으로 한 이해이다. 그러나 이나바 슈겐(稻葉秀賢, 1901-1985)[15]은 이 현생의 열 가지 이익에 대하여 "종조는 반드시 현생에 열 가지 이익을 얻는다고 말하고 있기 때문에, 그것은 금강의 신심이 갖는 타력 필연의 작용을 나타내는 것이므로 분명히 드러난 이익이라고 이해해야 할 것이다. (중략) 열 가지 이익

---

11 카가이 센묘의 평가와는 차이가 있다. (역주)
12 정토진종 본원사파의 학자. (역주)
13 이 점까지는 기리타니 준난과 같은 입장이다. (역주)
14 정토진종에서는 신란에 대한 존칭을 '성인(聖人)'으로 하고 있다. 우리나라에서는 그냥 '스님'이라고 해도 좋을 것 같다. (역주)
15 정토진종 대곡파의 학자. (역주)

이 법의 덕이고 중생(機)의 사실이 아니라는 것은 완전히 신앙을 개념화하는 것이어서, 구체적인 신앙의 사실을 말하는 것은 아니다"16라고 말하고 있다. 그런데 무라카미 도시미(村上速水, 1919-2000)17는 종래의 전통교학에서 한 것과 같은 "정정취의 이해와 해석은 전혀 구제에 도움이 되지 않는다"라고 반성하고, "믿음의 일념에 머물고 있는 본원의 바다에 돌아가는 그때야말로 우리의 구제가 성립하는 오직 한번뿐인 기회이다. 이때를 제외하고서 그 앞에도 구제는 없고 그 뒤에도 구제는 없다"고 하였다. 정히 "믿음의 일념에서 영원한 세계에 들어간다"는 것을 분명히 함으로써, 현세에서야말로 구제가 성립함을 말하고 있다. 그리고 자기가 가지고 있었던 다음과 같은 종래의 이해에 '정정'을 가하였다.

> 아미타불의 본원을 믿었던 일념에서, 성불을 약속받는다고 하는 저 종교에서는 미래의 정토에 태어나서 부처님이 된다고 하는 희망과 기대는, 그대로 현재에 반영되어서 현실 생활에 빛을 가져다준다. (중략) 미래에 확실히 희망을 가질 수 있다는 것만으로도, 참으로 현재를 충실히 사는 것이 가능하다.18

결국 오늘날 진종의 교학에서는 신란이 밝힌 구제를 둘러싸고 다양한 이해 방식이 있고, 거기에는 상당한 혼란이 일어나고 있는 것 같다. 과연 신란에게 아미타불의 구제라는 것은 어떠한 내용과 성격을 갖는

---

16 이나바 슈겐의 관점은 현생의 이익 열 가지 모두를 다 '드러난 이익'이라고 보는 입장이고, 그것은 법이 갖고 있는 덕이지 중생들에게 실현된 것은 아니라는 입장이다. 그러니까 결국, 이나바의 입장은 현생의 이익이라고 해서 구제가 현생에서 이루어지는 것은 아니라는 것으로 생각된다. (역주)
17 정토진종 본원사파의 승려이자 학자. 류고쿠대학 교수. (역주)
18 이러한 관점은 내세의 사후가 중심이 되고 있다. (역주)

것이었을까? 또한 신란이 그것과 관련하여 밝힌 여러 가지 발언들은 어떻게 이해되어야 할까? 다시 고찰하고, 다시 토론해야 할 중요한 과제라고 생각된다.

무엇보다 이와 같은 궁극적 종교체험은 출세간의 체험인데, 그것은 본질적으로는 객체화, 언어화를 거부하는 것이다. 따라서 신란이 그것에 대하여 갖가지로 표현을 하고 있다 하더라도, 그것은 본래는 사유할 수 없는 것을 사유하고, 표현할 수 없는 것을 표현한 것이므로 그 표현하는 언설과 그 사실 사이에는 깊은 괴리가 있다는 것을 간과해서는 아니 된다. 그런 점에서, 신란의 언어와 문장을 아무리 치밀하게 분석하고 탐구하더라도 그 전모를 적확하게 파악하여 이해하는 것은 불가능하다. 궁극적으로는 스스로의 불도(佛道) 실천에 근거하는 직접적인 이해에 의해서야말로 능히 차고 더운 줄을 스스로 알고, 추체험하는 것 외에는 길이 없을 터이다.

II. 종교 일반의 구제 개념

현대 종교심리학의 연구 성과에 의하면, 개인에게 신심이나 신앙이라는 종교 현상은 종래 이해되어 온 것처럼 단순히 경험 의식이라는 심리 구성만이 아니라 인간의 태도, 행동, 기능이라고 하는 종합적인 심적 구조로 역동적으로 파악하고 이해하기에 이르렀다.

그와 같이 종교를 이해함에 따라서 종교학자 기시모토 히데오(岸本英夫, 1903-1964)는 여러 가지 종교가 갖는 가치 체제나 태도를 청원태(請願態), 희구태(希求態), 체주태(諦住態)의 세 가지 형태로 나누어 볼 수 있다고 하였다. 첫째, 청원태는 보통의 생활 중에서 일어나는 일상적 위기나 고뇌를 해결함에 있어서 특히 초자연적 위력의 존재를 상정하고, 그것에 기원하여 청하는 것이다. 그것에 의지함으로써 그러한 문제가 일어나는 현실 상황을 타개하고자 하는 것이다. 둘째, 희구태는 초자연적 위력에 의지하기 보다는 어떤 특정한 이상을 목표로 해서 추구하며, 그 실현을 위하여 노력해 가는 것이다. 그를 통하여 자기 자신의 내부에서 가치 체제를 재편성하고, 그에 근거하는 새로운 마음가짐을 형성함으로써 지금까지의 위기를 자주적으로 해소해 가고자 하는 것이다. 셋째, 체주태는 일상적인 생활 경험을 초월한 궁극적이며 영원한 가치를 직관적으로 체득하고, 그러한 경지에 체념하여 안주하는 것이다. 그에 의하여 현실의 상황을 그대로 수용하면서, 그것을 초월한 보다 고차적인 의의를 발견하여 새로운 생활을 개척해 가고자 하는 것이다.

이와 같이 종교를 청원태, 희구태, 체주태의 세 가지 형태로 분류한다면, 그 종교적 가치 체계나 종교적 태도에 근거하여 문제를 해결하자고 하는 구제의 의미 내용 역시 세 가지 형태로 구분하여 이해하는 것이 가능하리라 생각된다.

우선 첫 번째 형태는 청원태에 대응하는 것이다. 인생의 위기에 직면하더라도 어디까지나 자기의 욕구를 고집하면서, 어떠한 초자연적인 위력을 상정하여 그 힘에 의지함으로써 당면의 현실 상황이나 환경을 자기의 욕구에 응하도록 고치고 호전시켜 가는 것이다. 그럼으로써 그 위기의 해결을 도모하고자 하는 것이니, 그것은 자기를 긍정하는 형태라고 말할 수 있을 것이다.

두 번째 형태는 희구태에 대응하는 것이다. 첫 번째와 달리 직접적으로 당면하는 현실의 상황이나 환경의 변화를 호전시키고자 해서가 아니라, 자기 자신의 수련에 의해서 스스로의 일상적 욕구를 제어하거나 방기(放棄)하는 것이다. 혹은 신불(神佛)[19]에 깊이 귀의하거나 의지함으로써 자기가 안고 있는 일상적인 욕구의 마음을 새로운 가치 체계로 재편성하고, 그러한 위기를 위기로써 받아들이지 않고자 하는 것이다. 그것은 자주적으로 해소해 가고자 하는 것이므로 자기를 부정하는 형태라고 말해야 할 것이다.

세 번째 형태는 체주태에 대응하는 것이다. 첫 번째 형태와 같이 곧바로 자기가 욕구하는 것처럼 상황이나 환경의 호전을 비는 것도 아니고, 두 번째 형태와 같이 자기 자신의 욕구를 제어하고 전환하는 것에 의해서 그 위기의 해소를 도모하는 것도 아니다. 어떤 특정한 수행이나 노력으로 아집의 계박(繫縛)으로부터 벗어나서 참된 자기를 이루는 것, 혹은 궁극적 가치의 현성을 체험함으로써 옛날의 자기가 죽고 새로운 자기가 탄생하는 것이다. 다시 말하면 새로운 주체의 확립에 근거하여 현실의 상황 내지 위기는 여전히 그대로이지만, 그러한 현실을 현실 그대로 잘 수용해 가면서 주체적으로 극복해 가고자 하는 것이다. 주체적 초탈형(超脫形)이라 불러야 할 터이다. 그러므로 세 번째 형태에서 말해지는 구제는 곧바로 현실의 상황이나 위기의 외적 조건이 호전하는 것[20]도 아니고, 또한 그것을 자기의 내적인 마음의 제어나 전환에 의해서 받아들이지 않는 것[21]도 아니다. 어디까지나 현실의 상황을 있는 그대로 잘 수용하여, 그것을 주체적으로 초월해서 절대에 안주하는 경지에 머무는 것을 의미하는 것일 터이다. 불교 및 신란이 지향하는 기본적 입장은 바로 이 유형에 속하는 것이다.

---

19 일본의 종교 전통은 신도와 불교가 습합(習合)되어 왔기에, 신도의 신과 불교의 부처를 함께 일컫는 것이 흔하다. (역주)
20 첫 번째 형태에 대응한다. (역주)
21 두 번째 형태에 대응한다. (역주)

III. 불교에 있어서 깨달음과 구제

　불교가 지향하는 궁극의 목표는 여러 가지 걱정, 근심, 고뇌로 중첩된 현실의 사태를 떠나서, 안온하고 적정한 열반의 경지에 이르는 것이다. 즉 증오(證悟)나 구제라고 말해지는 세계의 성립을 지향하는 것이다. 그것은, 석가모니가 출가한 계기로서 말해지는 네 문 밖의 견문(四門出遊)을 말하는 불타의 전기나 그 근본 교설인 네 가지 진리(四諦)의 원리에서 명료하게 살펴볼 수 있다. 특히 이 네 가지 진리의 교설은 불교의 근본 원리가 명시되어 있는 것으로서 충분히 주목할 만하다. 이 네 가지 진리의 교설은 괴롭다는 진리(苦諦), 괴로움의 원인은 집착이라는 진리(集諦), 괴로움의 소멸은 가능하다는 진리(滅諦), 괴로움의 소멸에 이르는 길에 관한 진리(道諦)를 밝히고 있다. 첫 번째, 괴롭다는 진리는 인간의 현실 존재는 그 어떠한 인간이라도 괴로움과 어둠으로 가득 차 있다는 것으로서, 반드시 근원적으로 부정되어야 할 것이다. 이렇게 현실의 인생과 세계가 부정되어야 할 것이라는 점은 불교가 단순히 염세주의의 입장에 서있다는 것을 의미하는 것은 아니다. 그것은 인간 존재의 근저에는 이미 본질적으로 모순과 위기가 숨어 있고, 인간은 누구라도 본래적으로 그러한 위기에 임하여 고뇌의 인생을 계속 살아갈 수밖에 없다고 하는 인간의 실상을 한없이 깊은 통찰을 통해서 밝혀가야 한다. 인간은 언제나 이러한 현실 상황에 매몰되고 타협하는 것이 아니라 참으로 있어야 할 인생의 이상을 사념(思念)하고, 그것을 원하면서 살아가라고 가르치는 것이다. 둘째, 괴로움의 원인이 집착이라는 진리는 그러한 인간에게 잠들어 있는 위기나 고뇌에 대한 근본적인 해결 극복의 길을 묻는 것이다. 그것을 불러일으키는 원인이 전적으로 자기 자신의 내부에 있어서, 자기가 아애(我愛)와 무명의 존재라는 사실에 터하고 있음을 나타낸다. 아애라는 것은 다함이 없는 아집과 탐애의 마음 작용을 말하고, 무명은 올바른 지혜의 결여, 진리에 대하여 무지한 것을 말한다. 인간은 하나같이 그러한 아애를 끌어안고서 살아가며, 또한 무명의 존재이다. 바로 그 점에서야말로 인생의 위기가 있고, 고뇌가 일어나는 원인이 있다고 가르치는 것이다. 그런 점에서, 고제와 집제라는 것은 현실의 인간 존재가 고뇌하는 결과(果相)[22]와 그것이 일어나는 원인[23]을 밝힌 것이었다. 그것은 바로 인간의 있는 그대로의 현실적 모습을 원인과 결과로 나타낸 것이라 말할 수 있는 것이다. 다음에 셋째, 멸제는 이와 같이 인생의 위기나 고뇌가 오직 자기 자신의 내적인 아애와 무명에 터하여 일어나는 것이므로 그러한 아애와 무명을 소멸하고 그로부터 이탈한다면, 인간은 모든 슬픔과 고뇌를 초월하여 안온하고도 적정한 경지에 머무는 것이 가능함을 밝히고 있다. 그리고 이러한 경지야말로 열반이라 부를 수 있는 것이고, 불교는 이러한 경지의 획득, 즉 그곳에의 도달을 지향하는 것에 지나지 않는다. 넷째, 도제는 그러한 위기와 고뇌를 극복한 열반의 경지에 도달하는 방법을 나타내는 것이다. 그것에 대해서는 여덟 가지 행(八正道)이 말해지고 있다. 올바른 인식(正見), 올바른 사유(正思), 올바른 언어 생활(正語), 올바른 행위(正業), 올바른 생계수단(正命), 올바른 노력(正精進), 올바른 알아차림(正念), 올바른 선정(正定)이다. 그러나 이러한 행법들은 모두 현실의 인생과 세계의 참모습을 올바르게 관찰하고 알아간다는 것에 지나지 않는 것이다. 그러한 행법을 닦으면 아애와 무명을 벗어나서 안온하고 적정한 열반의 경지가 펼쳐지며, 구경의 세계가 현현된다고 설하는 것이다. 그런 점에서 멸제와 도제는 모든 사람이 바라고 구해야 할 궁극적인 이상과 거기에 이르기 위한 방법

---

22 고제를 말한다. (역주)
23 집제를 말한다. (역주)

을 밝힌 것이다. 바로 인간의 이상적 참모습을 원인과 결과24로 나누어서 나타내 보인 것이라 말할 수 있는 것이다. 그리하여 불교는 그러한 기본 원리를 통하여, 이러한 현실적 자기 존재의 존재 방식을 철저히 물음으로써, 고뇌에 가득 찬 현실의 참모습을 철저히 통찰하여 부정하고, 안온하고도 적정한 열반의 경지에 도달하는 것을 지향하는 것이다. 게다가 그것을 한결같은 행의 실천에 의해서 자기 자신의 아애와 무명을 소멸해 감으로써 완전히 주체적25으로 성취하고자 하는 것이라 말할 수 있으리라.

이상 살펴본 것처럼, 불교에서 고뇌의 극복이나 위기 극복의 방책은 그러한 위기나 고뇌의 원인을 어디까지나 자기 자신의 내부에서 찾고 자기의 내적인 아애와 무명에서 발견하며, 그것을 소멸하려는 것이다. 그렇게 새로운 주체를 확립함으로써 그러한 문제를 극복하고 해결해가고자 하는 것이다. 그렇지만 아애와 무명을 소멸한다는 것은 단순히 그러한 아애와 무명을 공무(空無)로 돌리거나 멀리 떠나서 아애와 무명이 없는 곳으로 간다는 것은 아니다. 아애를 끊는다는 것은 아애를 부정하여 무아가 되는 것을 의미하지만, 그것은 단순히 아애를 해소하고, 그것을 멀리 떠나서 무아로 향한다는 것은 아니다. 아애를 부정하고, 그로부터 이탈해 가는 것이지만, 동시에 그러한 아애 자체로 향하여 그것을 한없이 궁구해 가는 것이다. 그럼으로써 아집의 틀을 깨부수고 자아와 타아(他我)가 하나 되는 곳, 그곳에서 비로소 다함이 없는 아애인 대아(大我)가 태어나고 참된 무아26가 될 수 있는 것이다. 즉 아애의 철저한 구명

---

24 멸제는 결과이고, 도제는 원인이다. 이는 앞에서 고제가 결과이고, 집제가 원인인 것과 같다. 고제의 부정이 멸제이고, 집제의 부정이 또한 도제이다. (역주)
25 여기서 주체적은 자력적(自力的)이라 할 수 있다. (역주)
26 아애가 소멸하는 곳에서 대아가 태어나는데, 이 대아는 한없이 큰 아애라고 할 수 있다. 그런데 그것은 동시에 무아이기도 하다는 논리이다. (역주)

(究明)에 입각하여, 자기 자신이 아애로부터 탈피(脫皮)하여 대아로 전성(轉成)함으로써 무아는 태어나고 대아인 새로운 자기 역시 탄생하는 것이다. 또한 무명을 소멸해서 명지(明知)를 얻는 것도 마찬가지다. 무명을 멸하는 것은 무지의 미망을 부정하여 명지를 얻는 것을 의미한다. 하지만 그로부터 계속 벗어나는 것이긴 하지만 동시에 무명 그 자체를 향해서 그것을 한없이 궁구해 가는 것이기도 하다. 이렇게 무명을 향해서 궁구해 가는 것, 무명을 무명이라고 깨닫는 것, 그것을 근원적 주체적으로 자각해 가는 것이야말로 바로 무명을 떠나서 참된 명지를 얻을 수 있는 길이다. 즉 무명인 주체가 전성함으로써 새롭게 명지인 주체가 성취되는 것이다. 그리하여 불교에서 아애와 무명을 소멸하여 무아와 명지를 얻는다는 것은, 이미 선학(先學)들이 지적한 것처럼 "진리(dhamma)가 전인격적 사유인 자기 자신에게 나타나게 되는" 것이다. 아애와 무명의 존재인 자기 자신에게 진리(법)가 새롭게 현현해 온다는 것이다. 그것은 또한 아애와 무명의 존재인 자기가 그러한 진리(법) 위에 확실히 입각하고 있으며, 그곳에서 새롭게 자기 자신을 수립해 간다는 새로운 사태의 전개를 의미하는 것이기도 했다.

그런 점에서 불교가 아애와 무명을 소멸한다고 말하는 것은, 현실에서 미망의 존재인 자기 자신을 한없이 부정해 가는 것임과 동시에, 또 그 부정에 의하여 자기 자신이 참된 자기로서 새롭게 탄생해 가는 것이다. 부정즉긍정(否定卽肯定)을 매개로 해서 자기가 참된 자기가 되고, 참된 주체로 전성해 가는 것이었다. 그것을 해탈이라 말하고, 성불이라 말한다. 그것은 탈피와 성장, '벗어나는' 것임과 동시에 '이루는' 것이다. 그리고 참된 자기로서 무아적 주체, 절대적 주체27라고 불러야 할, 새로운

---

27 앞에서 무아를 대아라고 말했다는 점에서 절대적 주체 개념을 이해해야 할 것이다. (역주)

주체를 확립해 가는 것이 아닐 수 없다. 이렇게 인격의 근원적인 '벗어남'과 '이룸'의 체험, 참된 주체의 확립이야말로 불교가 지향하는 근본의 목표인 것이다. 그리고 자기 자신이 이렇게 아애와 무명을 초탈하여 전성하고, 참된 주체를 확립해 가는 것, 즉 해탈하고 성불을 얻는 것에는 참된 자기의 탄생, 참된 주체의 확립이 있게 된다. 그럼으로써 모든 객관 또한 지금까지의 자기중심적인 주객이 대립하는 허망한 분별을 초월해서, 단순히 주관에 대한 객관이 아니라, 그 자체의 참모습28을 나타내 보이는 것이 된다. 참된 자기의 탄생은 그대로 참된 세계의 탄생이 되고, 참된 세계의 탄생은 동시에 참된 자기의 탄생이 될 것이다. 그렇게 참된 자기와 참된 세계가 탄생할 때, 불교에서는 보통 그러한 자기 내지 주체를 '반야(般若)'라고 부르며, 그 세계를 '공(空)'이라고 말한다. 앞에서 본, 참된 주체로서의 해탈, 성불과 안온하고 적정한 경지인 열반도 마찬가지로, 그러한 참된 자기와 참된 세계를 밝힌 것이다. 또한 여기에서 말하는 공한 세계나 열반의 경지는 본래 이 미망의 현실 세계를 부정함으로써 비로소 성립하는 것이지만, 그렇다고 해서 결코 이 현실 세계의 밖에 있는 것은 아니다. 참된 자기가 현실의 자기를 부정하고 동시에 긍정하는 매개에 의하여 탄생하는 것처럼, 참된 세계는 색이 곧 공(色即是空)이며 생사가 곧 열반(生死即涅槃)이라는, 현실 세계의 부정에 터하면서 동시에 이 현실에 즉하여 비로소 새롭게 탄생하고 전개해 가는 것이다. 그리하여 참된 세계는 참된 자기가 탄생하는 그곳에서 필연적으로 전개해 가는 것에 다름 아니다.

　이와 같이 불교에서 새로운 주체의 확립은 '벗어나다(脫)'와 '이루다(成)'라는 기본적 논리 구조에 입각하고 있음은 사사키 코칸(佐佐木宏幹,

---

28 주관과 객관의 대립 속에서 주관이 아니라, 그러한 대립을 초월한 주체를 말하고 있다.

1930-)29이 고찰한 바 있다. 그에 따르면, 새로운 주체는 번뇌와 아집을 철저히 떠남으로써 성립하는데, 거기에는 분명히 '떨다(拂)'라든가 '떠나다(離)'라는 논리가 있다. 또한 그러한 번뇌와 아집이 불식되어서 사라지는 것에 의하여 본래의 자기, 불성, 진실성(眞實性)이 현성(現成)해 오기 때문에 '나타나다(現)'라는 논리 역시 보인다고 지적한다. 다만 그와 관련해서는, 정토교의 입장에서는 자기의 내면에서 일체의 진실성을 인정하지 않기 때문에, 그러한 진실성은 모두 밖에서 '찾아온다(訪)'는 논리에 입각하고 있어서 '떨기'와 '나타남'의 논리도 말해진다. 그와 반대로 선종 계통에서는 그 진실성의 성립은 자기의 내적인 것의 '나타남'이라는 논리에 서있으므로 언제나 '떨기'와 '나타남'이라는 논리가 말해짐을 분명히 하고 있다. 그런 점에서 불교가 지향하는 참된 주체, 절대적 주체의 확립은 기본적으로는 '벗어나다'와 '이루다'의 구조를 갖는 것이다. 하지만 그보다 더욱 구체적으로는 '떨기'와 '나타남', 또는 '떨기'와 '찾아옴'이라는 논리 구조로도 이해할 수 있는 것이다. 전자의 '떨기'와 '나타남'의 구조를 갖는 것은 자력교(自力敎)인 선종계의 입장으로서 보통은 '증오(깨달음)'라 하고, 후자의 '떨기'와 '찾아옴'의 구조를 갖는 것은 타력교(他力敎)인 정토교 계통의 입장인데 보통 '구제(구하기)'라고 부르는 것이다. 결국 불교는 증오(證悟)라고 하든, 구제라고 하든 그 어느 것이든 모두 같은 참된 주체의 확립, 또 그에 입각한 참된 세계의 전개를 말하고 있다는 점에서 동일하다. 그러한 근원적 사태에서 볼 때 증오와 구제는 동일한데, 다만 교리적 성격이나 교학 이해의 차이로 인하여 증오라 말하거나 구제라 말하는 것에 지나지 않는다고 해야 할 것이다.

불교에서 보는 구제를 이렇게 파악하고, 그것을 앞에서 본 종교 일반

---

29 종교인류학자. 고마자와(駒澤)대학 명예교수이다. (역주)

에서 말하는 구제의 개념에 대비시켜 본다면, 아마도 세 번째 주체적 초탈형에 속하는 것이 아닐까 싶다. 그것은 불교의 경론(經論)에서 한문으로 '구제'라고 번역한 원어가 uttaraṇa(건너는 것, 가로지르는 것. 한역에서는 구제, 救度, 기타)나 paritrāṇa(보호하다, 구조하다, 한역에서는 구제, 救拔, 救護, 기타)[30]라는 점에서, 불교에서 구제는 '보호'하고 '구조'하는 것을 의미함과 동시에 '건너다', '가로지르다'라는 의미를 가지고 있음을 알 수 있는 것이다. 그것은 본질적으로는 주체에 있어서 성장, 새로운 주체의 확립에 근거하는 초도(超度)나 극복을 의미하는 것으로도 짐작할 수 있다. 그런 점에서, 불교에서 구제가 '제도'라고도 말해지는 것은 익히 그러한 점을 잘 나타내는 것이다. 즉 제(濟)라는 것은 '건너다'(渡와 동의어)의 의미이고, 도(度) 역시 '건너다'(渡와 동의어)는 의미이므로, 제도는 강이나 바다를 건너가는 것처럼 새롭게 참된 주체를 확립함으로써 여러 가지 고뇌나 장해가 중첩하는 현실의 인생을 잘 건너가고 잘 극복해 간다는 것을 의미한다. 바로 이 점에서 불교의 구제가 갖는 특색이 분명하게 드러난다고 말할 수 있을 것이다.

IV. 신란에 있어서 구제의 성격

기본적으로 신란에게 신심은 새롭게 지혜를 얻는 것이었다. 신란은 그의 『정상말화찬』(正像末和讚)[31]에서 이렇게 읊었다.

---

30 산스크리트에서 uttaraṇa는 ud-√trī의 명사형이고, paritrāṇa는 pari-√trī 의 명사형이다. 둘 다 동사 어근 √trī는 '건너다'라는 것이 기본적인 의미이다. 접두어 ud의 의미는 '위로'이고, 접두어 pari는 '완전히'이다. (역주)
31 '화찬'이라는 것은 신란이 고안한 일본 불교문학의 한 장르라 할 수 있다. 한시처럼 4구를

석가와 미타의 자비에 의지하여

부처가 되려고 원하는 마음 얻었으며

신심의 지혜에 들어갔을 때

부처님의 은혜를 갚는 몸이 되었네.

지혜의 염불을 할 수 있는 것

법장보살의 원력 덕분이니

신심의 지혜가 없다고 하면

어떻게 열반을 깨달을 수 있으랴(진성전 2, 520).

또 『유신초문의(唯信鈔文意)』에서는 이렇게 말하였다.

불가사의한 선택본원(選擇本願)의 높은 명호,

위없이 높은 지혜의 신심을 듣고서

일념이라도 의심하는 마음 없다면

진실한 신심이라 말하리(진성전 2, 624).

신심을 분명히 함에 즈음하여, '신심의 지혜' 또는 '지혜의 신심'을 서술하고 있는 것이다. 특히 위에서 인용한 『정상말화찬』의 앞의 노래에 대해서는, "미타의 맹서는 지혜에 있기 때문에, 믿는 마음이 있을 때는 지혜가 일어난다고 알아야 하리"(『초고본 정상말화찬』, 신란성인전집화찬 편, 145)라는 주석이 붙어 있다. 이러한 문장들에 의하면, 신란은 신심을 얻는다는 것을 새롭게 지혜가 일어나는 것으로 이해했음을 알 수 있다. 신란은 또 그 외에도, 이렇게 말한다.

기본으로 하고, 한자와 가나(假名)를 섞어 쓴다. 신란은 이 화찬의 형식으로 많은 정토시(淨土詩)를 지었다. (역주)

염불을 믿는다는 것은

곧 이미 지혜를 얻는 것이며,

부처가 되어야 할 몸이 된다는 것은

어리석음을 떠나는 것으로 알아야 하리

(『미타여래명호덕(彌陀如來名號德)』, 진성전 2, 735).

또한 『말등초』에 수록되어 있는 렌이(蓮位, ?-1278)[32]의 첨서(添書)에도 다음과 같은 말이 있다.

신심이라고 하는 것은 지혜이다. 이 지혜는 타력의 광명에 섭취(攝取)

되지 않으면 안 되기 때문에 얻어지는 지혜이다(진성전 2, 678-679).

신란이 그의 저술에서 신심을 말할 때, 종종 분명하게 '신지(信知)'[33] (行文類, 眞聖全 2, 43, 기타)라고 말하는 것도 그러한 취지에 근거한 것일 터이다. 그러한 점에서 종교 일반에서 말해지는 신앙이, 흔히 지적인 작용과는 모순 대립하는 것으로 이해되는 것과는 명확히 다른 것이다. 이 점은 신란이 말하는 신심의 성격으로 충분히 주의해야 할 것이다. 본래 이것은 단순히 신란만의 독자적 이해는 아니다. 이미 따로 살펴본 것[34]처럼, 불교에서 믿음이라는 것은 삼보 등에 대한 명확한 신인(信認), 결정의 심적 태도를 말하고, 또한 그러한 태도를 근거로 해서 성립하는 마음의 맑은 경지를 의미하는 것이었다. 그러한 신심의 올바른 모습은 마

---

32 신란의 제자. 신란의 임종을 지켰다. (역주)

33 이 말을 굳이 우리말로 옮긴다면, '믿어-안다'라고 할 수 있을 것이다. 믿음이 곧 앎의 기반
   이 된다는 의미일 것이다. 그러나 우리말로 옮기지 않고 '신지'를 그대로 쓰기로 한다. (역주)

34 필자 시가라키의 어떤 글을 가리키는 것으로 생각되지만, 구체적인 것은 알 수 없다. (역주)

음의 맑음이고, 새로운 지견(知見)이 열리는 것을 의미하는 것이었다. 또 정토교에서 말하는 믿음의 사상에 대해서 생각해 보더라도, 『무량수경』에서 설해지는 본원타력의 신심은 본질적으로 마음의 맑음을 의미하는 것이다. 정토 교리의 전개사(展開史)에서도 그 신심의 모습이나 이익은 기본적으로 지혜에 입각한 것으로, 마음이 맑으면 부처를 본다, 삼매를 얻는다, 임종에 내영해 주신다고 분명히 말해졌던 것이다. 그런 점을 고려하면, 신란은 신심을 이렇게 지적인 작용에 입각하는 것으로 이해하였음을 알 수 있다. 그러한 성격이 '신지'로 표명하고 '신심의 지혜' 혹은 '지혜의 신심' 등으로도 말해지는 것은, 불교에서의 믿음의 사상, 더 나아가서 정토교의 믿음의 사상을 계승하면서 그 전개에도 근거하는 것이다.

이렇게 신란에게 신심은 지혜를 의미하게 되었다는 사실은, 신심을 얻게 되면 지금까지 볼 수 없었던 것이 보이게 되고 지금까지 알 수 없었던 것이 알게 된다는 것에 다름 아니다. 그리고 그것은 무엇보다도 자기 자신의 참모습에 대하여, 그것이 분명히 보인다, 분명히 알려진다는 것이다. 즉 그것은 자기 자신의 참모습이 "번뇌로 가득찼다고 신지하는" (『고승화찬』, 진성전 2, 509) 것이다. 신란은 모든 중생의 현실적 모습을 깊이 통찰하여, 다음과 같이 밝힌 바 있다.

모든 중생들은 비롯함이 없는 옛날부터 오늘 이때에 이르기까지 더러움과 악함에 오염되어서 청정한 마음이 없고, 헛되고 거짓되어서 진실한 마음이 없다(『신문류(信文類)』,[35] 진성전 2, 59-60).

---

[35] 『교행신증』 제3권 '현정토진실신문류(顯淨土眞實信文類)'를 가리킨다. (역주)

모든 범부들은 언제나 욕심내는 마음이 능히 선한 마음을 오염시키고, 화내는 마음이 능히 법의 재물을 불태우고 있으니 급히 수행하여 머리에 붙은 불을 끄듯이 하더라도, 모두 잡독잡수(雜毒雜修)의 선이라 이름하고, 헛되고 거짓된 행이라 이름하며, 진실의 업이라고 이름하지는 않는다(『신문류』, 진성전 2, 62).

또한 신란 스스로, 자기 자신의 참모습을 깊이 자각하여 다음과 같이 술회(述懷)한 일도 있다.

정토진종으로 돌아갔으나
진실한 마음은 있기 어렵고
헛되고 거짓되며 진실하지 못한 이 몸에는
청정한 마음이 더욱 더 없네.

악한 성품 없애기 더욱 어렵고
마음은 사갈(蛇蝎)과 같으니
선을 닦는다 해도 잡독(雜毒)이 되는 까닭에
헛되고 거짓된 행이라 말할 수밖에(『정상말화찬』, 진성전 2, 527).

그것은 완전히 자기 자신의 참모습에 대한 근원적인 자각이고, 주체적인 자각이다. 신란이 스스로를 성찰하여 "지옥은 결정되었다"(『탄이초』, 진성전 2, 774)고 고백했던 것은, 그 점을 무엇보다도 분명히 나타냈던 것이리라. 이렇게 자기 자신의 참모습에 대한 근원적 자각, 신지는 어떻게 하여 성립된 것일까? 신란이 자기 자신의 참모습을 '번뇌로 가득찼고(煩惱具足)', '죄업이 깊고 무거우며(罪業深重)'(『정상말화찬』, 眞聖全 2, 520),

'지옥은 결정되었다(地獄一定)'라고 고백했던 것은, 결코 단순히 스스로를 회고하고 반성하는 차원에서는 아니었다. 그것은 보는 자기와 보이는 자기, 주관과 객관의 관계에서 성립한 분별적 지견(知見)은 아니다. 보는 자기와 보이는 자기의 분별 대립에서는 언제나 보는 자기는 보이지 않으며, 그것은 부분적인 자기 내지 표상적인 자기에 관한 지견일 수밖에 없는 것이어서, 자기 자신의 참모습일 수는 없다. 보는 자기와 보이는 자기, 주관과 객관이 대립하면서도 그 양자가 동일하여, 보는 자기가 그대로 보이는 자기가 되고 보이는 자기가 그대로 보는 자기이며, 주관이 객관이고 객관이 주관인 주객즉일(主客即一), 즉 절대모순적 자기 동일의 구조를 가진 지견이 성립함으로써 비로소 자기의 참모습을 있는 그대로 이해하게 되는 것이다. 그것은 스스로에 대한 통찰을 철저히 심화해 가는 과정에서 마침내는 자기 자신의 존재의 모습이 둘로 분열하여 그 실태가 모두 나타나는 것과 같은, 완전히 주체적이고 심층적이며 근원적인 자각 내지 각성(눈뜸)체험을 말하는 것이다. 또한 그러한 지견은 이미 무명을 무명으로 알고 허망을 허망으로 아는 것인데, 그러한 무명과 허망을 떠나고 초월함에 근거해서 비로소 성립하는 것이다. 자기가 무명인 한, 그것이 무명이라고 신지하는 것은 불가능하고, 허망이 허망을 허망이라 지견하는 것은 불가능하다. 무명은 무명이 아닌 명지(明知)에서만 능히 무명을 무명이라 지견하고, 허망은 진실과 만나서 비로소 능히 허망을 허망이라고 신지할 수 있는 것이다. 그런 의미에서 신란이 자기 자신의 참모습에 대하여, '번뇌로 가득 찼고', '죄업이 깊고 무거우며', '지옥은 결정되었다'라고 신지하는 것은 동시에, 그것에 입각하여 명지, 즉 진실을 얻으셨다는 것이기도 하다. 그것은 "부처님 은혜의 심원(深遠)함을 신지"(『행문류』, 진성전 2, 43)하는 것에서 주객이 하나가 되어서 성립하는 신지였던 것이다.[36] '번뇌가 가득 찼다고 신지하는' 것은 그대로 '부처님 은혜의 심원함을 신지하는' 것이었을 터이다. 신란은 그러한 신심의 획득, 지혜의 신심의 성립에 대하여 다음과 같이 분명히 하고 있다.

> 신심이 청정하면 곧 부처님을 뵙는다(『문류취초(文類聚鈔)』, 진성전 2, 449).

또한 『존호진상명문(尊號眞像銘文)』에는 『수능엄경』의 "만약 중생이 마음으로 부처를 기억하고 부처를 생각한다면 지금과 미래에 필정(必定)코 부처를 보리라"[37]라는 문장을 다음과 같이 해석하고 있다.

> 만약 중생이 마음으로 부처님을 기억하고 부처님을 염한다면, 금생에도 부처님을 뵈올 수 있고, 미래에도 반드시 부처님을 뵈올 수 있게 되리(진성전 2, 582).

또 그 경문을 화찬으로는 다음과 같이 읊고 있다.

> 아이가 엄마를 생각하듯이
> 중생이 부처를 생각한다면
> 지금과 미래가 멀지 않으니
> 여래를 뵙는 일 의심할 수 없네(『정토화찬』, 진성전 2, 499).

---

36 부처님 은혜의 심원함을 신지하는 것으로부터 출발하여, 주객이 곧 하나인 경지로 나아가고, 다시 그에 의하여 또 신지가 성립한다는 순환을 말하고 있다. (역주)
37 원문의 '現前當來'를 병렬복합어로 보았다. 현전의 견불은 현생의 왕생을 의미하고, 당래, 즉 미래의 견불은 사후왕생을 의미하는 것으로 보았다. 다음에 인용되는 신란의 주석을 보면, 신란 역시 그렇게 보았음을 알 수 있다. (역주)

그리고 또 신란은 신심을 얻은 사람에 대하여 다음과 같이 서술하였다.

마음이 이미 여래와 하나라고 한다면
여래와 한가지라 말할 수도 있으리(『말등초』, 진성전 2, 661-662).
신심을 얻은 사람은
그 마음이 언제나 정토에 사네(『말등초』, 진성전 2, 662).

신란은 이러한 신심에서 '부처님을 뵙는다', '여래를 뵙는다'라고 말하고, 또한 '마음은 이미 여래와 한 가지', '마음은 언제나 정토에 사네'라고 말하고 있다. 그것은 분명히 신심을 얻는다는 것이 곧 명지를 얻는 것이고, 진실과의 만남을 얻어서 부처님을 뵙고 정토에 머물러 산다는 의미를 갖고 있음을 말하는 것이다. 신란이 신심을 얻은 사람을 찬탄하여 "왕생은 결정되었다고 생각해야 하리"(『말등초』, 진성전 2, 689)라고 말했던 것은, 그러한 점을 가장 단적으로 표명한 것일 터이다. 그리하여 신란이 그의 신심에 입각하여 자기 자신의 참모습에 대하여, '번뇌로 가득 찼다', '죄업이 깊고도 무겁다', '지옥은 결정되었다'라고 고백하는 것은, 그대로 '부처님을 뵙는다', '마음은 이미 여래와 한가지'라고 하는 고백에 입각하여 성립하는 것이었다. 즉 신란에게 신심이라는 것은, 지금까지 볼 수 없었던 것이 보이고 지금까지 알지 못했던 것이 알려진다고 하는 형태로서, 무명과 명지, 진실과 허망이 절대모순적으로 상즉(相卽)[38]하여 자각되는 것이고, 자기 자신의 참모습에 대하여 '지옥은 결정'되었다고 함으로써 주체적 근원적으로 자각됨과 동시에, 또 그것에 입각하여 그 자기 자신의 존재가 이미 '왕생은 결정'되었다고 신지하게 되며 자각

---

[38] A와 B가 같을 때, A와 B는 상즉의 관계라고 말하는 것이다. (역주)

하게 되는 것이어서, 양자는 모순 대립하면서도 또 동시에 상즉하는 것이다. 신란에게 신심은 '신지'로 표명되고, 또 '지혜의 신심'이라든가 "믿는 마음이 있는 것은 곧 지혜가 일어나는 것이라고 알아야 하리"라고 말해지는 것은, 이러한 지견이 성립하는 것을 의미하는 것이다.

그리고 이와 같은 신심을 새롭게 지견한다는 것은, 이미 앞에서 본 것처럼 아는 것과 알려지는 것, 주관과 객관이 대립하면서도 또한 그대로 양자가 하나가 되는 형태에서 아는 것이 알려지는 것이고, 알려지는 것이 아는 것이고 주관이 객관이고, 객관이 주관인 것과 같은, 주객의 대립이 곧 동일에서 성립하기 때문에 그것은 이미 일상적인 지견 지식이 아니라 틀림없이 주체의 근원과 깊이 관계하는 비일상적 출세적인 지견을 의미하는 것이다. 즉 그것은 무엇보다도 주체에서 근원적인 바, 오래된 자기, 일상적 자기, 세속적 자기를 방기하고, 또 그것에 입각하여, 완전히 새로운 자기, 출세간적인 자기, 종교적 자기를 확립해 간다는 것을 의미하는 것이다. 그것은 앞에서 본 불교의 논리 구조에 의하면, 탈피와 성장, '벗어나는' 것과 '이루는' 것이어서, 인격의 내면에서 깊은 변혁이나 변용이 성립함을 의미하는 것일 터이다. 신란은 그러한 신심에 대하여 다음과 같이 밝히고 있다.

> 본원을 믿고 받아들인다는 것은 앞의 생각이 임종을 맞이하는 것이고, 곧바로 왕생을 얻는다는 것은 뒷생각이 곧 태어난다는 것이다(『우독초』·진성전 2, 460).

신심이라는 것은 옛 생명이 죽고서 새로운 생명이 태어나는 것, '명종(命終)'과 '즉생(卽生)', 곧 '죽어'서 '태어나'는 것이다. 그리고 또한 신란은 새로운 종교적 자기의 탄생에 대하여 다음과 같이 말한다.

참된 신심을 얻은 사람은 이미 부처가 되는 것을 약속받은 몸이 되어 있기 때문에, 여래와 같은 사람이라고 경전에 설해져 있는 것이다(『말등초』· 진성전 2, 680-681).

염불을 믿으면 곧 이미 지혜를 얻어서, 부처가 될 몸이 된다(『미타여래명호덕』· 진성전 2, 735).

더욱이 『일념다념문의』(一念多念文意)에서는, 신심의 사람이 얻는 지위로서 '등정각'(等正覺)에 더하여 주석하기를, "참된 부처님이 되어야 할 몸이 될 수 있으리"라고 말하고, 그 '정정취'에 주석하기를, "반드시 부처님이 되어야 할 몸이 될 수 있으리"라고 하였으며, 또한 '아비발치' (阿毗拔致)[39]에게도 주석하기를, "부처가 되어야 할 몸이 될 수 있으리" (진성전 2, 606)라고 하였다. 그것이 '여래와 같은 사람'이 되고, '부처가 되어야 할 몸'이 되는 것을 말한다. 그것은 바로 참된 자기 자신의 확립으로서, '무아적 주체', '타력적 주체', '자연적 주체'라고도 불러야 할, 완전히 새로운 주체의 확립을 의미하는 것이다. 이리하여, 이러한 신란의 신심에서 인격의 변용이나 새로운 주체의 확립은, 앞에서 본 것처럼 종교심리학에서의 신심이나 신앙의 이해에 따른다면, 인격의 내면에 감추어져 있는 새로운 종교적 '태도' 내지 '자세'의 형성, 혹은 또한 종교적인 '가치 체제'의 확립을 의미하는 것이라고 말할 수 있으리라.

이렇게 해서 새로운 종교적 주체가 확립되고, 인격에서 종교적 태도, 자세, 내지 그러한 가치 체제가 형성되면, 그곳에서는 또한 필연적으로 새로운 세계가 전개된다. 새로운 주체의 탄생에 입각하는 새로운 세계의

---

39 산스크리트 avivartika를 음사(音寫)한 것이다. 불퇴전(不退轉)으로 옮기기도 한다. (역주)

성립이다. 신심의 결정에 입각하는 구제의 성립이다. 즉 그것을 신란에 입각해서 말한다면, 곧 다음과 같이 밝히게 될 세계의 전개이다.

무애광불(無碍光佛)의 심광(心光)이 언제나 비추시고 지켜주신 까닭에 무명의 흐림과 맑음, 생사의 긴 밤은 이미 새벽이 되었네(『존호진상명문』· 진성전 2, 575-576).

금강같이 견고한 신심이 결정되는 것을 기다려서
미타의 심광이 거두어주셔서 길이 생사를 건너네(『고승화찬』· 진성전 2, 510).

또 이렇게도 말씀하셨다.

여래의 집에 태어나다(『행문류』· 진성전 2, 9).

그 마음은 언제나 정토에 있네(『말등초』· 진성전 2, 662).

또 다음과 같이 고백하기도 했다.

기쁘구나, 마음을 큰 서원의 불지(佛地)에 심어서
헤아리기 어려운 법계에 생각을 흘러 보내네(『화신토문류』· 진성전 2, 662).

그것은 앞에서 본 것처럼, 종교학적 시각에서 본다면 체주태에 대응하는 주체적 초탈형에 속하는 구제의 세계라고 말할 수 있을 것이다. 불교에서 구제라는 것은, 그 원어인 uttaraṇa가 의미하는 것처럼, 또한 '제도'라고 표상해야 할 것이어서, 고뇌나 장해, 생사와 죄로 오염된 인생을 잘 극복하고, 잘 초도(超度)하는 것을 의미하는 것이었다. 신란은 부처의 구제를 밝힘에 있어서 '횡초(橫超)'(『행문류』·진성전 2, 45. 기타)라는 말을 종종 쓰고 있다. 그리고 그 말을 이렇게 해석한다.

'횡'은 옆 방향이라고 하는 것인데, 여래의 원력, 타력을 일컫는 것이다. '초'는 넘는 것이다. 생사의 큰 바다를 편안하게 옆으로 넘어서 위없이 높은 큰 열반을 깨닫는 것이다(『존호진상명문』·진성전 2, 602).

또 그의 주저 『교행신증』의 앞머리에는 다음과 같이 말한다.

가만히 생각해 보면, 생각하기 어려운 큰 서원은 건너기 어려운 바다를 건너는 큰 배다(진성전 2, 1).

모두 아미타불의 구제에 대하여, 그것이 다 하나같이 생사의 큰 바다, 건너기 어려운 고뇌의 바다를 능히 제도하고, 초도하는 것이라고 밝히고 있다.

이리하여 신란에게 구제는 바로 자기의 신심에서 완전히 새로운 참된 주체를 확립하는 것에 기반하여, 이러한 현실의 인생을 생각생각에 건너가고, 제도하는 것을 의미하는 것이었을 터이다. 그런 의미에서 신란에게 구제라는 것은 이 세상에서 이 몸으로 이루는 것이라고 하는 것이었다. 그런 점에서 종래 전통 교학의 해석과 같이, 현실에서 구제라는 것은 단순히 추상적이고 관념적인 가치, 즉 법덕(法德)을 의미한다든가 단순히 왕생성불을 위한 결정, 또는 확약을 얻는 것이며, 그 올바른 완결이나 성취는 내세의 사후에서 이루어진다고 하는 미래 중심의 이해는 명백한 오해라고 말하지 않을 수 없다. 신란은 이 신심의 공덕을 이렇게 찬탄한다.

> 염불하는 중생은 횡초의 금강심(金剛心)을 다하기 때문에 일념으로 임종하는 저녁에 완전한 열반을 깨닫는다(『신문류』·진성전 2, 79).

> 청정한 대원(大願)으로 이룩한 보토(報土)에는 품위(品位)나 계차(階次)를 말하지 않고,
> 한 생각의 잠깐 사이에 재빨리 위없이 높고 올바른 진리를 깨닫는다. 그러므로 횡초라고 말하는 것이다(『신문류』·진성전 2, 73).

이렇게 밝히는 바에 따른다면, 신심의 사람은 목숨을 버리는 임종의 일념에 곧바로 궁극의 완전한 열반을 증득하고, 정토에 왕생하면 잠깐 만에 위없이 높고 올바른 진리를 깨닫는 것이다. 그곳에는 신심 외에 다시 뭔가를 더하여 비로소 열반, 올바른 진리를 깨닫는 것은 아니다. 이미 신심에서 모든 것이 원만하고, 성취하고 있는 것이다. 그렇기에, 신심의 사람은 목숨을 버리는 임종의 일념에서 곧바로 완전한 열반을 깨닫고, 왕생하면 잠깐 사이에 올바른 진리를 깨닫는다고 말하는 것이다. 만약 신심에서 모든 것이 원만하고 완결된 것이 아니라면, 이와 같이 목숨을 버리는 임종의 일념에서 잠깐 사이에 완전한 열반과 위없이 높고 올바른 진리를 깨닫는다고는 말할 수 없으리라. 그런 의미에서는, 신심이 이루어짐에 따라서, 또 참된 주체가 확립됨에 따라서 이미 부처의 모든 구제가 다 이루어지고 성취되었던 것이다. 그럼에도 불구하고, 신란이 이러한 현실에서 곧바로 완전한 열반, 위없이 높고 올바른 진리의 깨달음을

말하지 않았던 것은 신란이 특히 인간의 육체성을 문제로 삼고, 그 번뇌와 죄업의 성질에 대하여 철저하고도 깊이 통찰하였기 때문이다. 그것은 결코 신심이 궁극적이지 못하다든가, 구제가 완결되지 못했다는 것을 의미하는 것은 아니다. 그 신심은 이미 궁극적인 것이고, 그 구제도 이미 원만하고 완결된 것이며, 또한 이 현세의 몸에 이루어지는 것인 한, 이러한 번뇌의 기체(基體)인 육체성, 번뇌가 있는 예신(穢身)을 살아가는 한, 신란은 여기서 곧바로 완전한 열반, 위없이 높고 올바른 진리의 깨달음, 완성은 말할 수 없었으며, 그 모두는 육체의 방기(放棄), 목숨을 버리는 임종 이후라야 비로소 말할 수 있었던 것이다. 신란은 철저히 그러한 육체성, 번뇌가 있는 예신에 계속 구애되었던 것이다. 그런 점에서 신란에게 정토에 왕생한다는 것은 결코 아미타불의 구제가 현세에서 완결되지 못했기 때문에, 그러한 완결을 얻기 위해서는 아니었던 것이다. 하물며 그 사후의 미래를 근거로 하면서, 그 반영인 현재에서의 동경이나 희망을 말하기 위한 것도 아니었다. 신란에게는 이미 신심을 얻었을 때, 이 세상에서 이 몸으로 자기 스스로의 구제가 원만하게 완결된 것이었다. 신심을 얻으면, 벌써 정토에 왕생할 필요도 없고 성불할 필요도 없는 것이다. 그것들은 모두 신심에서 필연적인 것이었다. 그럼에도 불구하고, 신란이 역시 사후에 정토에 왕생을 말하고, 성불을 설하는 것은 어째서인가? 그것은 『탄이초』 제4조에서 자비에 대하여, 성도교(聖道敎)의 자비와 정토교의 자비에는 차이가 있다는 특이한 해석을 하고 있음에서 살펴볼 수 있다.

정토교의 자비라고 하는 것은, 염불을 해서 속히 부처가 되어서 대자대비로써 마음먹은 대로 중생을 이익하게 하는 것을 말해야 하리(진성전 2, 775).

그러므로 정토에 왕생하여 성불하는 것은 오롯이 "대자대비로써 마음먹은 대로 중생을 이익하기" 위하여서, 타자를 구제하고 이익하기 위해서였던 것이다. 그것은 또한 진실한 열반의 증과(證果)에 대하여 밝히고 있는 『교행신증』의 증문류(證文類)는 거의 절반이 중생을 이롭게 하고 교화하는 환상회향(還相廻向)의 이익에 대한 서술이라는 점에 의해서도 잘 증명될 것이다. 신란에게 정토에 왕생하여 성불한다는 것은 결코 자기 스스로를 위해서가 아니라 바로 타자의 구제, 유정(有情)을 이익케 하기 위해서였다.

그리하여 신란에게 부처님으로부터 구제된다는 것은 바로 이 세상에서 이 몸으로 이루는 것이고 완결하는 것일 뿐, 결코 사후의 내세에서 얻는 이익 내지 그것을 현실 안으로 가져오는 것은 아니었다. 금생에서 확실히 부처의 구제를 얻었기 때문에. 사후에 내세에서 얻을 구제 역시 확실한 것이었다.

코 멘 트 와 토 론 (1)

코멘트 : 얀 반 브라후트

사회 : 클라크 오프너

브라후트 우선 선생님께 마음으로부터 감사의 뜻을 표하고 싶습니다. 선생님께서는 새롭게 막 학장이 되셔서 다망(多忙)하시고, 하물며 금년은 개교 350주년을 경축하고 있는 대학의 학장으로서 이 심포지엄의 초대를 승낙해 주셨습니다. 고맙습니다.

그런데 저는 앞으로의 논의를 위한 씨앗이 될 수 있도록 가능하면 선생님과는 거의 정반대의 입장에서 여러 가지 반론을 솔직히 제기하고자 생각합니다. 양해를 빕니다.

우선 선생님 글에서 그 중심적인 테제(these)를 요약한 문장을 인용하면, 다음과 같이 되지 않을까 생각합니다.

불교에서는 증오(證悟)라고 하든, 구제라고 하든 그 어느 것이든 이와 같은 참된 주체의 확립, 거기에 입각한 참된 세계의 전개를 말하는 것입니다. 그 근원적인 사태에서는 증오와 구제는 동일하고, 교리적 성격, 교학 이해의 차이에 의해서 증오라 하고 구제라 말하는 것에 지나지 않는다고 말해야 할 것이다.

그리고 저의 반론을 일단 요약해 보다면, 다음과 같이 될 것입니다. 선생님의 설은 진종학의 여러 가지 논쟁 중에서 삶의 자리(Sitz im

Leben)를 중시하는 입장으로 생각됩니다만, 반대의 입장이 너무 일방적으로 치우치는 경향을 정정하고 싶다는 생각에서 오히려 스스로 지나치게 일방적[1]이 되었던 것 같습니다. 밖에서 보면 그러한 느낌이 든다는 것입니다. 그도 그럴 것이, 진종에 본래 불교의 영감(inspiration)이나 가치를 충실히 지키는 것이 대단히 중요한 과제라는 것은 인정됩니다. 그러나 그를 위하여 열심히 싸우다 보니 선생님은 불교 일반의 종교성과 신란의 종교성을 너무나도 완벽하게 동일한 것으로 봅니다. 그러다 보니 정토교·진종·신란의 훌륭한 독자성을 무시하고, 그 풍부한 종교성을 너무 이성주의적으로, 어느 의미에서는 좁게 해석해 버리는 것은 아닌가, 라는 인상을 저는 받았습니다. 이상과 같은 점을 말씀드리며, 다음으로 네 가지 점을 간단히 언급하고자 합니다.

구제와 지혜

선생님은 '구제'를 '새롭게 지혜를 얻는 것'으로 정의하고, '믿음은 지적인 작용에 입각한다'라고 하셨습니다. 그럼으로써 종교적 요구 또는 종교적 구도가 협의로 정의된다고 생각합니다. 우선, 지혜라고 하는 것이 종교의 중요한 한 요소라는 것은 물론 인정할 수 있고, 기독교에 관해서도 그러한 점이 말해줄 수 있다고 생각합니다. 기독교는 신의 로고스(logos), 지혜라고 말해지고, 성 바울은 '구제에 이르는 지혜'(제2디모데 3:15)라고 말하

---

[1] 종교를 생각할 때 한편에서는 내세나 초월이나 신비체험을 중심으로 생각하는 부분이 있는데, 그런 점에 대한 반작용으로 현세나 합리적 이성을 강조하는 입장이 나타난다고 볼 수 있다. 지금 브라후트가 말하는 관점은, 필자인 시가라키는 진종이나 신란의 이해에 있어서 내세나 초월이나 신비체험을 중심으로 한 이해가 지나치다고 보고 비판하면서 현세나 합리적 이성을 강조하고 있는데, 오히려 그것이 너무 지나친 것은 아닌가 하는 문제제기다. 그렇다면 그 역시 하나의 문제가 아닌가, 라는 입장을 보이고 있다. (역주)

는 방식도 있고, "신앙의 눈이 열리면 사람은 신의 지혜에 맡기고, 참된 것을 보게 된다"고 말하는 방식이 기독교에서도 역시 잘 사용됩니다.

하물며 흔히 '그노스틱(gnostic)한 종교'라고 말해지는 불교에서는 그렇겠지요. 게다가 석가모니의 '구제'의 탐구 목적은 '생로병사'를 이기는 것이었다고 전하고 있는 것은 아닌가요? 그 목적지에 이르는 길로서, 확실히 계율·선정·지혜(śīla-dhyāna-prajñā) 그리고 그 중에 최고의 것으로서 지혜를 가르쳤습니다. 그러면 불교사의 어떤 시대로부터 지혜는 목적지라고 하는 지위에 오르게 되었던 것일까요?

다음, 신란 스님의 구도를 구체적으로 본다면, 그는 자신도 깊이 체험한 바, 해탈에 대한 범부의 무력에 대하여 '안심', '구원의 확실함'을 추구했던 것은 아닐까요? 총체적으로 말하면, 종교라든가 구제의 탐구라고 하는 것은 인간 전체의 일이어서, 다만 이성이라든가 지식의 일만은 아니라고 하는 것은 선생님께서도 당연히 인정하시리라 생각합니다. 그리스의 전통에서조차도 인간이 근본적으로 추구하고 있는 것은 '진'만이 아니라, 진·선·미라고 하는 세 가지로 말했고, 여러 가지 종교는 종교라고 하는 길의 목적지를, 단순한 '지식'을 여러 가지로 초월하고 있음을 상징적으로 묘사하고 있는 것은 아닐까요? 정토교도 또한 아미타여래를, 다만 무량광만이 아니라, 무량수라고도 이름해 왔습니다.

종교에서의 현재와 미래

선생님께서 두 번째로 강조하시는 것은 구제라는 것은 '금생의 이 몸으로 이룰 수 있는 것이다', '현실의 생활에 구체적으로 현현하는 것이다'라고 하는 것은 아닌가 생각합니다. 그렇게 강조하는 방식을 보면, 많은 진종학자와 마찬가지로 선생님께서도 중국 이래로 정토교가 너무나도 미래·내세

중심적이었다는 점에 반발하여, 이번에는 구제의 현재, '현세 이익'만을 강조하신 것 같습니다. 따라서 정토교만이 아니라 종교 그 자체에 있어서도 대단히 중요한, 미래에 대한 지향성을 충분히 평가하지 않았던 것은 아닌가 합니다.

거의 모든 종교에서 현재의 구제와 미래의 구제는 미묘한 맥락에서 입체적인 구조를 내보이고 있다고 생각됩니다. 예를 들면, 기독교에서는 신의 나라는 이미 와 있음과 동시에 아직 성취되지 않았으며, 그 완성은 미래에 기대해야 할 것이라고 말합니다. 예를 들면 성 바울은 "여러분은 구원되어 있다"(고린도전서 15:2, 에베소서 2:5, 8)라고 말하고, 또 "여러분은 구원받을 것이다"(로마서 10:13, 13:11)라고도 말합니다. 두 가지 시제를 사용하여 구제를 설하고 있습니다. 여기서 기독교의 종말론, 또는 생활태도로서 망덕(望德, 희망의 덕)을 언급하는 것이 가능하겠지요.

신란 스님의 가르침 중에서도 똑같은 구조가 포함되어 있는 것은 아닐까요? 그러나 선생님의 논문에서는 그러한 입체적 구조가 1차원적 평면으로 환원되는 느낌이 있습니다. 종교라는 것은 보통 죽음을 망각하고 1차원적 일상생활에 매몰되어 있는 인간에게 다시 한 번 보다 깊은 차원(죽음까지도 포함하는 차원)의 실재를 제시하는 것이라고도 말할 수 있는 것은 아닐까요? 그러한 일에서는 미래에의 방향성이 대단히 중요하고, 결여할 수 없는 역할을 하고 있다고 저는 생각합니다. 그와 관련해서, 선생님께 한 가지 질문을 드리고 싶습니다. 정토교도의 생활에서 '원생'(願生)이라고 하는 것은 어떠한 의미를 갖고 있는 것입니까?

신란 스님의 인간관

저의 세 번째 질문은, 선생님께서 신란 스님의 종교성을 직접적으로 불교 일반의 논리와 동일시하고자 하는 탓으로, 신란의 종교가 갖는 독자성이 망각되어 버린 것은 아닌가, 라는 우려를 불러일으킨 발언을 하시고 있다는 것입니다. 선생님은 기시모토 선생의 종교 분류를 들었을 때, 역시 간단히 '불교 및 신란'을 둘 다 '제3의 형태' 속에 집어넣었습니다만, 제가 볼 때는 아미타여래의 '섭취불사'(攝取不捨)와 기독교의 '신의 섭리'(역시 제2의 형태 속에 집어넣어진 것)는 서로 대단히 친근한 것이라 느껴집니다. 그러나 여기서 특히 지적하고 싶은 것은 선생님의 다음과 같은 묘사입니다. "한결같은 행의 실천에 의하여, 자기 자신의 아애(我愛)와 무명을 소멸해 가는 것을 통해서, (열반에의 도달을) 완전히 주체적으로 성취하고자 하는 것"과 불교 일반의 입장이 말해지면서, 선생님은 신란도 근본적으로는 같다고 시사하시는 것입니다. 또한 보다 직접적으로는 신란에서의 구원에 관해서 다음과 같이 말씀하시고도 있습니다. "그것은 분명히 인격 주체의 성장, 변혁을 의미한다", "신란의 신심에서의 인격 변용" 등.

또 대담하게 말한다면, 신란의 인간관은 오히려 인간이 자신의 욕망을 극복하는 것은 불가능하고, 번뇌 그대로 구제되지 않으면 아니된다—"번뇌를 끊지 않고, 열반을 얻는다"—라는 방향에 있는 것은 아닐까요? 그리고 신심을 획득해도, 인간의 성격은 경험적으로는 그다지 변하지 않는다고 하는 것이 신란 스님이었던 것은 아닐까요?(『탄이초』 제9장[2] 참조).

개인의 구제와 세계의 구제

저의 마지막 질문은 완전히 다른 문제입니다만, 선생님께서는 끊임없

---

[2] 『탄이초』 제9장의 주제는 제자 유이엔(唯円)—『탄이초』의 편자—이 정토의 법문을 들었으므로 신심으로 환희용약해야 정상일터인데 그렇지 못하다는 점을 고백하고, 그런 형편인데 어떻게 구제받을 수 있는가 하는 점을 다루었다. (역주)

이 "개인적 개심(改心)이나 구제가 세계를 개선한다"라고 말씀하셨습니다. 예를 들면, "참된 자기의 탄생은 그대로 참된 세계의 탄생이 된다"(50쪽)고 말입니다. 그것은 물론 선생님만이 아니라 불교에서는 상식이라고 생각합니다만, 그것은 도대체 어떠한 의미일까요? 완전히 주관적인 의미인 것은 아닌지요? "나의 주관적 세계가 개선된다"고 하는 것은 아닐까요? 그렇다고 한다면, 그 외에 구제를 필요로 하는 객관적 세계, 인간 사회가 존재하는 것은 아닐까요? 좀 더 철학적으로(헤겔이라든가 다나베 하지메田辺 元³에게서 힌트를 얻어서) 말하면, 존재하고 있는 것은 절대적 정신과 주관적 정신(부처와 범부)만이 아니라, 객관적 정신(국토, 정토)도 있다고 하는 것이 되겠지요. 다나베 선생이 말하는 방식을 빌리면, 보편과 개인만이 아니라 종(種)도 존재하는 것입니다. 그것이 함축하는 것은, 그러한 객관적 세계의 개선·구원이라는 것은 단순히 개인적 구제만으로는 이루어질 수 없다는 것입니다.

대단히 솔직하게, 아니 함부로 선생님의 귀중한 발표에 대해서 제 개인적 의견을 말씀드렸습니다만, 이제 선생님의 가르침을 기대합니다.

오프너 감사합니다. 시가라키 선생님, 이제 브라후트 선생님께서 말씀해 주신 것에 대해서, 뭔가 대답하실 것, 혹은 의견, 감상 등이 있으시다면….

신란의 독자성

시가라키 대단히 큰 문제입니다. 다른 선생님들의 의견도 들어보고 싶

---

3 다나베 하지메의 저서 『참회도의 철학』은 김승철 번역으로 동연에서 2015년에 출판되었다. (역주)

습니다만…. 첫 번째로 지적해 주셨던 것은, "당신의 신란 이해는 불교의 기본적인 이해에 너무 지나치게 치우친 나머지 신란의 독자성 같은 것이 확실히 드러나지 않은 것은 아닌가? 보다 지적인 측면에 치우친 것은 아닌가? 정적인 측면으로부터 보더라도 정토교는 독자성을 많이 갖고 있는 것은 아닌가"라는 지적이었던 것으로 생각합니다. 이는 저 나름으로는 대단히 잘 이해하고 있는 문제[4]입니다. 그러나 이것이 저의 기본적인 신란 이해입니다. 그 다음에, 두 번째는 미래의 문제가 있었습니다. "구제라고 하는 문제에 대해서는, 역시 미래라고 하는 것이 큰 의미를 갖고 있는 것은 아닌가"라고 하는 지적이었습니다. 이 역시 앞의 첫 번째 문제와 대단히 밀접하게 연결되어 있는 것으로 생각됩니다. 이에 대해서 어떻게 생각하는가? 저 나름으로는 그러한 점을 예상하면서 말씀드린 것입니다만…. 세 번째의 섭리와 자유의 문제, 이는 저의 이해가 대단히 충분하지 못한 측면이 있다고 하는 점은 인정됩니다. 이제, 마지막으로 말씀하신 이타, 타자에 대한 작용이라고 하는 문제에 대해서는, 세속의 측면에서는 그것이 어떤 관계를 갖는가 하는 점이 오늘날의 문제로서 지적하셨습니다만, 이 역시 대단히 큰 문제입니다. 그래서 여러분의 의견을 듣고 싶습니다.

오프너 그러면 여러분 어떻습니까? 어느 선생님이라도 좋으니까 말씀해 주십시오.

정토에서의 몸

야기 잘 모르는 것이 있어서 가르침을 받고 싶습니다. 신란의 육체성 문

---

4 이 질문이 갖고 있는 함축을 잘 이해하고 있다는 의미이다. (역주)

제라는 것을 말씀해 주셨습니다만, 육체가 있는 한 부처가 되는 것은 불가능한 것으로 이해됩니다만, 이 부분을 조금 더 설명해 주시길 바랍니다. 정토는 아미타여래의 가르침을 받아서 깨달음을 연다는 것으로 생각됩니다만, 정토에 태어난 경우에는 육체가 없게 됩니까? 또 육체의 존재방식이 다른 것입니까? 이렇게 말씀드리는 것은, 환상(還相)이라고 하는 것을 말하는데, 환상이라고 해서 정토로부터 돌아올 때는 결국 육체를 갖고 있을 터이므로, 그렇게 되면 그러한 환상의 몸에서는 정히 구제의 작용이 불가능한 것은 아닌가? 이는 완전히 지금 떠오른 생각입니다만, 확실히 신란 경우도 깨달음은 자기의 마음을 이해하는 것이라 말씀하신 것으로 생각합니다. 제가 아는 한 신란은 마음과 육체라는 것을 헬레니즘 시대의 그노시스(gnosis)처럼 엄격하게 나누는 것은 아닌 것으로 생각되고, 또한 무엇보다도 행이라고 하는 것으로 나무아미타불을 일컫는 것입니다만, 차츰 가르침을 듣는다고 하는 것에 대해서도 귀가 필요하고, 나무아미타불을 일컫기 위해서 육체가 필요하다고 생각합니다. 조금 더 구체적으로 가르쳐 주시길 바랍니다.

시가라키 육체라고 하는 말만으로는 다소 부족합니다만, 신란의 발상은 그것이 불교인 한 영과 육, 마음과 몸이라는 것은 기본적으로는 나누어질 수 없다는 입장이라고 생각합니다. 그러나 신란의 언어로는 마음과 몸을 나누어 본 말은 많이 있습니다. 환희라고 하는 것을 둘로 나누어서, 환(歡)이라는 것은 몸이 기쁜 것이고, 희(喜)라는 것은 마음이 기쁜 것이라든가, 혹은 몸은 예토에 있고 마음은 정토에 머문다고 하는 것처럼, 몸과 마음을 분리한 해석이 있지만, 기본적으로는 본질적으로 몸과 마음이 하나(身心一如)라고 하는 이해에 서있다고 생각합니다.

번뇌는 육체의 문제

다만 제가 육체성이라는 것을 문제로 삼은 것은 신란에게는 예신(穢身), 번뇌에 휩싸인 몸이라는 발상이 있습니다. 말하자면 육체가 있다고 하는 점에서 번뇌가 있습니다. 번뇌의 성립 근거가 본질적으로는 육체의 문제라고 하는 점을 신란이 문제로 삼았던 것은 아닐까요? 선도의 말을 받아서 "몸은 이 세상에 있고, 마음은 정토에 머문다", 정토에 존재하는 것이라고 하는 표현을 보면, 기본적으로는 몸과 마음이 하나라고 말하면서도 육체에 대해서는 예신, 번뇌의 몸이라고 하는 의미를 줄곧 고집하고 있는 것은 아닐까요? 이것은 만년의 저작을 보면, 번뇌라고 하는 것은 임종의 일념까지 사라지지 않는다든가, 끊어지지 않는다든가와 같은, 현실의 육체성을 참으로 깊이 응시한 언어가 있으므로 그렇게 말씀드린 것입니다.

야기 지금 설명해 주신 것을 듣고서 아주 문제가 분명해졌습니다만, 저는 아마도 육체와 신체를 나누어서 생각하고 있었던 것으로 생각합니다. 육체라고 말한 경우에는, 흔히 정신과 육체라고 말하는 것처럼 대립적으로 생각하여 정신성에 대해서 반항하는 것처럼 생각되는 것입니다. 그런데 신체라고 말한 경우에는 이것은 전인격적인 일입니다. 예신(穢身), 몸(身)이 오염되어 있다는 것은 마음은 오염되어 있지 않다는 것이 아니라 오염된 마음을 가진, 전인격적으로 오염된 존재라고 하는 것은 아니었을까요? 저는 잘 모르겠습니다만…. 이러한 것은 아니었을까요? 결국 육체성이라고 하는 것과 또 전인격적(全人格的)인 신체성이라는 것을 저는 나누어서 생각하고 있습니다. 육체성이라고 말하면 전인격성은 아니라, 정신 내지 마음에 대립하는 구성요소로 생각하고 있기 때문에, 아마도 그런 질문을 드렸던 것으로 생각합니다.

신란과 세속성

시가라키 제 말씀이 충분하지 않았던 것 같습니다. 불교는 신심일원(身心一如)론의 입장에 서있습니다만, 신란이 특별히 몸과 마음을 나누어 놓은 뒤, 그 육체에 구애되는 것을 문제로 삼았던 것입니다. 앞에서 말씀드린 것으로 돌아간다면, 출가불교라는 것은 그러한 세속적인 것을 어느 정도는 잘라버리고 출발하는 길이라고 생각합니다. 그런데 신란과 같이 가정을 가지고 세속의 한 가운데를 살아가면서 성불의 길을 걷고자 하는 정토불교에서는 그러한 세속적인 삶의 모습과 완전히 동떨어진 것은 아닙니다. 그러므로 경주(競走)에 비유한다면, 이미 세속을 잘라버린 전방에서 출발하는가, 엉망진창인 세속을 질질 끌고 있는 후방에서 출발하는가의 차이로 생각합니다. 똑같이 부처가 되는 것을 걷고자 하더라도, 즉신성불(卽身成佛)이라든가 즉신시불(卽身是佛)을 단언한 그러한 출가불교의 입장과 신란이 서있는 재가불교의 입장은 상당히 다릅니다. 그 세속성을 저는 육체성으로 말씀드렸습니다만, 좀 더 그러한 말로 바꾸어 부르는 것이 좋은지도 알 수 없습니다.

야기 대부분은 분명해 졌습니다. 그런데 최초의 문제에 관한 것입니다만, 정토에 태어났을 때는 육체성은 없는 것입니까?

시가라키 부처님의 신체성의 문제는 교학적으로는 불신론(佛身論)과 관련해서 대단히 복잡한 논의가 있습니다만….

정토라는 것은…

테라가와 대단히 어려운 것은, '정토라는 것이 어떠한 세계인가'라는 것입니다. 신란의 경우, 정토라고 하는 말을 물론 쓰고 있습니다만, 그것 보다 더 자주 신란은 정토를 말할 때 '진실보토(眞實報土)'라는 말을 씁니다. 본원에 응답하는 세계. 이러한 의미입니다. 말에 지나치게 구애되는 것인지도 알 수 없지만, 신란이 정토를 어떻게 이해했는지 엄밀하게 찾아본다면 아무래도 언어에 의지하지 않을 수 없습니다. 과연 진실보토라는 말로 신란이 말하고자 하는 정토는 어떠한 세계일까요? 이러한 검토가, 지금 말씀하셨던 것과 관련하고 있는 것은 아닐까요?

야기 그런 진실보토에서 육체는 어떻게 자리매김할 수 있느냐 하는 문제에 대해서입니다만….

테라가와 번뇌적 존재라고 말할까요? 번뇌에 오염된 존재를 말씀하려는 것으로 들었습니다. 육체에 뿌리내리고 있는 번뇌도 있겠지요. 예를 들면, 애욕의 번뇌가 그것입니다. 식욕에 대해서도 맛있는 것을 먹고 싶다고 하는 것이 딱 달라붙어 있어서…. 식욕은 번뇌는 아니지만, 맛없는 것보다는 맛있는 것을 먹고 싶지요. 이러한 것이 끈끈하게 달라붙어서 대단히 복잡하게 작용하고 있습니다. 역시 번뇌 중에서 어지간한 것은 육체에 뿌리내리고 있는 면이 있기에, 그러한 점에서 육체성이라고 말할까요? 그렇게 이야기하지 않을 수 없는 측면이 있는 것은 아닐까요?

전인격이 오염되어 있다

야기 제가 그 점에 집착하는 것은 '오염이라고 하는 것은 결국 마음의 문제인가 육체의 문제인가'라는 그런 점에 관련해서입니다.

테라가와 번뇌입니다. 육체가 오염되어 있다 라든가, 마음이 오염되어 있다고 하는 것이 아니고, 번뇌라고 하는 것이 작용하기 때문에 존재가 오염되어 있는 것입니다.

야기 그러면 전인격적인 것이 아닌가요?

테라가와 지금 야기 선생님의 질문은, 예를 들면 담란(曇鸞) 등이 '무생(無生)의 생(生)'이라는 것을 말하면서, 대단히 고뇌했던 이야기라고 생각합니다. 호넨의 정토교에서는 정토, 또한 왕생이라 는 것이 전면적으로 문제가 됩니다. 결국 그런 경우 지금 이야기와 같이 육체라고 하는 형태로 정토에 간다는 것은 좀 생각하기 어려운 것은 아닌가 합니다. 예를 들면, 『무량수경』(약칭 『대경』)에는 "이 빛을 만나는 자는 세 가지 더러움이 소멸하고, 몸과 뜻이 유연하고, 환희용약하며, 착한 마음이 일어난다"라고 하는 경문도 나옵니다. 『무량수경』의 그 말씀에서는 '몸과 뜻이 유연하고' 라고 하는 것이 대단히 강조되고 있는 것처럼 생각됩니다.

야기 육체성이라는 것이 자리매김 되면 사회성, 세계의 변혁이라는 것이 전부 그것과 연결됩니다.

정토의 사회성

오미네 『대무량수경』에 '자연허무(自然虛無)의 몸', '무극(無極)의 체(體)'라는 말이 있습니다. 그러므로 정토의 사람들에게도 역시 신체가 있는 것 같습니다. 다만, 번뇌에 오염된 사바세계에서의 신체와는 근본적인 구조가 다릅니다. 신체가 없다고 해서, 그것만으로는 번뇌에 기반한 신체의 오염이 극복되었다고는 생각되지 않으므로 오히려 신체의 원리 그 자체, 뭐라고 할까요, 전환이 있는 것이라 생각합니다. 신체가 있는가 아닌가가 아니라, 어떠한 신체인가 라고 하는 것이…. 정토에는 아미타불만이 아니라 그 나라의 사람들도 있겠지요. 그러면 모두 어떤 형태의 신체가 없으면 서로 구별되지 않겠지요. 그곳에는 결국 신체성이라고 하는 것이… 예를 들면, 정토의 '토(土)'라고 하는 것은 아무래도 신체와 연결된다고 생각합니다. '천(天)'만이라면 신체성이라고 하는 것은 그다지 생각될 수 없지만, '토'라고 하는 곳에는 신체성이 있습니다. 당연히 그렇게 많은 사람이 있다면 사회성이라는 것도 있게 됩니다. 그 사람들 사이의 관계라고 하는 것은 모두 신체의 원리에 결부되어 있는 것으로 생각되기 때문에, 결국 신체의 원리라고 하는 것이 근본적으로 변합니다. 예를 들면, 육근융통(六根融通)이라는 것이 말해집니다. 우리들의 세계에서 오관(五官)은 따로 나누어져서 눈으로 듣는다든지 귀로 본다든지, 혹은 입으로 사물의 냄새를 맡는다든지 하는 것은 가능하지 않습니다. 그것은 우리들 세계의 신체를 만들었던 원리가 그렇게 되어 있기 때문입니다. 이것은 아미타불의 48원에도 천안(天眼)이라든가 천이(天耳)를 얻고자 하는 원이 있었다고 생각됩니다만, 하여튼 그러한 곳에서는 신체성이 생각될 수 있습니다, 오관이 융통한 것과 같은 신체라고 하는 것이지요. 이것은 SF가 아닙니다만, 뭔가 역시 우리들의 세계의 신체만을 생각하는 것은 아니어서, 여러 가지 생각될 수 있는 신체가 당연히 생각될 수 있는 것은 아닌가 합니다.

신체, 작용의 장

테라가와 신토(身土)라든가 신심, 몸과 마음입니다. 그 경우의 '신'이라고 하는 의미는 body라는 의미는 아닙니다. 어떤 기능이 작용하는 장(場)이라는 의미입니다. 그러므로 번뇌라든가 분별이 작용하는 장으로서, 구체적인 존재입니다. 그러나 동시에, 부처님의 경우는 말입니다. 그와 같이 무엇이 작용하는가… 번뇌가 작용하고 있는가? 혹은 지혜가 작용하는가? 그러한 것이 작용하는 장으로서 구체적인 존재….

야기 그렇다면 지금 말씀하신 장(場)의 구조라고 할까, 장의 존재방식이라 할까 라는 것이 문제가 됩니다. 육체가 있다고 깨달을 수 없다라든가 육체가 없어지면 부처가 된다고 하는 것은 뭔가 마음에 걸립니다.

테라가와 역시 비린내를 가장 잘 나타내는 것은 '육체'라고 하는 표현이 아닌가 합니다. 번뇌가 작용하는 신체에 대해서….

야기 그런 의미라면 잘 알겠습니다. 확실히 도겐(道元)에게도 '냄새나는 가죽주머니'라는 말이 있었습니다. 냄새나는 가죽주머니라고 하는, 별로 좋지 않은 말이…. 그러한 의미라면 잘 이해할 수 있습니다.

오프너 그것과 직접 관계없는 것인지도 알 수 없습니다만, '부처가 된다'고 말하지 않고, '부처가 되어야 할 사람'이라든가 '부처와 같은 사람이 된다'고 말합니다. 그것과 '부처가 된다'는 것은 다른 의미였던 것으로 생각됨니다만, 어떻게 다를까요? '부처가 된다'고 하는 것과 '부처와 같은 사람이 된다'고 하는 것이….

'부처가 된다' 그리고 '부처와 같이 된다'

시가라키 그것은 결국 신란이 갖고 있었던, 혹은 정토교가 갖고 있는 인간 이해의 문제와 관련하는 것으로 생각합니다. 도겐은 53세로 돌아가십니다만, 그는 스스로의 성불을 말씀하였습니다. "나는 부처다"라고 말했습니다. 그러나 신란은 90세까지 살았습니다만, 부처가 될 수 없다고 한탄했습니다. 겨우 신란이 말한 것은, '부처와 같은 사람이 될 수 있다'고 하는 것입니다. 그것은 도겐의 종교체험과 신란의 종교체험 사이에 차이가 있다는 것이 아니고, 각기 그분들이 갖고 있는 불교 이해, 그 기본에 있는 인간 이해에 차이가 있는 것은 아닐까요? 세속성에 대한 이해의 문제가 그 뿌리에 있는 것은 아닐까요? 도겐은 이 세상에서 이 몸으로 이미 성불을 말했지만, 신란은 똑같은 종교체험을 가지고 있으면서도 그렇게 말할 수 없었습니다. '부처와 같다'라고 밖에 말할 수 없었습니다. 그것은 오직 신란이 세속을 얼마나 엄밀하게 바라보고 있었던가, 혹은 현실의 자기를 얼마나 직시했던가 라는 문제와 관련되는 것은 아닐까요?

오프너 죽어서 부처가 되면….

자기를 바라보다

시가라키 이 세상에서 이 몸으로는 어떻게 해도 부처는 될 수 없다, 다만 '부처와 같은 사람'이 된다. 그러나 그것은 종교체험의 미완성을 말했던 것이 아니라, 자기를 그만큼 깊이 바라보고 있었던 것으로 생각합니다. 그러한 자기응시의 엄격함이라는 점에서, 도겐의 입장과는 다른 시각을 갖고 있었던 것은 아닌가. 신란은 출가를 해서는 어느 정도 엄격하게 수행을 했겠지만, 산으로부터 내려와서 결혼을 하고 세속생활을 했던 것은 출가라고 하는 것이 갖고 있는 문제점에 대해서 납득할 수 없었기 때문입니다. 도겐은 『정법안장』에서 출가의 길이 아니면 성불할 수 없다고 말하고 있지만, 신란은 재가(在家)인 채로 성불할 수 있는 길을 찾았습니다. 그리고 그 나름으로 그러한 불도를 발견했습니다. 그러나 그것은, 아직 충분치 않다고 말하면서 한탄했을 것입니다. 그러한 종교체험에서 불도는 이미 완결되었다고 생각되는데 스스로의 내관(內觀)에서는 그렇게 말하지 않았던 것뿐은 아닐까요? 그래서 앞에서 브라후트 선생님이 말씀하셨던 것처럼, 사후의 미래에다가 구제의 궁극적 경지를 걸지 않을 수 없었다.[5] 그러한 문제인 것처럼 생각됩니다.

부처와 범부의 구별을 초월하다

오미네 저는 잘 모릅니다만, 신심의 사람은 '여래와 같다'라고 할 때 '같다'고 하는 것에는 대단히 큰 의미가 있는 것은 아닌가 합니다. 왜냐하면 보통은 부처인가 부처가 아닌가 라는 양자택일의 방식으로 분별하기 때문입니다. 그러나 부처와 '같다'고 할 때는, 부처와 다르면서도 똑같다[6] 라고 말할 수 있는 방식, 완전히 동일한 것도 아니고 완전히 다른

---

5 필자 시가라키는 신란이 재가의 생활을 하면서도 이 현세에서 궁극적인 종교체험을 했다고 본다. 다만, 그러면서도 그 자신의 깊은 자기응시의 결과 그렇게 궁극적 경지를 체험했다고 말하지 않고서, 내세의 사후에서야 구원을 받을 수 있다고 말한 것으로 이해하는 것이다. (역주)
6 일본어로는 '等'와 '同'을 구별하고 있지만, 우리말에서는 '동등'이라는 말이 있는 것처럼

것도 아닌 존재방식이라고 생각합니다. 보통은 동일율의 논리로 생각하기 때문에, 부처인가 부처가 아닌가 중의 어느 쪽으로 결정하고자 합니다. 그런데 '같다'고 하는 경우에는 동일도 아니고 구별도 아니며, 부처도 아니고 단순히 범부도 아니고, 부처와 범부 사이의 보통의 구별 혹은 분별이라는 것—'보통'이라는 것은 보통 생각하는 구별입니다—, 그러한 것을 넘어선 것과 같은 국면이 있습니다. 그러므로 부처와 같은 정정취(正定聚)의 입장이라고 할 때, 그러한 위상과 같은 것이 발견되고 있는 것은 아닌가라고 생각합니다. '같다'고 하는 것에 대단히 의미가 있다고 생각합니다.

행의 단계

시가라키 이것은 조금 복잡한 이야기가 됩니다만, 불교에서는 인간이 수행을 해서 석가모니와 같은 깨달음에 이르는 길을 가르치고 있습니다. 가장 원시적으로는 그 불도에 네 가지 단계를 세우고 있습니다. 그것이 불교가 전개하면서 10가지로 나누어진다든지, 또 뒤에는 더욱 미세하게 나누어집니다. 보통 일반적으로 말해지는 것은 52단계로 나누는 것입니다. 그 계위(階位) 중에서 52번째가 마지막 부처입니다만, 51번째에 자리하는 것이 미륵보살이라 불리는 보살입니다. 신란은 신심을 얻은 사람은 이 미륵보살과 '똑같다'고 말하며, 부처와는 '같다(同)'고 말합니다. 확실히 구별해서 씁니다. '같다'와 '똑같다'는 다릅니다. 이는 기본적으로는 같은 내용을 나타내는 말이지만, 신란은 몇 번이나 "미륵과 똑같이 되면 여래와 같다

그것을 의미상 다른 것으로 보기는 어렵다. 다만 '等'은 '… 와 비슷하다(is like)'라는 의미로 보고, '同'은 '… 이다(is)'로 보아서 구별하기로 하였다. 그래서 '등'은 '같은'으로, '동'은 '똑같은'으로 옮겼다. (역주)

고 말할 수 있다"는 식으로 말합니다.

일생보처(一生補處)

이 미륵보살이라는 분은, 경전에 의하면 일생보처의 보살이라 말합니다. 이는 하나의 생애를 끝내면 다음에 태어날 곳을 받는다고 하는 것으로, 그곳에서 일생을 마친다면 그 다음에는 반드시 부처가 된다는 것입니다. 그래서 '일생보처의 미륵보살'이라고 말합니다. 신란에게도 그러한 이해가 있습니다. 그러므로 여기까지 온다면, 죽어서는 반드시 부처가 된다는 그런 지위입니다. 이것이 51번째라고 말하는 것입니다. 신란은 신심의 사람은 이 미륵보살과 똑같기 때문에, 부처와는 같은 사람이라고 말하고 있습니다. 이 부처와 같다는 사상의 원형은 『화엄경』이라고 하는 대승경전 중에 있습니다만, 신란이 이를 말한 것은 상당히 만년인, 75세를 지난 시점입니다. 그때까지 이 말은 본전(『교행신증』)에 인용하고 있기는 합니다만, 그곳에서는 아직 해석을 더하고 있는 것은 아닙니다. 만년이 된 뒤에는, 이를 상당히 강조하고 있습니다.

브라후트 그것은 어떤 의미에서는 신란의 신비적인 측면이라 할 수 있을까요? 기독교에서 신비주의는 여러 가지 의미가 있습니다만, 아무래도 신과의 일치를 자각하여 강조하고자 하는 것은 확실히 그 하나의 요소이겠지요. 잘 모르겠습니다만, 예를 들면 호넨의 경우에는 그런 측면이 있습니까?

견불(見佛)의 체험

시가라키 그것에 대해서는 후지모토 선생님께 여쭈어 보아야 할 것 같습니다. 호넨의 종교체험에서 이른바 견불이라든가, 삼매가 인정될까요?『삼매발득기(三昧發得記)』라는 것이 있지요?

후지모토 호넨의 체험에서는 인정될 수 있다고 생각합니다.

시가라키 제가 말씀드리는 것은 좀 뭣 합니다만, 호넨에게『삼매발득기』라고 하는 저술이 있습니다. 이는 호넨이 직접 쓴 것이 아니라 그 뒤에 이루어진 것이라는 견해가 있었습니다만, 오늘날에는 호넨의 저술로 인정받고 있습니다. 그 중에 이른바 견불, 부처를 본다고 하는 체험에 대한 기록이 있습니다. 구체적으로 부처를 보았다고, 몇 번인가 그런 체험을 말하고 있습니다. 이것은 결국 만년의 일이라고 생각됩니다만….

후지모토 『선택집』 저술 전후는 그 시기에 들어갑니다.

여래를 뵙다

시가라키 신란에게도 역시 "신심의 사람은 여래를 뵙는다"라고 하는 표현이 나옵니다. 너무 지나치게 그러한 부분을 말씀드리면, 또 조금 불교에 지나치게 치우치는 것 아닌가 말씀하실지도 모르겠습니다. 그러나 신란에게는 "여래를 뵈온 것이 틀림없다"라고 하는 말이 있습니다. 이는『수능엄경』이라고 하는 경전에 기반하여 말해진 것입니다. 이를 신비주의라고 말할수 있을까 하는 점은 문제입니다만, 자연법이(自然法爾)라고 하는 말이 나옵니다. 그것과도 겹치는 문제겠지요.

오미네 『정토화찬(淨土和讚)』에서지요. "지금과 미래가 멀지 않다"7라고….

시가라키 그렇습니다. 그에 이어서 "여래를 뵈온 것이 틀림없다"라고 하는 말도 있지요.

테라카와 그것은 「여러 경전에 의지한 미타 화찬」(諸經意彌陀和讚)8이지요.

시가라키 그것은 『수능엄경』에 그 원형이 되는 문장이 있습니다. 그것을 일본어로 옮긴 것이지요. 이를 곧바로 삼매라고 볼 수 있을지 없을지는 모르겠습니다. 예를 들면, 호넨에게는 "왕생한 것 같은 기분이 든다"라고 하는 말이 몇 번이나 나옵니다. "왕생했다"고 말하지 않고, "왕생한 것 같은 기분이 든다"라고 말입니다. 또 "'결정왕생', 왕생에 결정하였다"라는 말도 종종 나옵니다. 신란은 그것을 그대로 "왕생에 결정하였다"라고 읽지 않고서 "결정왕생을 얻었다"라고 하는 표현 방식을 취합니다. 신란은 이 세상에서 이 몸으로 정토왕생을 말하는 것입니다. 그러므로 호넨이 구사한 언어를 신란이 한 번 더 구체화해서 말했던 것 같은 느낌이 드는 것입니다. 호넨의 제자 쇼쿠(證空, 1177-1247)9 역시 여기 이 세상에서의 왕생을

---

7 온전히 번역하면 다음과 같다. "아이가 어머니를 생각하듯이 / 중생이 부처님을 생각한다면 / 지금과 미래가 멀리 않으니 / 여래를 뵙는 것 의심할 수 없네." (역주)
8 지금 오미네와 시가라키가 인용한 것은 모두 『정토화찬』 중의 「수능엄경에 의지한 화찬」에 나온다. 「여러 경전에 의지한 미타 화찬」에 나온다는 것은 테라가와의 착오다. (역주)
9 호넨의 제자로서 정토종 서산파의 개조이다. 이 흐름에서 일본 정토불교의 또다른 흐름인 잇펜(一遍, 1239-1289)의 시종(時宗)이 나온다. 이 책에서는 잇펜이 전혀 언급되고 있

말하고 있습니다.

왕생에 과정(process)이 있는가

오미네 한 가지 더 여쭈어 보고 싶습니다. 왕생이라고 하는 말입니다. 앞에서 말씀하셨던 것처럼, 예를 들면 『말등초』(末燈鈔)의 말에 "신심이 결정되었을 때 왕생 또한 결정된다"[10]라고 있는데, 이는 정정취를 말하고 있는 것입니다. 현세의 일, 현생에서 신심을 경험한 것입니다. 거기에 왕생이라고 하는 말이 나옵니다. 또한 그 반대로 『탄이초』에서는 "어쩔 수 없이 인연이 다하게 될 때 저 땅에 가게 되리"[11]라고 합니다. '저 땅에 간다'고 하는 것 역시 또한 왕생입니다. 전자는 현생의 일로서 이해하는 것이고, 후자는 임종일념(臨終一念)의 저녁에 왕생을 이해하는 것입니다. 그렇게 되면, 왕생에 하나의 과정이 있고, 이것은 결국 신자의 인생 그 자체입니다. 신앙의 인생이라고 하는 것이 왕생이라고 하는 하나의 전체[12]이며, 그것을 출발점(start)에서 파악하는가 종점(goal)에서 파악하는가 라고 하는 차이는 아닐까요?

시가라키 그렇다고 생각합니다. 신심에서부터 왕생이 시작된다. 저도 대체로 그렇게 이해하고 있습니다만….

지 않다. (역주)

10 『말등초』는 본원사 제3세 가쿠뇨(覺如, 1270-1351)의 차남인 쥬가쿠(從覺, 1295-1360)의 편저이다. 신란의 편지를 편집한 것으로서, 본권과 말권으로 이루어져 있다. 이 말은 본권 앞머리에 나온다. (역주)

11 『탄이초』 제9장. (역주)

12 오미네의 관점은 현세왕생과 사후왕생을 모두 포괄하여 현세에서 사후로 이어지는 왕생의 과정을 생각해 보고 있는 것이다. 그런데 '출발점에 초점을 두면 현세왕생을 주장하게 되고, 종점에 초점을 두면 사후왕생을 주장하게 되는 것이 아닌가'라는 이야기다. (역주)

신앙에 의한 인생의 의미

테라가와 왕생의 구극, 저는 왕생이라고 하는 것은 신앙의 확립에서 시작하는 인생의 의미라고 이해합니다만, 그 도달점이 대열반을 증득하는 것입니다. 일단 이것은 말할 수 있겠지요. 또 하나는 왕생이라고 하는 것은 대체로 정토삼부경 전체를 통해서는 미래왕생이기 때문에 임종 시에 내영에 의하여 정토에 왕생하는 것입니다. 따라서 중국 이래로 정토교는 정형화된 언어로 말하면, 이른바 미래왕생―육체의 사후에 왕생이 실현되는 것으로 이해된 왕생―이었다고 생각합니다.

현재에서의 왕생

호넨에게도 그와 같은 이해가 짙다고 생각합니다. 다만 신란의 경우는 좀 다릅니다만, 다소 복잡한 절차를 거칩니다. 인간에게서 신앙의 실현을 말하는 『대경』의 원성취문(願成就文)에서는 '곧 바로 왕생을 얻는다(卽得往生)'[13]라는 대단히 의미 깊은 말이 있습니다. 그 말에 의해서 대단히 적극적으로 왕생을 이해하고 있는 것입니다. 현생에 왕생의 한 길에 서고, 보다 적극적으로는 현생에 정정취의 지위에 나아간다는 것을 그 말에서 읽어내는 것입니다. 읽어낸 것을 사상적으로 뒷받침하기 위하여 몇 가지의 절차를 밟아 갑니다. 왕생이 육체의 사후에 이루어지는, 즉 다른 세계인 극락에 가서 태어나는 것이 아니라 신앙을 확립할 수 있을 때 곧바로 실현되는 생의 의미라고 파악할 수 있었던 것입니다. 바로 그때 그것은 원성취

---

13 대정장 12, 272b. 『대경』에는 제18원이 상권과 하권에 모두 나온다. 그 중에 하권에 나오는 제18원을 성취문 혹은 과문(果文)이라 말한다. (역주)

문의 언어에 의지하고 있다고 생각됩니다만, 그러한 이해를 가졌을 때, 시라카기 선생님께서도 줄곧 관심을 갖고 계신 불교의 기본적 입장에 서 있었다고 하는 확신을 가졌던 것은 아닌가 합니다. 사후의 다른 세계에의 전생(轉生)이라고 하면, 대단히 원시적인 종교성이 들어있겠지요. 완전한 의미에서 대승의 불도라고 말할 수 없는 뭔가를 남기고 있는 것이지요. 그것을 어떻게 극복해 갈 것인가 하는 과제를 갖고서, 그것을 이해할 단서를 그곳에서 얻었던 것은 아닐까라고 생각합니다.

성불의 사회성

운노 시가라키 선생님 말씀 중에『탄이초』제4조에 대한 언급이 있습니다만, 거기에 지금 이야기되고 있는 신체성의 문제가 들어있다고 생각합니다. "정토의 자비라고 하는 것은 염불을 해서 속히 부처가 되어서 대자대비의 마음을 얻은 뒤 마음먹은 대로 중생을 이익하게 한다고 말해야 하리." '속히 부처가 되어서'라는 것은, 역시 죽은 뒤의 일입니까? 만약 그렇다고 한다면, 어떠한 형태로 '마음먹은 대로 중생을 이익케 하는' 것일까요? 이것 역시 육체성, 신체성의 문제, 사회성의 문제와 연결된다고 생각합니다.

시가라키 대단히 큰 문제입니다. 이것 역시 지금까지의 전통 교학에서는 거의 생각되지 않았습니다. 앞에서 조금 말씀드린 것처럼, 기본적으로 이것은 금생에서 대사회적(對社會的)인 우리들의 삶의 모습의 한계를 포기하지 않고 최후까지 그 원을 계속 지니고서 살아가는 신심의 모습입니다. 신란은 그러한 삶을 말씀하신 것은 아닐까요?

운노 그러한 원만으로 살아간다고 하는 것은, 조금 약한 것은 아닐까요?

종교적인 하나의 힘(power)이라는 것이 전연 느껴지지 않습니다.

호넨은 정토로부터 온 사람

시가라키 이는 신란이 자신의 스승 호넨을 어떻게 보는가 하는 문제와 뒤엉켜 있습니다. 호넨은 정토로부터 온 사람이라는 발상이 신란에게는 있습니다. 환상(還相)이라는 것은 그러한 것을 말하고 있습니다. 호넨을 환상한 존재라고 보았습니다만, 호넨은 "'마음 먹은대로' 중생을 이익케 했던가"라는 문제가 된다고 생각합니다. 저는 구체적으로는 그러한 것으로 생각합니다.

테라가와『탄이초』의 어떤 부분은 대단히 읽기 어렵습니다.『탄이초』의 문제의 하나는 대화의 언어가 기록되었다고 하는 것입니다. 게다가 그 현장에서 바로 기록되었는지 어떤지 는 알 수 없습니다. 들은 사람에게 강한 인상을 남긴 말, 잊을 수 없는 말을 듣고 난 뒤 몇 십 년이 지나서 기록됩니다. 메모가 있었다 하더라도, 대화라고 하는 것은 뉘앙스가 있기 때문에 붓을 들고 쓴 문장과는 달라서, 말이 비약한다고 생각합니다. 그것은 아마도, 굳이 말을 보완한다면 '속히 부처가 되어야 할 몸이 되어서'[14]—지금 말하는 정정취입니까— 그리고 상행대비(常行大悲)의 원을 행해야 할 것이다. 이렇게 읽으면 이해하기 쉬우리라고 생각합니다. 급히 부처가 되어야 할 몸이 된다, 즉 현생에 정정취의 몸이 되어서…. 아무래도 그렇게 되지 않으면….

14『탄이초』제4장의 원문은 "속히 부처가 되어서"이다. (역주)

현생의 환상회향

운노 그런 식으로 이해한다면, 이른바 환상회향이라는 것은 사후에 정토에 왕생한 뒤의 작용이 아니라, 현재의 삶에서 환상회향이 행해지는 것입니까?

테라가와 저는 요즘 환상회향에 대해서 조금 생각해 보고 있습니다만, 아무래도 '내'가 사후에 환상회향을 행한다는 식으로 신란이 생각했던 것 같지는 않습니다. '나'를 환상회향을 행하는 주체로 생각할 수는 없습니다. 우리들이 신앙을 얻어서 구원받게 된다고 한 본원의 문장은 우리들을 시방중생이라 부르고 있습니다. '가령 내가 부처가 된다고 하더라도 시방의 중생'이 보리심을 일으켜서라든가 지극한 마음으로 신요(信樂)해서라고 말하는 것처럼. 그런 한편으로 환상회향의 원은 "타방불토의 모든 보살들"이라 되어 있으니, 과연 우리들을 말하고 있느냐 아니냐 하는 것이 문제입니다. 아무튼 환상회향으로 생각할 수는 없습니다. 시가라키 선생님께서 현생의 열 가지 이익을 말씀하셨지요. 그 아홉 번째가 상행대비의 이익입니다. 상행대비의 이익은 여래의 대비(大悲)로 살아가며, 그러한 삶의 기쁨을 다른 사람과 함께 하고 싶다는 것입니다. 이러한 삶의 방식을 취하는 것이 상행대비입니다. 『탄이초』의 경우에는, "마음먹은 대로 중생을 이익케 한다고 말해야 할 것이다"라고 되어 있어서, '말하는 것이다'가 아니라 '말해야 할 것'이라고, 이러한 함축이 있는 표현을 취하여 말하고 있습니다. 그 부분에서, 저는 지금 말씀드린 것처럼, 조금 말을 덧보태어서[15], 신란이 저술 중에서 반복하여 말하고 있는 맥락으로 돌아와서 이해하면 어

---

15 앞서 본 것처럼, 『탄이초』 제4장의 말을 덧보탠 것을 가리킨다. (역주)

떨까? 이렇게 생각하고 있습니다.

인격의 변용과 사회의 변용은 표리관계

고쿠부 시가라키 선생님께 배우고 싶습니다만, 신란의 신심에 대해서입니다. 보리심 부분에서, 부처가 되고자 하는 마음을 발하고(願作佛心) 중생을 제도하려는 마음(度衆生心)이라고 있습니다. 이것은 신심의 실상에서는 하나가 아닌지요? 부처가 되고자 하는 마음을 발하지 않고 중생을 제도하려는 마음도 없다면, 중생을 제도하려는 마음이 없고 부처가 되려는 마음도 없다[16]고, 그렇게 생각해도 좋을까요? 그러면, 인격의 변용과 사회의 변용과는 표리를 이루고 있다고 생각해서 좋습니다. 그렇게 하면, 왕상회향이니 환상회향이니 하더라도 환상이 없이 왕상은 없고, 왕상이 없이 환상이 없다고 할 수 있겠지요. 신란의 신앙의 실상에 있어서는 그 둘은 하나라고 생각해도 좋겠습니까? 다만 신란은 그것을 설명하는 데 우선 둘로 나누고 있다. 그것은 실제에 있어서는 하나이지만, 설명의 방식으로는 둘이다. 그렇게 생각했기 때문일까요? 그 부분을 가르침 받고 싶습니다.

시가라키 지금 선생님께서 말씀하신 부처의 마음을 짓는 것, 중생을 제도하려는 마음, 자리, 이타라고 하는 것은 불교의 원리입니다. 자와 타는 하나라는 것이 기본적인 해석입니다. 그것이 불교의 기본 원리이기 때문에 이 둘은 다른 것이 아니라고 말해야 합니다. 그런 의미에서, 앞에서 테라가와 선생님이 말씀하신 것처럼, 왕상은 그대로 환상이라고, 이 세상에서 환상을 말할 수 있다는 해석의 존재도 익히 알고 있습니다. 다만, 저로

---

16 부처가 되려는 마음은 자기만의 문제이고, 중생을 제도하려는 마음은 타자와의 관계를 갖는 문제이다. (역주)

서는 그것은 그렇다 치더라도, 환상이라는 말은 돌아온다고 하는 의미이기 때문에, 그것은 정토로부터 이쪽으로 돌아오는 것입니다. 이쪽만으로는 돌아갈 바가 없습니다. 환상을 말하는 한, 기본적으로는 이 세상의 일로만 말할 수 있는 것은 아닙니다. 이 세상의 일은 상행대비의 실천이라는 교설이 있습니다. 신란은 환상은 깨달음의 세계를 통과한 곳에서 말하고 있어서, 이 세상에서 신심이 일어났다고 해서 곧바로 환상을 말하지는 않았습니다. 그 부분은 테라가와 선생님의 이해와 조금 다른 바가 있습니다.

테라가와 저 역시 현생에서 환상회향을 행한다고는 전혀 생각하고 있지 않습니다. 환상의 주체를 '나'라고 생각하려는 사고방식은 아무래도 신란이 가졌던 사고방식은 아니라고 생각하기 때문입니다.

시가라키 그렇습니까? 그러면 똑같은 것이 아닙니까? 조금 다른 듯이 들렸습니다만….

고쿠부 환상이라고 하는 것도 왕상이라고도 하는 것도 여래의 회향으로서 주어진 것이어서, 자기가 환상했다거나 왕상했다거나 하는 것은 아닙니다. 여래의 회향으로서 왕상이 있고, 환상이 있는 것입니다.

환상은 역시 사후의 일

시가라키 종래에는 그렇게 말했습니다. 신란에게는 "저 청정한 선신(善身)을 얻어서, 널리 중생에게 회향하고자"라고 해서, 스스로를 주체로 해서 회향한다고 하는 발상도 있습니다. 그러므로 신심의 주체가 중생을 이익하게 한다고 말합니다만, 저는 그것을 환상이라고는 생각하지 않습니다. 앞에서 말씀드린 상행대비, 자기가 받은 것을 타자에게 넓힌다고 하는 발상은 당연히 종교의 세계에서는 없지 않다고 생각합니다. 불교도 그것을 강조하는 것이지요. 다만 저는, 환상이라고 하는 말은 역시 사후의 일로 이해해야 할 것이라는 입장에 서있습니다. 사후의 일을 이 세상에서 말한다고 하는 발상이 있습니다. 이 세상의 일과 전부 같다고 보는 것입니다. 이 세상에서의 이타행이 가르쳐집니다. 그러나 또한 사후의 실천도 말합니다. 이것이 정토교라고 생각합니다. 앞에서 브라후트 선생이 말씀하신 것처럼, 정토교에서는 역시 사후라고 하는 것을 큰 문제로 삼지 않을 수 없는 것은 아닐까요?

구제되었다는 확신은 있는가

그런 의미에서는, 정토교와 다른 불교의 차이를 아무래도 말하지 않을 수 없습니다. 이것은 역으로 기독교의 선생님들께 여쭈어 보고 싶습니다. 구제라고 하는 것, 구제되었다고 하는 확신, 확증은 어디에서 얻을 수 있는가 하는 문제입니다. 이것을 말하고자 하는 것이 신란이라고 생각합니다. 그것을 문제로 삼고 싶습니다. 정토교의 전통에서는, 임종의 모습, 즉 죽는 순간의 좋고 나쁨으로 구제를 받았다는 증거로 삼아왔습니다. 그러나 신란은 죽는 순간까지 갖고 가는 것[17]이 문제라고 해서, 현실 속으로 갖고 와서 어떤 형태로든 이 현실 속에서 구제의 확신이나 확증을 잡고자 하였습니다. 그러나 그것은 앞에서 말씀드린 것처럼, 미래, 사후와 관련하지 않을 수 없는 문제도 남기고 있습니다. 그렇지만,

---

[17] 사후의 구제나 왕생이 중요한 것이 아니라, 죽기 전의 삶, 즉 평생의 삶이 중요하다. 그 안에서 구제의 확신을 얻어야 한다는 것이다. 이러한 신란의 입장을 '평생업성(平生業成)'이라고 한다. (역주)

전부가 사후는 아니다, 여기서 확증이 성립한다는 것을 주장하였습니다. 불교의 언어로 말씀드리면, 그것을 불퇴전(不退轉)이라 하고, 또한 전향적으로는 필정(必定), 정정취(正定聚)라고 말합니다. 현실 속에 그러한 지위를 두는 것입니다.

불퇴전을 어디에 두는가

정토교의 전통에서는 그러한 문제를 사후에 두기 때문에, 임종이라고 하는 것이 대단히 중요한 문제가 됩니다. 하지만 신란은 그것을 현실의 신심이 성립하는 곳으로 끌어당겨서 말하는 것입니다.

고쿠부 불퇴전이라든가 필정이라든가 하는 말은 potential(可能態)이라고 하는 것을 포함하고 있는 것입니까? 아니면 현실태(現實態)의 불퇴전인가? 그것을 신란은 어떻게 생각하고 있는 것일까요? 현생정정취(現生正定聚)라고 말한 경우, 불퇴전에 머무는 것입니다. 벌써 현실태입니다. 이미 possibility, potential이라고 하는 것을 포함하는 것은 아닙니다. 그렇게 신란은 가르치고 있는 것은 아닌가? 그렇게 되면, 내세라고 하는 것, 사후라고 하는 것이 어떻게 되는가 하는 것이 문제입니다만….

시가라키 구제는 100% 완결되어 있습니다. 신란이 불퇴전이라 하고, 정정취라고 말할 때, 그것은 길의 도중이 아닙니다. 이미 어떤 것도 부족하지 않습니다. 임종의 일념에서 열반을 깨닫는 것이기 때문에, 플러스 알파가 남아 있는 것이 아니라 100% 완결되어 있습니다. 그러나 완결하고 있다고는 말할 수 없었습니다. 그것이 '똑같다'고 말하지 않고 '같다'고 말했던 이유였겠지요. 대단히 미묘한 사상이라고 생각됩니다.

참된 이타가 있다

브라후트 그와 관련해서 환상할 수 있다고 하는 것은 참으로 이타가 가능하다고 생각해서 좋을까요?

시가라키 저는 그렇게 이해합니다. 한 번만으로 구제의 일이 다 끝나지 못했다면 또 돌아오는 것입니다, 한량없이. 그것은 여래의 행 중에 우리들이 들어간다고 하는 것입니다. 그러므로 여래의 작용에 참가한다고 하는 의미가 환상이라고 생각합니다.

브라후트 선생님, 참가한다고 말해도 좋습니까?

테라가와 저는 말입니다. 『교행신증』의 증권(證卷)에 환상회향이 주제로서 말해지고 있습니다만, 기본적으로 언어 사용은 경어가 대단히 많습니다. 이것이 하나입니다. 그리고 또한 이타라고 하는 것은, 여래 —부처님— 혹은 정토의 대보살이 중생을 이익하는 작용을 이타라고 말하는 것이어서, 인간이 다른 사람을 이익케 하는 것을 이타라고 하는 것은 신란이 말하지 않았을 것으로 생각합니다. 우리들이 이 세상에서, 함께 살아가고 있는 사람들에게 대하여 구제의 손을 뻗친다고 하는 것은 이타라고 하는 말을 쓸 것인가, 말 것인가? 신란은 말하고 있지 않는 것은 아닐까요?

브라흐투 앞의 표현으로 한다면, 여래가 이타의 작용을 할 때에 참가하면….

테라가와 그것은 말할 수 있다고 생각합니다. 그러한 의미에서 상행대비라는 말을 이해해도 좋다고 생각합니다만….

야기 환상을 해서 이타의 작용을 하고 있는 인간은 결국 생각할 수 없는 것입니까?

이타는 여래의 작용

테라가와 이타는 여래가 고뇌하는 중생을 구제하는 작용을 말하는 것입니다. 그것은 우리들이 받는 작용이지, 우리들이 행하는 작용은 아니라고 신란은 이해하고 있었지 않는가 생각합니다.

야기 참여라고는 말할 수 있다고 해도, 우리들이 이타의 작용을 말하는 것인가, 환상은 인간이 행하고 있다는 식으로는 말하지 않는다, 그런 것입니까?

테라가와 말해지지 않는 것이 아니라, 그것은 신란이 너무 조심했다고 할까요. 스스로가 어떤 존재임을 너무 잘 알고 있어서….

야기 불퇴전이라는 것이 앞에서 나왔습니다만, 불퇴전이라든가 정정취의 수(數)에 들어간다는 것은 누가 말하고 있는 것입니까? 아미타불이 말하고 있는 것입니까, 신란이 말한 것입니까? 스스로가 불퇴전의 지위에 들어가 있다는 것은….

테라가와 신란이 신앙을 얻었을 때 가졌던 확신을 『대경』의 언어에 의해서 반복적으로 음미하는 중에 자기 나름의 확신을 갖기에 이른 자각으로 이해합니다.

야기 결국 신란의 이해로는 자기의 확신이 아니라 아미타불에게 근거가 있는 것이군요.

테라가와 물론 그렇습니다.

종말은 이미 지금 작용하고 있다

야기 그런 것입니까? 그렇다면 기독교도 기본적으로는 똑같다고 생각합니다. 기독교의 경우, 이것은 모모세 씨가 매우 자세히 아십니다만, 종말과 현재라고 하는 것과 같은 대립이 있습니다. 종말은 지금은 아직 아니지만 뒤에 온다고 하는 것이 아니라, 종말의 작용은 이미 현재 작용하고 있는 것입니다. 다분히 그런 구조도, 어떤 점에서는 비슷한 것은 아닌가 하는 느낌이 듭니다.

시가라키 잘 아시다시피, 선종에서는 인가(印可)라고 해서 스승이 "그대는 이미 깨달았다"라고 깨달음을 인정합니다. 이것은 중국에서 태어난 사상인 것 같습니다만, 스승과 제자의 관계에서 "아직 그대는 깨닫지 못했다"라든가 "그대는 이로써 깨달았다"라고 하는 식으로 불도를 확인하면서, 어떤 형태의 깨달음이나 구제의 인정, 증명이 말해져 왔습니다. 정토교에서는 그러한 발상이 전혀 없습니다. 앞에서 말씀드린 불퇴전이라든가 정정취라고 하는 구제의 확증은, 전적으로 자기의 내면으로 향하고 있습니다. 그것은 구체적으로는 부처님과의 대화의 문제겠지요. 스승이 제자에게 향해서 뭔가 인정될 수 있다고 하는 발상은 없는 것입니다.

야기 예를 들면 스승이 제자에게, 그대는 이미 그것으로 불퇴전의 지위에 도달했다, 라고 하는 것과 같은 것은 전혀 말하지 않는 것이군요.

시가라키 말하지 않습니다. 선종에서는 그것이 말해집니다만…. 이것은 재미있는 일이라 생각합니다. 그런 의미에서는 역시 정토교의 경우에는 부처라고 하는 것이 구체적으로 인격적인 의미를 갖고 있다는 측면에서, 선종과는 달리 강하다고 말할 수는 있으리라 생각합니다.

오프너 모모세 선생님은 어떻습니까?

죽음이란 무엇인가

모모세 대단히 흥미 깊게 듣고 있습니다. 그리고 정토불교를 이해하는 방식에서도 상당한 변주(variation)가 있다는 점을 알겠고, 그것은 대단히 재미있으며 또 동시에 이해하기 어렵습니다. 그 핵심을 여쭈어 본다면, 어떻게 답할 수 있을까요? 인간의 죽음이라는 것은 도대체 무엇일까요? 죽는다는 것, 이것은 우리들이 누구라도 경험하는 것입니다만, 이것은 다만 다른 삶의 방식이 된다고 하는 것인지요? 혹은 1회에 한한 것일까요? 기독교의 경우였다면, 그 인간에게 다만 1회에 한하여 주어진 인생을 결말짓는다는 의미를 갖고 있습니다.

윤회를 생각하는 방식

시가라키 불교는 기본적으로는 삶과 죽음을 하나로 생각합니다. 생사를 떠난다든가 생사를 초월한다고 하는 표현으로 이해합니다. 그것은 '어리석음을 떠난다'라고 하는 의미가 되어서, 이른바 구제가 성립한다는 문제와 연결된다고 생각합니다. 다만 구제가 성립되지 않는 경우, 또는 유전을 한다, 한량없이 생사를 반복한다고 하는 발상이 불교의 논리에는 있습니다. 직선적이 아니고, 윤회라고 하는 사상에 입각하는 것이므로…. 특히 정토교에서는, 죽음이라고 하는 것이 어리석음과 깨달음을 구분하는 하나의 계기가 된다[18]고 하는 발상이 강합니다.

모모세 그렇다면 앞에서 말했던 환상회향 등도 원시불교의 윤회의 사고방식에 기반하고 있다, 이렇게 생각해도 좋은지요?

시가라키 윤회와 환상. 그러나 거기에는 윤회를 '넘는다'라고 하는 발상이 있습니다. 그것이 왕생이라고 하는 의미이기 때문입니다. 어딘가 그러한 인격주체, 생명의 연장을 생각한 사상이라는 점에서는 그러한 측면이 있겠지요, 확실히. 왕생이라는 사상도 전생(轉生)한다는 발상에 기반한 것이기 때문입니다. 다만 왕생은 그러한 보통의 어리석음의 세계와는 다른 삶의 방식이라는 의미에서, 왕생이라는 경우 '태어난다'고 하는 것은 보통의 태어나는 것과는 다르다는 의미에서 엄격하게 그것을 구분해야 할 것입니다.

왕상과 환상은 순환

오미네 지금 잠깐 생각한 것입니다만, 왕상과 환상이라고 하는 것은 두 가지 방향입니다. 달리 말하면 순환합니다. 한편 해탈 이전의 삶, 혹은 구

---

18 평온한 죽음을 한 사람은 왕생했다고 하는 데에서 그런 입장을 볼 수 있다. (역주)

제 이전의 번뇌의 삶이라고 하는 것은 유전이지요. 생사가 유전하는 것은 순환이지요. 그렇다면 극락으로 간다는 것은, 요컨대 그 윤회의 순환을 절단한다는 직선이라 생각해서 좋겠지요? 그러나 그것만으로는 생사의 순환을 진정으로 극복하는 것은 되지 않겠지요? 다만 절단만으로는…. 신란이 왕상과 동시에 환상을 설했다, 혹은 왕상회향에 의해서 환상회향으로 돌아온다고 할 때는, 일단 윤회의 고리를 자른다 — 이것은 왕상회향입니다, 자르는 것이므로. 그리고 접선(接線)의 방향으로 잘랐던 그런 방향이 또한 환상이 된다는 것은, 헛된 생사의 순환이 아닌 충실한 긍정적인 순환을 성취한다. 헤겔적으로 말하면, 악무한이 아닌 무한이 말해지고 있는 것처럼 생각합니다. 예를 들면 신란이 『교행신증』의 결말 부분에서 인용하고 있는 『안락집』의 말입니다만, "가이없는 생사의 바다를 다하기 위하여"[19]라고 말한다. 이것은 결국, 무한의 왕상, 환상이라고 하는 사상이 있는 것은 아닌가 생각합니다. 지금 말씀하신 유전, 윤회라고 하는 것과 환상회향이라는 것은, 저는 그러한 관계에 있는 것은 아닌가, 라는 느낌을 갖고 있습니다.

생사를 초월한 생

고쿠부 환상은 본래의 자리로 돌아가는 것은 아니라고 생각합니다. 생사를 초월하면, 그곳에서의 생이라는 것은 '생사'라고 말할 때의 생과는 다른 생이라는 것을 생각하지 않으면 안 되는 것은 아닐까요?

오미네 물론 그렇습니다. 그렇지만 그러한 생사를 초월한 생에 머물고

---

19 대정장 83, 643a. 『안락집』은 당나라 도작(道綽)의 저술이다. (역주)

있는 것은 아닙니다. 왜냐하면 생사라고 하는 것은 어디까지나 다하지 않는 것이기 때문에….

고쿠부 그러므로, 그것이 또한 본래의 자리로 되돌아왔을 때의 생은 생사를 초월했을 때의 생이 아닌 생으로 돌아오는 것입니다.[20]

오미네 결국 돌아오는 사람은 생사를 초월해서 돌아오는 것입니다만, 그것은 초월한 곳에 계속 있지 않고, 생사 속으로—아직 헤매고 있는 생사의 한복판으로— 돌아오는 것입니다. 그런 것이 아니라면 참된 왕상이 아니다, 참으로 생사를 초월한 것은 아니라고 하는, 그러한 사상이 있는 것처럼 생각됩니다.

야기 그것은 보살의 이념과 관계가 있는 것입니까?

오미네 그렇다고 봅니다.

부처가 되기 위한 이타행

시가라키 왕상과 환상이라는 사상은 중국 정토교에서 태어난 것입니다. 이른바 불도를 행한다고 하는 것은 자기를 닦고 자기의 완성을 지향함과 동시에, 앞에서 말씀이 있었습니다만, 타자를 위하여 작용한다고 하는, 그러한 둘을 짝(set)으로 해서 생각합니다. 이 세상에서 부처가 될 수 없기 때문에, 다음의 정토에 가서 또한 불도를 수행한다는, 성불하기까지 상당

---

[20] 부처가 되어서 다시 환상의 자리로 돌아올 때는 부처의 자리가 아니라 중생의 자리로 돌아온다는 뜻이다. (역주)

한 과정(process)이 있습니다. 그렇게 자기를 닦음과 동시에, 타자를 위하여 작용한다고 말하기에 환상이라고 하는 사상이 나오는 것입니다. 이것은 부처가 되었기 때문에 작용하는 것이 아니라, 부처가 되기 위한 이타행, 앞에서 나온 말로 하면 중생을 제도하려는 마음의 연장선에서 행해지는 구체적 행동21으로 이해되고 있습니다. 그것이 호넨까지 전해진 것입니다. 그런데 신란에게 이타행은 정토에서 완결하는 것입니다. 그러므로 정토에서의 환상은 부처가 되었기 때문에 작용하는 것이 됩니다. 부처가 되기 위한 행이 아닌 것입니다. 그래서 환상은 부처가 되고자 원하는 마음, 중생을 제도하려는 마음과는 차원이 다르다고 말하지 않을 수 없습니다.

야기 대단히 잘 이해됩니다. 다만 모처럼 환상하더라도 또 처음부터 다시 시작하는 것이 되는 것입니다.

영구히 완성되지 않다

시가라키 그렇습니다. 부처의 본원이라고 하는 것은 그런 것입니다. "구제되지 않는다면 정각을 취하지 않는다"라고 하는 것이기 때문에, 영구히 완성되지 않을 수밖에 없겠지요. 부처의 본원이라는 것은….

야기 결국 호넨이 환상의 형태22로서, 호넨도 역시 처음부터 새롭게 했던 것이지요. 히에이잔에 가서부터. 모두 다 그렇게 새롭게 시작했던 것입니까?

---

21 이러한 관점은 환상을 이타행의 맥락으로 보는 것이다. 이러한 이타행은 부처가 되기 위한 행의 하나가 된다. (역주)
22 호넨의 삶 자체를 환상해 온 부처의 삶으로 보는 관점을 기반으로 해서 하는 이야기다. (역주)

시가라키 이 세상으로 돌아오는 한에서는 그렇습니다.

고쿠부 그렇다면 정정취에 들어갔을 때는, 이른바 부처의 본원이 성취했다, 원이 성취되었다고 하는 시점이 아닌가요?

시가라키 그렇습니다. 한 사람 한 사람의 주체에 대해서는 완전히 그렇다고 생각합니다. 그러 이것도 조금 화제가 빗나갑니다만, 옛날부터 부처는 모든 사람들이 구제되지 않는다면 부처가 될 수 없다고 서원했습니다. 그런데 이미 부처가 되어 있으므로 우리들은 모두 구제되어 있다는 관념적인 이해가 있는 것입니다. 이렇게 교학적으로 심도 있는 논쟁이 에도시대부터 거듭되어 왔습니다. 이것은 말하자면 이런 것입니다. 부처는 사람을 구제하지 못한다면 부처가 되지 않겠다고 원을 세우면서, 스스로는 부처가 되었던 것이 아닙니까. 그러므로 우리들은 헤매고 있어야 할 존재가 아니다. 모두 구원되어 있다고 하는 것입니다.

왕생과 정각은 하나

이것은 여래와 나의 관계 문제입니다. "내가 어떻게 부처를 이해하는가"라는 나 자신의 주체가 받아들이는 방식의 문제이기도 합니다. 이것은 옛날부터 교학적인 언어로 말씀드리면, 내가 구제된다는 왕생과 부처가 된다는 정각이 하나다, 둘은 하나라고 하는 문제입니다. 이 문제가 완전히 관념적으로 파악된다면, 우리들은 벌써 전부 구제되고 있기 때문에, 신심이라는 것은 '구제되어 있다'고 하는 사실을 알고 있다고 하는, 그러한 이단23적 이해가 에도 시대에는 나타났던 것입니다. 이것은 현재까지도 질질 끌고 있는 문제입니다.

후지모토 앞에서 시가라키 선생님께서는 호넨의 경우에 왕생이라고 하는 것이 현세에 이루어진 것은 아닌가, 라고 하셨던 것 같습니다. 거기에 대해서는 문답 중에서, 섭취의 이익을 입는 것은 평생[24]인가 사후인가 라고 하는 물음이 있고, 그 답으로 "평생의 일이다"라고 제시되어 있습니다. 그러나 한편으로, 앞에서와 같은 점을 조금 더 살펴보면, "왕생하고 싶은 마음"이라든가 "결정왕생의 마음"이라고 말하고 있기에, 그곳에 곧바로 왕생한다[25]고 말할 수 있는 것은 아닌가, 라고 그렇게 생각합니다.

현세의 왕생은 말하지 않는다?

시가라키 오늘 드리는 왕생의 이야기는 저 자신의 개인적인 이해이며 교단이 공인하는 관점은 아니라는 점을, 이 자리에서 꼭 밝혀두고자 합니다. 전통의 교학에서는 이 세상에서의 왕생은 말할 수 없습니다. 왕생은 전부 사후에 있다고 말하는 것입니다. 특히 서본원사(西本願寺)[26]의 교학에서는 그렇습니다.

운노 그렇지만, 신란의 경우는 어떻습니까?

시가라키 신란은 확실히 말하고[27] 있습니다. (웃음) 서본원사 계통에서

---

23 정토진종의 입장에서 볼 때 이단적이라는 것이다. (역주)
24 이때 평생은 현세의 의미이다. 그러니까 평생왕생은 현세왕생을 인정하는 입장이 된다. (역주)
25 사후왕생을 호넨이 추구하기도 했다는 이야기다. 그러니까 후지모토가 말하는 바는, 호넨에게는 현세왕생과 사후왕생의 두 가지 입장을 다 볼 수 있다는 것이다. (역주)
26 서본원사는 정토진종 본원사파의 총본산인데, 본원사파에서 세운 종립 대학이 류고쿠(龍谷) 대학이다. 이 글을 발표할 당시 필자 시가라키는 류고쿠대학 학장(총장)이었다. (역주)
27 신란의 경우에는 현세 왕생을 확실히 말하고 있다는 것이다. 그런데 현세왕생을 인정하는

는 그러한 이해에 대하여, 에도시대로부터 둘로 나누어져 있습니다. 그러나 현재 교학에서 주류가 되고 있는 것은, 구제는 미래에 성립한다, 왕생은 사후의 일이라는 사고방식입니다. 이른바 '토요일의 논리'라고 말해지는 것입니다. 내일이 일요일이라고 생각하면 오늘은 왠지 마음이 편안해 집니다. 미래에, 사후에 정토가 있을수록 이 세상의 삶은 아무래도 마음 편안하게 살아갈 수 있다. 이것이 진종의 구제라고 하는 것입니다. 이것은 우리들이 학생시대에 배웠는데, 지금 현재도 전해오고 있는 사고방식입니다. 그렇지만 그렇지 않고 한 가지 더, 그것과는 다른 사고방식이 에도시대부터 있었습니다. 에도시대에도 현세 왕생을 말하고 있었던 것입니다. 이제 저는 그런 입장에 서서 생각하고 있었던 것입니다.

일반 신도의 신앙은?

오프너 지금, 선생님께서 말씀하신 구제의 사상이라든가 신란의 구제의 사상 등은 이론적으로는 신란의 사상일 것으로 생각됩니다. 하지만, 현실적으로 현재 정토진종의 일반 신도들이 가지고 있는 것과 오늘밤 선생님께서 말씀하셨던 이론과는 어떤 관계가 있을까요? 실제로 일반신도들도 그렇게 믿고 있는 것입니까? 아니면 실제와 이론은 다른 것입니까?

시가라키 다만 지금 말씀드린 것은, 기본적으로는 교학상의 문제, 신란의 사상에 대하여 말씀드린 것이고, 교단 일반의 현실 상황은 그것과는 상당한 간극이 있음을 말씀드리지 않을 수 없습니다. 일반 신자들의 의식에서는, 그 모든 것은 사후의 왕생—그 내실에는 또 여러 가지의 레벨이 있습

것은, 신란의 가르침을 받드는 교단인 정토진종 서본원사파의 공인된 교학이 아니라고 하였다. 그래서 '웃음'이 나왔던 것이다. (역주)

니다만—으로 받아들이고 있다고 말해야 할 것입니다. 그러나 오늘날도 수는 적습니다만 신란의 원래 뜻을 잘 이해하고 있는 사람들이 있습니다. 특히 '묘호인'(妙好人)이라 불리는, 근세와 근대28에 걸쳐서 대단히 깊은 신앙자들이 있습니다. 그들은 왕생을 이 세상에서 이 몸으로 실감하고 이해하였습니다. 그들의 어록 등에서 그것을 잘 알 수 있습니다.

오프너 대단히 감사합니다. 벌써 시간이 다 되었기 때문에, 이로써 마치고자 합니다. (박수)

---

28 일본의 역사에서는 '근세'는 에도시대를 말하고, '근대'는 메이지부터 2차 세계대전까지를 말한다. 그 시대의 독실한 진종신자들을 '묘호인'이라 불렀다. (역주)

제 2 장

종교의 언어
― 기독교의 경우

야기 세이이치(八木誠一)

I.

정토교와 기독교에 대해서는 이미 다른 곳에서 논한 적이 있으므로[1] 여기에서는 종교적 언어론의 관점에서 정토교와 기독교에 대해 다시 생각해 보고 싶다. 무엇보다 내가 이미 발표했던 양자의 비교 결과를 여기에서 전제로 했으면 한다. 즉 신약성서 사상의 경우, 유대교의 영향이 강한 이른바 구속사형(救贖史型)의 신학과 유대교보다는 헬레니즘 종교의 영향이 강한 요한형의 신학이 있다. 정토불교와 비교되는 것은 후자이며, 전자를 정토불교와 비교한다면 오히려 양자의 차이가 부각된다. 환언하면, 전자(구속사형의 신학)는 신과 유대 민족 사이의 관계를 주제로 하고 있고, 후자(요한형의 신학)는 구원자를 믿음으로써 이루어지는 개인의 구제가 주제이다. 정토교와 가까운 것은 후자이지 전자가 아니라는 것이 나의 결론이었다. 정토교와 요한 신학의 차이 중 하나는 그들을 둘러싼 상황의 차이로 귀결되어야 할 것이다.

이 점은 아직까지 상세하게 논의된 적은 없지만, 요한 신학은 한편에서는 유대교, 다른 한편에서는 당시의 기독교의 주류파와 긴장관계에 있었으므로, 양자와의 격심한 대결이 요한 신학의 서술에 반영되어 있다. 이러한 사정은 요한 신학이 절대성을 강하게 주장한다는 사실과 연

---

1 『パウロ・親鸞・イエス・禅』(法藏館, 1983), 김승철 역, 『바울 신란, 예수 선』(대원정사, 1998).

관된다. 그와는 달리 일본의 정토 불교에서는 이른바 성도문(聖道門)과의 대결은 찾아 볼 수 있지만 일본 재래 종교와의 격렬한 대결은 없다. 이러한 상황의 차이를 고려한다면 정토불교와 요한복음적인 기독교 사이의 차이는 더욱 좁혀진다. 양자를 종교 언어의 관점으로부터 비교해 보더라도 이러한 결론은 변하지 않을 것이다.

그런데 언어의 기능이라는 점에서 보면 종래 언어의 세 가지 기능이 구별되어 왔다. 언어에는 화자(話者)와 이야기의 상대자, 이야기(이야기의 주제)라는 세 가지 계기가 있다. 주제에는 먼저 화자 자신의 것이 있고, 두 번째로는 이야기의 상대자와 관계된 것 그리고 세 번째로는 제3자와 관계된 것이 있다. 첫 번째의 경우 사람들의 주의를 화자에게 돌리면서 화자 자신에 대해서 말한다. 이것은 통상 밖으로부터는 보이지 않는 화자 자신의 마음의 움직임 같은 것(감각, 감정, 감동 등의 '감')이고, 그에 대한 간단한 예는 이른바 감탄사이다. 두 번째의 경우는 이야기의 상대에게 주의를 돌림으로서 그의 행동을 지시하는 것인데, 이에 대한 간단한 예는 명령이다. 세 번째는 이야기를 듣는 상대방의 주의를 화자와 상대방에게 공통된 제3자에게 향하도록 하면서 그에 대해서 서술하는 것이다. 이처럼 언어는 언어의 기능을 가지고 분류했을 경우 표현언어와 명령언어와 서술언어(혹은 정보언어), 이렇게 세 가지가 있다.

말한다는 것은 그 자체로 하나의 작용이다. 그리고 작용에는 작용의 주체와 작용의 내용 그리고 작용함이라는 세 가지 계기가 있다. 이 세 가지 계기는 표현언어, 정보언어, 명령언어에서 각각 찾아 볼 수 있다. 표현언어에서는 작용의 주체가, 서술언어에서는 작용의 내용이 그리고 명령언어에서는 작용함 그 자체가 두드러진다고 할 수 있다. 여기서 '작용'이라는 관점에서 재검토해 본 까닭은 작용의 본질적인 것이 이른바 피드백 기능이기 때문이다. 피드백이란 작용의 주체가 자신의 작용의 결과를 보면서 작용을 통제하는 기능을 가리킨다. 말하는 작용에도 이러한 기능이 있다. 로만 야콥슨이 지적한[2] 이른바 교화(交話)기능(회화를 계속하기 위한 언어기능), 메타 언어기능(자신의 이야기를 주해하는 언어 기능) 및 시적 기능(이화異化 작용 및 언어에 리드미컬한 형태를 주는 기능)은 피드백 기능에 속할 것이다. 그리고 한층 더 중요한 것은 자신의 이야기가 올바르다고 검증하면서 상대를 설득해서 납득시키는 기능도 여기에 위치시킬 수 있다는 사실이다.

초기 비트겐슈타인은 언어의 이른바 그림[寫像]이론을 주장하였다.[3] 이것은 간단히 말해서 언어와 객관적 사태를 일단 구별해 놓고 양자가 1대1로 대응해야 한다는 주장으로서, 1대1로 대응할 수 있는 언어가 유의미한 언어라고 본 것이다. 비트겐슈타인 자신은 결코 종교나 윤리를 경시한 것은 아니었다. 그는 오히려 말해질 수 있는 것과 말해질 수 없는 것을 구별하였고, 후자를 간접적으로 시사하고자 하였다. 그러나 비트겐슈타인의 뒤를 이어 나타난 논리실증주의에 이르러서는 검증불가능한 언어는 일반적으로 무의미한 것이 되어버렸고, 따라서 종교의 언어도 무의미하다고 여겨졌다. 이처럼 일방적인 언어 이론은 결국 부정되었고, 현재는 종교 언어의 독자적인 의미가 재검토되고 있다. 예를 들어서 종교 언어는 특정한 삶의 방식에 관여함을 표현하는 것에 그 의미가 있다는 식으로 이해되고 있다.[4]

정보언어가 검증 가능하다는 말은 다음과 같은 의미이다. 정보언어

---

2 ロマン・ヤコブソン, 『一般言語学』, 川本茂雄 訳 (みずす書房, 1973), 183 이하.

3 *Tractacus Logico-Philosophicus*, 1922, 1933

4 間瀬啓允, "現代の宗教哲学", "宗教言語と意味", 小山・田丸・峰島 編, 『宗教の哲学』(北樹出版, 1989).

는 공통의 제3자에 관해서, 이야기의 주제가 되고 있는 그 사물을, 이야기에 참가하고 있는 사람 모두가, 직접 혹은 간접적으로 응시하면서, 그 사물에 입각해서, 이야기의 맞고 틀림과 해당되는가 그렇지 않은가를 논하면서 확인할 수 있다. 그러므로 정보언어는 실제로 검증 가능하지 않으면 안 되고, 원리적으로 검증 불가능한 정보언어는 확실히 무의미하다. 문제는 정보언어만이 유의미한 언어가 아니라는 점에 있다. 일반적으로 언어는 언어가 성립되는 세계를 가지고 있으며, 따라서 언어는 언어 세계를 가진다고 할 수 있다. 이것은 대단히 중요한 사실이지만, 여기서는 간단히 시사하는 정도에 그치고 싶다. 정보언어는 정보언어에 의해서 말해질 수 있는 세계를 정립하고, 역으로 정보언어는 이 세계 안에서 유의미하게 사용된다. 환언하면 정보언어를 말할 때, 세계는 우리에게 정보언어에 의해서 말해질 수 있는 세계(객관적 사물의 세계)로서 눈앞에 나타나는 것이다.

예를 들어 문학의 세계는 검증 가능한 사실의 세계가 아니다. 문학의 세계는 가능적 세계이다. 그러나 단지 가능하다는 말이 아니고 작가가 어떠한 가능적 세계를 그리는가에 작가의 자기표현이 있다고 할 수 있다. 문학의 언어는 표현언어이다. 그러므로 작가의 자기를 표현하도록 구상된 가능적 세계가 문학 언어의 세계이며, 문학언어는 거기에서 유의미하다. 일반적으로 "나는 행복하다"라든지, "두통이 난다"라는 표현언어의 내용은 객관적 검증의 대상이 되지 않는다. 그러한 언어는 화자의 감각 자체를 청자에게 전하는 것이 아니다. 타인의 감각이나 감정은 자신의 그것과 직접 비교할 방법이 없다. 자신의 감각이나 감정과 같은지 같지 않은지를 확인할 길이 없는 것이다. 즉 그것은 객관적 대상이 아니다.

그렇다면 표현언어는 일반적으로 무의미한가? 그렇지 않다. 타자의 자기표현에 접할 경우 세 가지 태도가 있을 수 있다. 첫 번째로는 무관심이다. "당신이 말하는 것은 나에게는 관계가 없다"는 것이다. 두 번째로는 "당신이 말하는 것을 나로서는 알 수 없지만, 당신이 그렇게 말하니까 믿읍시다"라는 태도가 있을 수 있다(의심하거나 믿지 않는 일도 가능하다). 세 번째로는 다른 사람의 표현을 단서로 하면서 자신의 경험을 돌아보고, 자신도 그와 동일하게 표현하겠지 하는 경험을 찾아내서, 다른 사람의 표현을 자신의 표현으로서 짐작할 수 있다. 즉 요해(了解)할 수 있는 것이다. 이처럼 표현언어는 그것을 요해하고 그것에 공감하는 사람의 그룹을 찾아낼 것이다. 이 그룹에서 표현언어는 무의미하지 않다. 물론 이 경우 타자의 감정이나 감각은 자신의 감정과 감각이라고 직접 규정할 수는 없고 자신은 다만 자신의 경험 중에서 "짐작한다." 따라서 요해란 언제나 해석이다. 나는 타자의 언어를 자신의 언어로 번역할 수 있는 한에서 요해한다. 그러므로 표현언어를 정보언어와 같은 의미에서 검증하려고 하는 것 자체가 무의미하다. 다른 한편 원칙적으로 이해 불가능한 표현언어도 또한 무의미하다.

　여기에서 정보언어와 표현언어의 관계에 대해서 한마디만 더 해두자. 표현언어의 세계에서의 현실은 정보언어의 세계에서는 비현실일 수 있다. 예를 들어서 색이나 소리는 표현언어 세계의 주민이지 정보언어 세계의 주민은 아니다. 색에 대응하는 것은 정보언어의 세계에서는 일정한 파장의 전자파이며, 소리에 대응하는 것은 공기의 진동이다. 역으로 표현언어의 세계에서는 모든 것이 마음의 구성요소이다. 자연을 그리는 것이 그대로 그림이 되고 시가 될 수 있는 이유가 여기에 있다. 여기에는 일반적으로 '사물[物]'은 존재하지 않는다. 따라서 하나의 세계를 다른 하나의 언어로 말하는 것은 경계를 넘는 일이며, 언어의 오용(誤用)이다.

II.

그런데, 이상과 같은 언어의 분류에서 보았을 경우, 정토교와 기독교의 언어는 어느 언어에 속할 것인가? 우선 기독교의 언어는 상식적으로 말해서 선교의 언어이다. 그것은 예수 그리스도에게서 신의 구원의 업이 성취되었다고 선포한다. 이것은 객관적 사실에 대한 선포로서 기술되고, 또 보통 그렇게 받아들여진다. 그리고 이러한 선포에 근거해서 예수 그리스도에 대한 신앙이 요청된다. 따라서 언어로서 보았을 경우 이것은 정보언어와 명령언어의 결합이라고 할 수 있을 것이다. 원시 기독교의 경우만이 아니라 예수에 대해서도 마찬가지이다. 복음서 기자인 마가에 의하면 예수는 "때가 다 되어 하느님의 나라가 다가 왔다. 회개하고 이 복음을 믿어라"라고 말하였다(1장 15절). 이 언어도 정보언어와 명령언어의 결합이라는 구조를 가지고 있다.

그런데 위에서 인용한 마가의 기술은 현재 일반적으로 마가에 의한 요약이며, 예수 자신의 말을 정확하게 재현한 것이 아니라고 인정되어 있다. 그럼 예수 자신은 무엇을 말한 것일까? 여기서 이 문제를 상세히 논할 수는 없지만, 불트만(Rudlof Bultmann)의 예수 이해가 하나의 시사점을 던져준다. 불트만은 그의 『예수』(1926년)라는 저서에서 대략 다음과 같이 논하고 있다. 유대교에서 예언자와 교사는 별개의 존재였다. 그러나 예수에게는 예언자의 면과 교사의 면이 모두 있다. 예언자로서의 예수는 종말과 신의 나라가 아주 가까운 장래에 도래한다고 선포하였다. 한편 교사로서의 예수는 윤리를 가르쳤다. 그런데 예언자 예수의 언어에는 윤리가 등장하지 않지만, 윤리교사 예수의 언어에는 종말에 대한 예고가 없다. 세계가 지금까지처럼 존속하는 것처럼 말해지고 있는 것이다. 그러므로 고지의 내용면에서 볼 경우 양자는 서로가 서로를 부정하는 관계에 있다. 그렇다면 예수는 과연 무엇을 말했는가? 거기서 불트만은 양자에게 공통되는 예수의 실존 이해를 묻고, 그 실존 이해에서 예수의 선포의 중심을 찾아낸다.

불트만이 본 예수의 실존 이해에 의하면, 인간이란 형태를 지닌 것 중에서 의지할 수 있는 것을 아무것도 갖고 있지 못하며, 그 때마다 새로운 결단의 상황에 처해 있다. 이러한 인간 이해가 예수의 종말론과 윤리에 공통된다고 불트만은 보았던 것이다. 그렇다면 예수의 언어는, 우리가 지금 사용하고 있는 개념으로 말해본다면, 전체적으로 하나의 자기이해를 표현한 것이 된다. 실제로 예수의 언어는 정보언어로서는 잘못된 것이었고(종말은 도래하지 않았다), 윤리로서는 무의미하였다(실행 불가능하기 때문이다). 나는 예수의 언어가 전체적으로 볼 때 인간이란 신의지배를 통해서 삶을 받아서 산다는 자각의 표현으로서 이해할 수 있다고 생각한다. 예수의 언어는 전체적으로 종교적 자각의 표현언어이다. 따라서 예수에 대해서 취할 수 있는 태도는 몇 가지가 있을 수 있다. 첫째로 무관심이다. 둘째는 신앙—거기서 무엇인가 단지 인간을 넘어서 있는 것이 예수로서, 예수를 통해서 말해지고 있다는 신앙—이다. 그리고 세 번째로는 예수의 언어를 듣고 자신 안에 '신의 지배'의 작용을 짐작하는 태도이다. 두 번째의 입장에서 예수를 구제자라고 보는 신앙이 성립되며, 세 번째의 입장에서는 예수를 인간의 종교적 가능성의 성취자로서 이해하는 길이 열린다고 할 수 있다.

원시 기독교의 경우는 어떠한가? 가장 오래된 그리스도 선교는 이렇게 선포한다. "예수는 우리의 죄를 위해서 돌아가시고, 삼 일만에 부활하셔서 우리(사도들)에게 나타나셨다. 이 예수는 그리스도(구제자)이다"(고린도전서 15장 3-5절 참조). 그리고 바울은 자신도 그처럼 그리스도의 현현에 접했다고 말한다(고린도전서 15장 8절). 바울에게 나타난 그리스도 현현에 대해서는 사도행전도 전하고 있다(사도행전 9장, 22장, 26장). 그러나 이 서술은 종교적 체험을 당시의 방법으로 객관화해서 묘사한 것으로서, 사실 그대로의 보고는 아닐 것이다. 우리식으로 말해 본다면, 표현언어 세계의 일이 정보언어로 말해진 것이다. 이것은 언어의 오용(誤用)이다. 바울 자신은 "신은 그 아들을 내 안에 나타내셨다"(갈라디아서 1장 16절), "신은 우리의 마음속에서 빛나고, 그리스도를 비추고, 그리스도를 통해서 신을 알게 하신다"(고린도후서 4장 6절)고 말한다. 또한 바울은 그 이후로 "나는 죽고, 그리스도가 내 안에서 살아계신다"(갈라디아서 2장 20절)고 말할 수 있었다.

그런데 이러한 말들은 표현언어이다. 이것과 예수의 죽음과 부활을 알리는 정보언어의 관계는 무엇인가? 여기에서도 나의 종래의 연구 결과를 전제로 해서 말씀드릴 수 있으면 좋겠다. 우선 앞에서 '표현언어'라고 한 것을 좀 더 정확하게 규정하기 위해서, 자아와 자기를 구별하고 싶다. 바울은 위에 인용한 갈라디아서 2장 20절 후반부에서 "내가 지금 육에서 사는 것은, 나를 사랑하고 나를 위해서 자신을 바치신 신의 아들을 믿는 신앙에 의해서 살고 있다"라고 이어서 말한다. 여기서 "육에서 사는 나", 즉 그리스도를 믿어서 살아 있는 '자아'와 "내 안에 살아 있는 그리스도"—이것은 신적인 동시에 인간적인 것이다—는 명확하게 구별되고 있는데, "내 안에 살아있는 그리스도"를 '자기'라고 부르고 싶다. 이것은 자아로부터 본다면 타자이지만, 이것이 인격의 참된 주체이다. 그렇다면 그리스도의 현현이라는 것은 자아에게 자기가 나타난 것이라고 할 수 있다. 자아는 자기 자신을 폐쇄적이고 자기완결적인 계(系)로서, 그러므로 실체화하고 절대화하며, 이것이 말하자면 '단지 자아'에 불과한 것이다. 그리스도 현현의 사건이란 이러한 자아의 자기실체화와 절

대화가 깨어져서 자아가 비워지고, 자기가 자아에게 나타나며, 자아가 자기를 비추는 한에서 자아가 자기와 하나가 되는 것을 말한다. 이처럼 "자기와 하나가 된 자아"라는 표현언어를 특히 "자기의 자각 언어"라고 부르기로 하자.

그런데 '그리스도의 부활'이란 자아에게 자기가 나타나는 사건을 당시의 방식으로 설명한 것이다. 다른 말로 하자면, 여기에서도 표현언어 세계의 일이 정보언어로 말해지고 있다. 예를 들어 예수의 스승인 세례자 요한이 죽은 후 예수가 그 스승을 능가하는 활동을 하자, 당시의 사람들은 세례자 요한이 부활했고 그 힘이 예수 안에서 작용하고 있다고 생각하였다(마가복음 6장 14, 16절 참조). 그처럼 예수의 제자들은 예수가 세상을 떠나고 그들에게 "자기가 자아에게 나타나는 사건"이 일어났을 때, 그것을 죽은 예수가 부활했고 자신들 안에서 작용하기 시작했다고 해석했던 것이다. 그 이유는 이제 일찍이 예수가 말하고 행동한 것 자체가 확실히 그들 안에서 살기 시작했기 때문이다. 결국 예수가 '신의 지배' 또는 그를 인격화해서 '사람의 아들'이라고 불렀던 것과 예수의 제자들이 '부활의 그리스도'라고 불렀던 것은 내용상 동일하다(신의 나라와 사람의 아들 사이의 관계는, 정토와 아미타불의 관계에 비교될 수 있다). 이 점에서 예수의 가르침과 원시 기독교의 그리스도 선포 사이에 형태상으로는 차이가 나면서도 실질상으로는 일치하는 점이 있다고 생각된다.

다만 예수와 원시 기독교를 비교하면, 예수는 "자기가 자아에게 나타난 인격"으로서의 '자기'의 입장에서 말할 수 있었다(그러므로 밖에서 보면 예수는 자신을 신의 지배 내지 사람의 아들과 동일시하고 있는 것처럼 보인다. 사실은 예수는 양자를 구별하면서, 자신을 사람의 아들의 대표 내지는 표출이라고 이해하였다: 마가복음 8장 38절). 그러한 언어의 대표적 예가 산상수훈에서 발견된다. 산상수훈의 언어, 곧 "그러나 나는 너희들에게 말하노니"는 "신적 권위를 지닌" 언어이다. 이에 비해서 원시 기독교도들은 예수와 같은 입장에서 말하기도 했지만(로마서 15장 18절 참조), 보통은 "자기가 나타난 자아"로서의 '자아'의 입장에서 말하였다. 이 경우 그리스도는 이인칭이나 삼인칭으로 불릴 수 있었다. 그리스도는 자신의 '안'만이 아니라 다른 신도의 '안'에도 임재하며, 사도나 선교단의 언어를 통해서 '나'에게 말을 걸기 때문이다(이때 이인칭이 사용된다). 그리스도는 또 교단 '안'에 임재 하면서 그것을 넘는 하나의 리얼리티이기 때문에 삼인칭으로도 지명될 수 있었다. 그러나 이인칭과 삼인칭은 정보언어의 이인칭이나 삼인칭과는 다르다는 점에 주의하지 않으면 안 된다. 그 자리는 표현언어의 세계(자기의 자각으로부터 보여진 세계)에 있기 때문이다.

III.

선종(禪宗)의 언어가 본질적으로 자기의 자각 언어라는 사실에 대해서는 굳이 상세하게 설명할 필요가 없다. 〈임제록〉에 다음과 같은 말이 있다.

> "붉은 몸뚱이에 한 사람의 무위진인(無位眞人)이 있다. 항상 그대들의 얼굴을 통해서 출입한다. 아직 증거를 잡지 못한 사람들은 잘 살펴보아라."[5]

그 무위의 진인은 또 "눈에서는 본다고 하고, 귀에서는 듣는다고 하

---

5 『臨濟錄』, 上堂三.

며, 코에서는 냄새를 맡는다고 하고, 입에서는 말한다고 하며, 손에서는 잡는다고 하고, 발에서는 걷는다고 한다"[6]고 불린다. 이 말은 "나에게서 사는 것은 그리스도이다"(빌립보서 1장 21절)라는 바울의 말과 비교될 수 있다. 여기서 바울은 그가 사는 일의 하나하나가 그리스도의 작용에 의해서 이루어진다고 말하고 있는 것이다.

'일 무위의 진인'은 내용적으로 볼 때 앞에서 우리들이 말했던 '자기'에 해당된다. 아키즈키 료오민(秋月龍珉)은 다음과 같이 말한 적이 있다.[7]

　　운암(雲巖)이 차를 달이고 있었다. 그 때 도반인 도오(道吾)가 들어왔다.
　　도오: "그 차를 누구에게 줄 것인가?"
　　운암: "이거? 한 사람 마시고 싶어 하는 자가 있어서 말이야."
　　도오: "마시고 싶어 한다는 그 사람 스스로 차를 달이면 안 되는가?"
　　운암: "다행히 내가 여기에 있으니까 말이야"

이 문답에는 선례[先蹤]가 있다. 운암이 젊었을 때 선배인 백장(百丈)을 방문했다. 그 때 다음과 같은 대화가 있었다.

　　운암: "노스님은 매일 그렇게 열심이신데, 도대체 누구를 위해서 일하고 계십니까?"
　　백장: "그것이 필요한 자가 한 사람 있어서 말이야."
　　운암: "어째서 그 사람에게 시키지 않으시는지요?"
　　백장: "그 사람은 혼자서는 생활[家活]이 불가능해서 말일세."

---

6 『臨濟錄』, 示衆一.
7 秋月龍珉, 『一日一禪』(講談社, 現代新書 下, 1977), 184-185.

여기에서 말하는 '한 사람'이 '초개'(超個)이고, '나'가 곧 '개'(個)이다. 초개와 개는 반드시 구별되지만, 그대로 하나이기도 하다.

바울은 그리스도가 "바라시기 때문에" 자신이 전도한다고 말한다. 그렇다면 "그리스도가 스스로 전도하면 되지 않는가"라고 말할 수 있겠다. 하지만 그리스도는 스스로는 그것을 할 수 없기에 그리스도는 바울을 "통해서" 그것을 행하시는 것이다(로마서 15장 18절). 그리스도는 바울과는 절대적으로 구별되면서도 하나이다. 이처럼 '초개'는 우리가 말하는 '자기'에 대응하고, '개'는 '자아'에 대응한다.

그런데 이상과 같이 임제가 말하는 '일 무위의 진인'의 '깨달음'[覺]이 우리들의 '깨달음'[悟]이며, '일 무위의 진인'(초개)은 내용적으로는 "우리 안에 사는 그리스도"에 대응한다. 즉 '자기'(깨달은 자의 참된 주체)인 것이다. 그렇다면 선의 언어는 역시 "자기의 자각 언어"이다. 그리고 선자(禪者)의 하나의 특징은 선자가 "자기에게 눈 뜬 자아"의 '자기'에게 중점을 두고서 말한다는 것, 즉 '일 무위의 진인' 그 자체로서 (자기와 자아의 하나됨[一性]의 자리에서) 말할 수 있다는 것이다. 이러한 사실은 앞에서도 이야기하였듯이 예수의 경우에도 드러난다.

그렇다면 이상과 같은 관점에서 볼 때 정토교의 언어는 과연 어떠한 언어일까? 정토교의 경우도 기독교의 경우와 마찬가지로 그 언어는 기본적으로는 정보언어와 명령언어와의 결합으로 이루어진 것처럼 보인다. 왜냐하면 법장 보살이 원을 세우고, 영원히 동일한 시간 사이에 사유와 수행을 거듭해서 정토를 건설한다는 이야기는 정보언어로서 기술되고, 이 '고지'(告知)에 근거해서 아미타불에 대한 신심과 그 이름을 불러야한다고 요구되기 때문이다. 그러나 동시에 아미타불과 정토는 결코 단순한 정보언어 세계의 일은 아니다. 미타의 회향(回向)은 신란(親鸞)

에게서 중심적인 의미를 지닌다. 신도의 칭명(稱名)은 실은 미타의 회향의 작용이고, 신도의 실존 전체는 아미타불의 서원력에 의지해 있다. 따라서 이하와 같은 말을 쉽게 찾아볼 수 있다.

> "아미타불의 본원을 믿는 것(염불 하는 것)은 그 원력회향의 진실신심이 바로 불성이기 때문에, 이것을 획득한다면, 그것이 주체가 된다(나 그 자체가 된다). _마쯔바라 치온(松原致遠) 스님[8]

> "나무아미타불을 염하는 명호(名號) 자체가 여래이고 불입니다. … 염불하는 것은 여래와 가깝게 대면하는 것입니다."_미네야 요시키요(峰屋賢喜代 스님[9]

칭명에서 신자의 '나'가 여래와 하나가 되며, 신자는 여래와 '대면'한다. 즉 우리들의 말로 하자면 여래의 원력 회향은 신자의 '자기'이며, 칭명에서 '자기'가 신자의 '자아'에게 나타나는 것이다. 그리고 '자아'는 '자기'를 비추는 한에서 자기와 하나이지만, 그러나 자아의 입장에서 본다면 여래는 '타자'이며, 따라서 여기에서는 "여래와 대면한다"라고 하는 것이다. 이런 의미에서 정토교의 담론 구조는 기독교의 경우와 매우 가깝다. 그것은 "자기를 비추는 자아"의 자아로부터 이루어지는 것이므로, 거기에 정위한다면 "자기를 비추는 자아"의 자기로부터 담론이 이루어지는 경우와는 달리, 자신은 번뇌구족의 실존으로서 나타난다.

그렇다면 정토교의 언어도 본질상 역시 자기를 비추는 자아의 표현언어(자기의 자각 언어)가 아닌가? 즉 언뜻 정보언어라고 보이는 '이야기'

---

8 藤並天香, 『名師三人集』(永田文昌堂, 1970), 117.
9 위의 책, 58, 59.

는 칭명을 통해서 여래(불성, 혹은, 자기)의 작용에 눈뜨는 사실에 대한 설명은 아닐까? 나는 이 점을 전문적으로 연구해서 명확하게 밝힐 수는 없다. 그러나 그 내용에 대해서 하나의 추측은 가능하다고 생각한다. 원래 '자등명(自燈明), 법등명(法燈明)'이라고 하듯이 불교의 언어는 처음부터 자기의 자각 언어였다. 고타마 붓다에게 직·간접으로 접했던 사람들 중에는, 고타마처럼 "눈을 뜨는 것"에 이를 수는 없지만, 고타마의 "눈 뜸"에 단순한 자아를 뛰어넘는 무언가가 작용한다고 깨달아서, 고타마 안에서 고타마로서 나타난 것(여래)을 '신앙'(신심)하는 사람들이 있었을 것이다. 이 경우 여래의 이름을 부르는 사람은 자기 자신 안에서 이루어지는 여래의 작용에 눈을 뜬 것이다. 이것에 대해서는 흥미롭게도 유사한 예가 있다. 반도 쇼준(坂東性純) 씨는 최근의 저서『이름을 부르다』[10]에서 주로 동방 교회에서 행해지는 '예수의 기도'(예수의 이름을 칭명하면서 읊조리는 것)과 진종의 칭명을 비교하였다. '예수의 기도'의 텍스트에는 "예수의 이름은 그리스도의 인격의 상징이며 담당자이다. … 이름은 예수의 현림(現臨)을 현실화시킨다"[11]라든지, "사람들의 참된 이름은 예수의 이름에 다름 아니다. … 그들 안에 예수는 유폐되어 있다. 그들 안에 암묵적으로 예수를 인정하는 예배를 드림으로써 예수를 구해내라"[12]는 말이 등장한다. 자기에게 눈 뜨지 못한 단순한 자아는 예수의 이름을 부를 수 없다. 이름을 부르는 것은 이미 자기를 비추는 자아이다. 그것은 본질적으로 자기로부터 나온다. 자아는 물론 '밖'을 향해서 예수를 부른다. 그것은 예수의 이름이 단순한 자아의 부정이기 때문이다. 사실 이 '밖'이란 정보언어의 세계라는 의미에서의 '밖'(객관 세계)이 아니

---

10 반도 쇼준(坂東性純),『이름을 부르다』(ノンブル社, 1988).
11 위의 책, 23.
12 위의 책, 44.

다. 예수의 이름을 부르는 것이 실은 자기이기 때문에 예수의 이름을 부름으로서 자기가 작용하고 따라서 자기가 자기 자신에게 눈을 뜨는 것이다. 이와 꼭 마찬가지로 미타의 이름을 부르는 자에게 여래가 작용하며, 이름을 부르는 사람은 그 작용에 눈을 뜬다. 위의 책에서 반도는 '예수의 기도'에 대해서 깊이 공감하면서 이 책을 집필하였다. 이 책은 기독교 텍스트를 정토진종의 언어로 주해하고 있다.

이렇게 고타마 붓다를 통해서, 고타마 붓다로서 나타난 여래의 이름을 부르는 자는 여래의 작용에 섭취(攝取)된다. 법장보살의 원과 정토 건설에 대한 이야기는 이러한 사실에 대한 설명이라고 보아도 무방하다. 실제로 이 이야기는 정보언어로서 본다면 무의미하다. 따라서 현대인에게 그것은 '신화'가 된다. 즉, 기독교에서도 정토교에서도 원래 '신화'의 고향은 '종교의 언어', 즉 "자기의 자각 언어"이다. 그것은 자기의 자각 언어의 세계의 일을 가령 '정보언어'로 서술한 것에 불과하다. 그러므로 그것들은 어디까지나 '표현언어' 세계의 주민으로서 이해되고 해석되지 않으면 안 된다. 그와는 달리 만약 그것들이 '정보언어 세계'의 일을 '정보언어'로 서술한 것, 즉 객관적 사실이라고 받아들여진다면 나쁜 의미에서의 신화, 즉 검증 불가능하기 때문에 무의미한 것이 되고 만다.

이상과 같이 생각해 볼 때, 기독교와 정토교에는 위에서 말했던 것 같은 공통성과 함께 또 공통의 과제가 있다는 사실이 분명해진다. 그것은 정보언어로서 말해지고 또 그렇게 받아들여져 온 것을 자기의 자각 언어로서 다시 말하는 것을 의미한다. 이것은 루돌프 불트만이 제창했던 이른바 비신화화에 해당한다. 그러나 비신화화라고 하기 보다는 종교 언어의 순수화라고 말하는 편이 타당하다고 생각한다. 현대의 가장 큰 문제는 사람들이 '자기'를 잃어버렸다는 사실이다. 그리고 현대인은 무의미한 정보언어(신화)에는 관심이 없다. 이 때문에라도 현대는 순수한 종교언어, 즉 자기의 자각 언어를 새롭게 만들어 낼 필요가 있다.

코 멘 트 와 토 론

코멘트: 오미네 아키라

사회: 고쿠부 케이지

오미네: 대단히 통찰적이고 여러 가지 시사가 풍부한 말씀을 잘 들었습니다. 감사합니다. 종교의 문제를 언어의 문제로서 다시 생각하고 싶으시다는 주제인데요, 실은 저 자신도 요 몇 년 전부터 그런 문제를 생각하고 있어서, 지금 야기 선생님이 말씀하신 세 가지 종류의 언어―명령언어와 정보언어 혹은 서술언어 그리고 표현언어―에 대응하는 언어의 세 차원을 실용어, 개념어, 시적 언어라는 식으로 생각하고 있습니다.

선생님은 정토교와 기독교, 주로 요한복음서에 입각한 기독교와 정토교의 친근성을 표현언어라는 입장에서 해명하고자 하셨습니다. 현대에서 언어란 정보적이라고 결정해 버리려는 매우 뿌리 깊은 경향이 있다고 여겨집니다. 즉 언어라는 것에는 반드시 무언가 밖에 있는 것이 대응하여야 하고(entsprechen), 밖의 것에 대응하지 않으면 그 언어는 무의미하다는 생각이 당연한 것처럼 되어 있는 것 같습니다.

조금 전의 비트겐슈타인의 말로 한다면 검증 가능성이라는 것입니다. 그것이 언어의 성격이라는 근본 전제에 서게 되면, 그 이외의 언어, 예를 들어서 여기서 말하는 표현언어는 거의 이해할 수 없게 됩니다. 그러나 야기 선생님은 그러한 검증이 미치지 않는 언어의 독자적인 차원을 매우 정열적으로 제시하시면서, 그것을 표현언어라고 부르십니다. 저는 물론 대찬성입니다. 다만 제가 여쭙고 싶은 것은 언어 그 자체를 어떻게 생각하시는가 하는 것입니다. 표현언어, 명령언어, 정보언어, 이것들은 모두 언어이기 때문에, 그러한 언어의 본질—언어의 현상 형태만이 아니라—을 어떻게 생각하시는지, 언어란 무엇인가라는 점에 대해서 가능하다면 좀 더의견을 여쭙고 싶습니다.

그 다음에, 표현이라고 할 때, 예를 들어 제가 "머리가 아프다"라든지, "나는 행복하다"라고 할 때, 그러한 종류의 일상 경험의 표현과 조금 전에 바울의 말 가운데 "그리스도가 내 안에 살고 있다"라는 초월 경험의 표현, 이들은 같은 표현이면서도 그 표현의 성격이 조금은 다르지 않겠는가? 바울은 초월적인 것이 내 안에 내재하고 있다고 하지만, 내 안에만 내재해있는 두통이라는 경험을 표현한 것은 물론 아닙니다. 그리스도가 내 안에살아있다는 초월 경험의 표현이라고 할 때 표현의 의미는 상당히 바뀌지않겠습니까? 다른 말로 한다면, 표현의 구조를 어떻게 생각하시는지, 도대체 표현이란 무엇인가, 이런 점에 대해서 우선 여쭈어 보고 싶었습니다.

그리고 바울이 조금 전의 말에서, "나는 그리스도와 함께 십자가에 못박혔나니, 이제는 내가 사는 것이 아니요 내 안에 그리스도가 산다." 또 이어서 "내가 지금 육에서 살아 있는 것은 나를 사랑하고 나를 위해서 자신을바치신 신의 아들을 믿는 신앙에 의해서 산다"고 되어 있습니다. 이것은이어진 하나의 문장으로 계속 되고 있습니다만, 야기 선생님은 이를 둘로나누셔서 "내 안에 살아 있는 그리스도"와 그리스도를 믿어 "육에서 살아있는 나"를 구별하셔서, 나를 '자아', 그리스도를 '자기'라고 부르셨습니다. 이것은 상당히 대담한 문제 제기라고 저는 생각합니다. 그 경우 그리스도를 자기라고 하는 것은 바울 자신이 그렇게 느끼고 있었는지, 그렇지 않으면 야기 선생님의 해석인가 하는 것입니다. 그리스도를 타자, 절대타자라고 부를 수도 있다고 생각합니다만, 그것을 자기라고 말씀하시는 것은 어떤 이유인지 여쭙고 싶습니다.

정토진종에서라면 아미타불을 당신이나 부모님이라고는 불러도 자기라고 부르지는 않습니다. 당신이라는 표현이 곧 잘 나오는데요. 예를 들어 아사하라 사이이치(浅原才市)라는 묘호인(妙好人)의 시에, "당신 얼굴 보면, 이상한 당신, 당신이 나이고, 나도 당신"이라는 말투가 있습니다. 나와 아미타불이 서로 바뀌어서 누가 누구인지 모르게 된다고 하는, 매우 가까운 대면감이 신심의 경험의 표현으로서 나옵니다. 이것은 아미타불과 자신이 가깝게 대면해 있으므로 주관과 객관처럼 냉정하게 나뉜 채 대응하지 않고 가깝게 대면하고 있는, 그런 느낌에서 '당신'입니다. 그러나 그 경우에도 정토진종의 경우에는 아미타불이 자기라는 견해는 그렇게 간단히 등장하지는 않습니다. 요컨대 여기서 바울이 말하는 "내 안에 살아 있는 그리스도"를 자기라고 부르신 그 이유를 좀 더 들려주시면 감사하겠습니다.

그리고 그리스도 현현의 사건을 규정하시면서 그것은 자기가 나타나는 것이라고 말씀하시고, 그것을 자아가 자기를 비춘다는 식으로 말씀하셨습니다. 그러나 자아가 자기를 비춘다면, 비추는 주체로서의 자아가 있게 됩니다. 하지만 비추는 자아가 여전히 있다면 그것은 그리스도가 나타나는 사건이라고는 할 수 없지 않을까요? 그리스도가 현현하는 것은 자아가 비추는 것, 즉 자아가 의식하거나 이해하는 것이 돌파되는 것을 가리킵니다. 오히려 자기가, 즉 그리스도가 자아라는 나의 존재방식을 뚫고서 내 안으로 들어오는 경험이라고 생각합니다. 물론 선생님도 그것을 말씀하시려 했다고는 생각합니다. 하지만 자아가 자기를 비춘다는 표현은 아무래도 자아 쪽이 주체라는 식으로 들리기 때문에, 그것은 좀 부적절하지 않은가 하는 느낌을 저는 가지고 있습니다.

그 다음에 바울의 입장과 예수의 입장 사이의 차이에 대해서 그리고 정토교와 선종의 입장의 차이라는 문제에 대해서입니다. 그 차이를 선종이나 예수의 경우는 "자기를 비추는 자아"의 자기의 입장인데 반해서, 정토진종이나 바울의 경우는 "자기를 비추는 자아"의 자아의 입장이라고 말씀하셨습니다. 그러나 제일 처음에 선생님의 자아에 대한 규정에 따르면 자아란 자신을 자신 안에서 파악하는 자기 폐쇄적인 실체적인 자기 이해의 입장입니다. 그렇다면 정토진종이나 바울의 입장이 자기를 비추는 자아의 자아라고 말씀하실 때, 그 자아란 어떤 의미에서 말씀하신 것인지요? 자아라는 입장은 역시 자기 폐쇄적이고 실체적인 입장이기에 그것은 돌파되지 않고, 신앙에 의해서 돌파되어야 하는 입장임에 틀림없습니다만, 그것이 "신앙의 입장에 대한 규정으로서 제시하시고 있지 않은지"라고 여겨지고, 만일 그렇다면 그 경우 어떤 의미에서 자아라고 말씀하시고 계신지, 선생님의 언어 사용에 대해서 자세히 여쭙고 싶습니다.

그리고 마지막으로 명호를 말씀하셨는데, 이것은 표현언어와 어떤 관계가 있는지요? 예를 들어 예수의 언어나 바울의 신앙 경험의 표현은 표현언어이지요. 그리고 정토진종에 대해서 두 명의 정토진종 관계자의 말이 인용되고 있습니다. 체계적으로 정돈된 신란의 〈교행신증〉은 표현언어라고 해야 할지 어떨지 잘 모르겠습니다만, 더 직접인 신심의 표명, 예를 들어 〈탄이초〉에 나오는 문장이나 신란이 이러저러한 기회에 썼던 문장은 표현언어라고 보아도 좋겠지요. 정토진종의 신앙이나 아미타불에 대해 언급하는 말도 표현언어라고 할 수 있다고 생각합니다. 그러나 저는 표현언어 이상의 언어를 생각하고 있습니다. 즉, 거기에서 표현언어가 표현언어로서 말해지는 언어가 정토진종에는 하나 더 있는데, 그것이 명호라고 생각합니다. 나무아미타불이라는 명호는 부처의 이름을 사용합니다. 그러나 이 이름이야말로 부처 자체라는 것이 정토진종의 근본 사상입니다. 그러니까 명호는 일종의 근원적 언어라고 할 수 있습니다. 다음과 같은 정토진종 사람들의 말은 그러한 명호에 대한 표현언어입니다. 예를 들어 "아미타불의 본원을 믿는 것은 그 원력회향의 진실신심(眞實信心)이 곧 불성이기 때문이다 …"라든가, "명호 그 자체, 나무아미타불이라고 불리는 명호 그 자체가 여래이며 부처입니다"라는 말은 모두 표현언어이겠지요. 다만 그러한 표현언어에 의해서 말해지고 있는 그 명호 자체의 언어 구조가 문제라고 생각합니다. 그것이 표현언어와는 조금 다른 의미에서 언어의 또 하나의 차원, 오히려 언어의 가장 깊은 차원으로서 중요한 것은 아닐런지요? 명호는 표현언어인가 아닌가? 이 문제에 대해서 선생님의 생각을 여쭙고 싶습니다. 왜냐하면 동방 교회에서 실행되는 '예수의 기도', 즉 예수의 이름을 부르는 기도가 칭명염불에 가깝다고 합니다만, 정토진종의 경우의 칭명이란 아미타불이 나를 부르는 것입니다. 신란은 그것을 본원초환(本願招喚)의 칙명이라고 부릅니다. 본원과 명호는 떼어낼 수 없습니다. 아미타불의 본원은 명호를 부르는 사람을 구원하려는 본원이기 때문에, 정토진종의 신앙이나 교육과 학문에서는 근본적인 것이 됩니다. 예수의 이름을 부르는 기도도 그처럼 중요시되고 있는지요? 즉 명호나 칭명에 필적하는 언어의 차원이 기독교에서는 중요시되는가 하는 의문이 남습니다. 언어의 최종적 차원이 기독교의 경우는 어떻게 생각되고 있는가 하는 문제라고 생각합니다.

　지극히 개략적인 코멘트가 되고 말았습니다만, 대체로 이런 문제를 제기하고 싶습니다.

　고쿠분: 그러면 오미네 선생님의 코멘트 속에서 제기된 문제에 대해서 우선 야기 선생님께 답변을 부탁드립니다. 그 후에 패널리스트 여러분의 질문이나 문제 제기를 부탁드리고 싶습니다.

야기: 하나하나 모두 커다란 문제여서 충분한 대답은 아마 불가능하다고 생각합니다만, 마지막 문제부터 시작하겠습니다.

예수의 이름과 칭명

기독교에서 예수의 이름은 칭명과 같은 무게를 가지는가? 확실히 칭명이라는 행위는 서방 기독교에서는 별로 하지 않습니다. 그러나 전통적인 기독교에서는 예수의 이름이 결정적인 것임은 확실하고, 그런 의미에서는 칭명과 같다고 생각합니다. 다만 동방 교회에서는 "키리에 엘레이손"(주여, 우리를 불쌍히 여기소서)이라고 해서 몇 번이고 반복해서 이름을 부릅니다. 그런 실천은 있습니다. 서방에는 그러한 습관이 별로 없을 뿐, 예수를 그리스도로 믿기에, 거기에 포함되어 있는 '예수의 이름'이 지닌 무게는 칭명의 경우처럼 결정적이라고 할 수 있습니다. 전통적으로는 그렇습니다.

'언어'란?

다음에 언어란 무엇인가라는 질문입니다. 이것은 대답하기가 불가능해서 참 곤란하군요. 언어가 무엇인가라는 질문에 대해서 언어로 답하지 않으면 안 되기 때문이지요. 질문된 것을 가지고 대답을 할 수는 없기 때문에, 대답은 근본적으로 불가능하겠습니다. 그렇다고 이것으로 그만이다고는 할 수 없겠지요.

적어도 언어를 어떤 관점에서 파악하는가라는 문제라면 이야기는 달라지므로, 저는 언어란 무엇인가라는 문제를 언어의 기능의 문제로서 파악하고 있습니다. 그렇다고 해도 기능에도 여러 가지가 있지요. 예를 들어 표현 기능이라고 해도 "머리가 아프다"는 경우와 "그리스도가 내 안에서 산다"는 것은 표현이라고 해도 다를 것입니다. 네, 분명히 다르지요. 두통이란 생리적인 것이고, "그리스도가 내 안에 산다"는 말은 인격 전체에 관계된 일입니다. 양자는 무관계하다고는 생각되지 않지만, 역시 차원이 다릅니다. 자아란 육체성과 연결되어 있기 때문에 그러한 곳에서 두통을 말할 수 있지만, "나에게는 그리스도가 산다"는 바울의 말은 신약성서 빌립보서(1장 21절)에 나오는데, 영어로 직역하면 "To me to live is Christ"가 됩니다. 여기에서는 부정사가 주어가 되어서 '사는 것'이 '그리스도'인 것입니다.

사는 것 안의 그리스도의 작용

이 '그리스도'는 실체도 인격도 아닙니다. 바울은 "나에게 사는 것이 그리스도다"라고 말합니다. 이 "~에게"라는 것도 매우 중요합니다. 이것은 사는 행위 하나하나에서 그리스도의 작용을 볼 수 있다는 뜻이지요. 그러한 의미에서 말한다면 두통도 그렇다고 생각합니다. 그러고 보면 바울은 이와 유사한 것을 다른 곳에서도 말합니다. '육체의 가시'에 대해서인데요, 이것은 직접 그리스도의 업이라고 하지는 않지만, 역시 그리스도의 작용 안에 있는 것이라고 말하기 때문에(고린도전서 12장 7절 이하) 바울에게는 두통도 그리스도와 전혀 무관하다고는 할 수 없겠습니다.

그런데 불교적으로 말한다면 두통은 넓게 보면 생로병사랄까, 연기의 일이므로 도겐은 "산다는 것은 그 전부가 드러나는 것이고(生也全機現) 죽는다는 것도 그 전부가 드러나는 것이다(死也全機現)"라고 했지요. 삶 혹은 죽음은 부처의 작용이 완전하게 나타난 것이라고 했습니다. 그런 관점에서 본다면 두통이라는 병도 연기의 작용에서 말해지는 것이니까, 두통도 역시 레벨은 달라도 부처의 작용과 완전히 무연하다고는 할 수 없다고 생각합니다. 다만 그것을 '머리-아픔'이라는 식으로 분절해서 파악해 버리면 벌써 그리스도를 시야로부터 잃어버리게 되므로, 이 점을 어떻게 이해하는가 하는 문제라고 하겠지요.

표현이란 무엇인가

실은 거기에 표현이라는 것이 관련되어 있습니다. "표현이란 무엇이냐"라고 말씀하셨는데, 이것도 매우 어려운 문제입니다. 요컨대 표현은 자각과 상관적입니다. 저는 표현을 자각환기 기능이라고 이해합니다. 문학 작품을 읽고 자신의 것으로서 짐작하는 것이 있을 것입니다. 어떤 작품을 읽고 여기에는 나 자신의 것이 쓰여 있다고 느끼는 일이 자주 있습니다. 그러한 경우에도 작품은 직, 간접으로 작가의 자기표현입니다. 그런데 읽는 편에서 보면, 그것을 읽음으로서 지금까지 깨닫지 못했던 자신에 대해서 짐작하는 것이지요. 그러니까 표현과 함께 성립되는 것이 자각환기 기능이라는 말입니다. 이 둘은 하나만으로는 성립되지 않습니다. 조금 전에 이해는 반드시 해석이라고 말씀드렸습니다. 표현과 해석은 상관적으로 서로를 동반하므로, 해석은 결국 독자가 읽어들이는 것입니다. 읽어들일 수 없는 것도 있기 때문에, 뭐든지 다 읽어들일 수 있는 것은 아닙니다만, 텍스트가 무언가를 독자 안에 불러일으킵니다. 그것을 또 텍스트 안으로 다시 집어넣어서 읽고, 그것이 잘 이루어지지 않으면 텍스트가 자기에게 환기시켰다고 생각했던 것을 수정하게 되지요. 즉 텍스트가 자신 안에 무언가를 환기시켰다고 독자가 생각한 그 부분 어디가 과연 텍스트가 환기시키고자 했던 것일까 하는 것이 텍스트를 읽어 들이면서 읽어가는 가운데 수정되기도 합니다. 그러나 어쨌든 여기에서는 표현, 혹은 사람의 자기표현 일반을 넓은 의미에서 독자의 자각을 불러일으키는 기능으로서 이해하고자 합니다. 저는 언어를 사람과 사람 사이의 작용으로서 이해합니다. 다른 이의 응답을 요구하는 작용이지요. 언어는 곧잘 커뮤니케이션이라고 합니다. 그러나 코뮤니케이션이라고 해도 거기에는 역시 여러 가지 의미가 있기 때문에, 전체를 일관하는 의미가 무엇인가 하는 것은 알기 어렵습니다. 조금 전 말씀드렸던 것처럼 여러 가지 이해가 있습니다. 그러나 제가 여기서 특히 주목하고 싶은 것은 표현이 자각환기 기능을 가지고 있다는 측면입니다. 감탄사도 그렇습니다. "아아!"라는 것 정도만의 감탄사도 표현임과 동시에, 반대로 자각환기 기능도 가지고 있는 것입니다.

자아와 자기

다만 언어에 의해서 무엇이 환기되는가라는 문제입니다. 이 문제에 관해서 자아와 자기의 문제가 있습니다. 융도 자아와 자기를 구별하였고, 그렇게 구별하면서 갈라디아서(2장 20절)를 인용하고 있습니다. 다만 융이 말하는 자기와 제가 여기서 자기라고 말씀드렸던 것이 동일한 것인가에 대해서는 꽤 문제가 있고, 따라서 반드시 같은 것은 아니지 않을까 합니다. 그러나 관련된 점도 많이 있을 것입니다. 어쨌든 자아와 자기는 아무래도 구별해야 한다고 생각합니다. 무슨 말씀인가 하면, 예를 들어 소크라테스의 경우에도 에고(ego)와 프쉬케의 관계가 있습니다. 이것이 자아와 자기의 구별에 대응하는 것은 아닐까요? 기독교에 대해서는 방금 전에 말씀드렸던 그대로 입니다만, 니체에게도 이성과 레벤(생, Leben)은 구별되면서도 관련됩니다. 불교에서 말하는 말나식(未那識)과 아라야식(阿賴耶識) 사이의 관계가 자아와 자기의 구별과 관계와 유사한 것은 아닐까 생각합니다. 이런 구별 자체는 여러 가지가 있다고 생각하기 때문에 저는 여기서 자아와 자기라는 식으로 말한 것입니다. 자아는 물론 '나'이고, 자각적입니다. 지금 이것을 하고 있는 것은 나 자신이라고 의식하고 있는 자신입니다. 그러므로 달리 표현하면 언어를 말하고 있는 주체나 감각의 주체라고도 할 수 있습니다. 다만 여기서 문제가 되는 것은 폐쇄적인 자아의 문제입니다.

에고(ego)로서의 자아

밖으로부터 들어오는 정보를 자아의 영역에서만 처리해 버리는 자아, 즉 에고이즘의 에고(ego)라는 자아의 문제입니다. 이것은 자기를 모르는 자아로서 자아의 퇴락체(頹落體)라고 여겨집니다. 자아와 자기 사이의 관계는 예를 들어서 키잡이와 선장 같은 것이라고 생각합니다. 배가 신체라고 하면 자아는 키잡이이고, 키잡이는 자신이 배의 주인이라고 생각합니다. 자기는 선장에 해당되는 것이어서, 선장과 키잡이의 관계가 자기와 자아 사이의 관계와 매우 비슷하다고 생각합니다. 그런 관계이기 때문에 자아는 자기를 비춘다고 해도 괜찮습니다. 조금 전 말씀드린 것처럼, 자기가 자아 속으로 비집고 들어온다고 해도 괜찮겠지요. 바울의 말을 인용한다면 "나는 일찍이 율법에 따라서 살았다"고 하는데 이것이 자아입니다. 폐쇄적인 자아입니다. 저는 이것을 '단순한 자아'라고 불렀습니다. 그러한 자아가 율법의 언어를 배워서 다만 그것을 지키려 하고 있었다는 것입니다. 그래서 자신의 의(義)를 신과 사람 앞에 세우려 하고 있었습니다. 그러나 그렇게 하면 할수록 실은 오히려 자아를 강화하고 있는 것에 지나지 않았습니다. 그런 자아는 물론 부셔지지 않으면 안 되는 것입니다. 그러므로 자신은 율법을 통해서 율법에 죽고, 이제 살아 있는 것은 내가 아니라고 합니다. 이 말은 자아가 멸망했다, 자아가 비워진다는 뜻입니다. 그리스도가 내 안에서 살고 있다는 것입니다. 그러나 자아가 없어져 버렸는가 하면 그렇지는 않습니다. 그래서 바울은 "육에 있는 나는 그리스도를 믿음으로 산다"고 말하는 것입니다. 자아가 새롭게 정립된 것이지요. 저는 여기가 본래의 정상적인 자아라고 생각합니다. 즉 선장의 존재를 분명히 알고 있는 키잡이인 셈입니다.

올바른 자아

그처럼 폐쇄적이었던 단순한 자아의 입장이 깨져서 자아가 자기를 비춘다, 혹은 자기가 자아 안에 들어온다, 어떻게 말해도 괜찮습니다만, 그것이 키잡이로서의 올바른 자아이고, 그럴 때에 비로소 키잡이는 키잡이가 되어 배가 나아갈 방향을 정해가게 됩니다. 자기는 홀로 밖에 대응하면서 작용할 수 없으므로, 인격은 자아와 자기에 의해서 존재 전체가 성립된다고 할 수 있습니다.

그러면 "어째서 선장과 같은 것을 자기라고 하는가"라고 질문하셨다고 생각합니다. 자기는 자아로부터 본다면 타자입니다. 자아와 자기라는 두 가지 레벨을 생각해 보면, 인간은 둘 중 어느 차원으로부터도, 즉 어디에 자리 잡아도 이야기를 할 수 있습니다. 자아와 하나가 된 자기, 혹은 자기가 그 안에 비집고 들어가 있는 자아, 이 둘은 모두 자아 혹은 자기에게 자리를 잡고 말할 수 있습니다. 자아에게 자리를 잡고서 말한다면 자신은 번뇌적인 존재라는 식으로 말하게 됩니다. 또 자신은 역사 안에 있고, 언어의 전통 속에 있으므로 역사적으로나 사회적으로 제약된 존재이며, 또 매우 불안정한 자신을 위해서 염려하면서 살고 있는 자신이므로, 대단히 번뇌적인 자신, 죄악심중(罪惡深重) 번뇌치성(煩惱熾盛)의 자신, 죄인으로서의 자신이라는 면이 분명히 부각됩니다.

'당신'이기도 한 그리스도

그처럼 자아로부터 보면 자기는 타자라는 면이 있습니다. 그러므로 반대로 말하면 "그리스도가 내 안에 산다"라고 해도, 그리스도가 내 안에서만 사는 것은 아닙니다. 모든 신자 안에 살아 있고, 또 교회 전체가 그리스도의 몸이라고도 말할 수 있습니다. 그러한 의미에서 그리스도는 교회 공동체의 중심이지요. 중심이라고 했을 경우는 역시 자신 밖에 있는 것입니다. 그래서 그것을 타자, 자신과 마주한 타자라는 식으로 표현할 수도 있습니다. 또 실제로 그리스도는 성서의 말을 통해서 혹은 타자를 통해서 자신에게 말을 걸어온다는 면이 있기 때문에 역시 '당신'이 되지요. '자기'라고 했습니다만, 그것은 동시에 '당신'이기도 한 것입니다. 이러한 사실을 자세하게 살펴보면, 자기 자신이 절대 타자와 하나라든지, 혹은 자신의 존재의 근저가 자신의 궁극적 주체와 하나라는 구조가 바울이 말하는 그리스도의 경우에도 등장한다고 생각합니다만, 이 점은 너무 세세한 점이기 때문에 말씀드리지 않겠습니다. 그래서 지금은 이 정도로 말씀드릴 수 있었으면 합니다. 어쨌든 자기라고 말씀드렸습니다만, 그것은 참된 자신을 가리킵니다. 자신의 궁극적 주체―주체라고 해도 사실은 곤란합니다만, 어쨌든 주체라는 의미에서의 자기입니다― 이것은 동시에 자아로부터 본다면 타자라는 의미를 지니고 있습니다.

예수의 윤리

이 역시도 먼저 분명히 해두지 않으면 안 되기 때문에 드리는 말씀입니다만, 이번에는 '자기'에 자리를 두고서 말씀드리겠습니다. 예를 들어 유명한 예수의 산상수훈에 대한 이야기입니다. 형제에게 화를 낸 사람은 형제를 죽인 것과 같다던가, 여성을 보고 욕정을 품는 자, 아니 탐할 의도를 가지고 여자를 보는 자는 마음속에서 간음한 것이라든지, 맹서해서는 안 된다, 원수를 사랑하라는 말 등등. 이것은 사실 자아에게 말을 거는 언어는 아니라고 생각합니다. 그러한 언어라고 한다면 이는 분명히 무의미한 언어, 조금 전에 말씀드렸던 언어론의 용어로 말씀드린다면, 명령언어입니다. 하지만 수행 불가능한 명령언어는 무의미합니다. 그리고 명령을 수행했는지 여부를 확인할 수 없는 명령언어도 무의미할 것입니다. 그런 의미에서 말씀드리면 예수의 말은 자아의 규범인 윤리로서는 철저히 무의미합니다. 그 말은 수행불가능한 말이고, 또 어떤 사람이 그것을 지켰는지 안 지켰는지를 밖에서 봐서는 알 수 없기 때문입니다. 그래서 저는 예수의 이른바 '윤리'가 자아에게 관련되는 규범으로서의 윤리라고는 생각하지 않습니다. 그것은 결국 예수의 자기로부터 나와서 다른 자기에게 말을 거는 것이고, 자아를 통해서 자기에게 말을 걸어서 자기에 눈뜨는 것입니다. 자기라는 레벨에서 보면 예수가 말하는 바는 당연히 성립됩니다. 윤리가 아니라 실제로 그렇다는 말입니다. 자기라는 레벨에서 보면 이른바 적은 없다고 할 수 있습니다. 적은 단지 자아와 관련됩니다. 그래서 자아로부터 보면 적이지만 자기라는 레벨에서 보면 적도 언제나 자신과 동일한 이웃입니다. 이런 바를 고려하지 않으면 "원수를 사랑하라"는 말은 나올 수 없습니다. 이것을 단순한 윤리로서 지키는 것은 무의미합니다. 그러한 의미에서 자아와 자기를 나누지 않으면 안 됩니다. 물론 자기는 자아로부터 본다면 타자입니다. 그러나 그것을 나의 참된 주체인 한에서의 '자기'라고 할 수 있을 것입니다. 그러한 의미에서 자기라는 식으로 말씀드렸던 것입니다.

자기에게 눈뜨다

저는 예수와 선(禪) 그리고 기독교와 정토교라는 방식으로 나누어서 생각하였습니다. 예수와 선의 공통점이라면 양자 모두 자기에게 눈을 떴다고 할까요, 양자 모두에게는 단순한 자아의 입장이 무너지고 자아가 자기의 한 기능이 되어 있습니다. 그런 자아이지요. 불교도 기독교도 그런 입장에서 말하고 있지만, 예수나 선의 경우는 역시 자아가 아니라 자기의 자리에서 말하고 있습니다. 그러므로 인간은 신에게 무조건적으로 받아들여집니다. 나아가 사람들은 서로서로 무조건적으로 받아들여집니다. 율법 같은 것에 의해서 자신의 의를 정립하려는 것은 잘못된 것이고, 그러한 의미에서 말한다면 신전에 올라가서 하늘을 향해 얼굴도 들지 못하고 "죄인인 저를 용서해 주십시오"라고 한 세리 쪽이 신의 눈에는 바리새인보다 훨씬 의로운 사람이었다는 말(누가복음 18장 9절 이하)은 성립됩니다.

그와는 달리 바울이나 신란의 경우는, 같은 자아와 자기라는 구조에서도, 어느 쪽인가 하면, 자아로부터, 자아의 자리에서 말하고 있습니다. 그러므로 초월자의 타자성이 강하게 부각됩니다. 자아는 자아가 말하는 언어나 전통을 대단히 존중합니다. 즉 자아는 언어의 전통 안에 있기 때문에, 언어를 매우 소중히 여기고, 과거의 권위도 소중히 합니다. 그리고 자신을 살펴 볼 때 역시 죄악심중이라는 면이 표면에 등장하지요…. 글쎄요, 바울의 입장에 다소 문제가 있습니다만, 그러나 기독교의 흐름에서 본다면 죄의 자각이 매우 분명히 두드러진다고 생각합니다.

선과 정토교, 기독교

그러므로 어디가 다른가? 저는 어제의 이야기를 들으면서도 아무래도 그러한 느낌이 들었습니다. 그러나 전통적인 기독교 혹은 정토교는 자아가 자기를 비춘다고 하는 점에서 완전히 동일한 구조를 가지고 있지만, 역시 자아 쪽에 자리를 잡고서 말하거나 깨닫습니다. 그와는 달리 선의 경우는 자기 쪽에 위치를 두고서 말하고 있다고 여겨집니다. 물론 거기에서 '깨달음'(覺)이 어떤 의미로든지 관련되어 있는지도 모릅니다. 예를 들어서 자아가 아직 '깨달음'의 입장에 이르지 못한 것처럼 곧잘 말해집니다. 그러나 저는 거기에 대해서는 매우 강한 의문을 가지고 있습니다. 어제도 이야기가 나왔습니다만, 신란은 더 이상 거기에 덧붙여야 할 아무것도 없다는 입장입니다. 자연법이(自然法爾)의 입장이란 그런 것이라고 저는 생각합니다. 자연법이에 대해서 말할 때 신란은 깨달음[悟]의 입장에서 말하고 있습니다. 다만 역시 신란 자신이 말할 경우에는 자아에 정위(定位)해서 말하기 때문에 "내가 아미타불이다"라고는 말하지 않았습니다. 그러나 그렇게 말하지는 않았지만, 그가 아미타불의 작용에 매우 깊이 닿아있음은 텍스트로부터 읽어낼 수 있다고 저는 생각합니다. 이렇게 말씀드려도 아마 정토불교의 분들에게 야단을 맞지는 않으리라고 믿습니다만….

명호에 대해서

거기서 명호의 문제로 넘어갑니다. 명호란 표현언어여서, 다른 차원의 일이 아닌가 하는 문제입니다. 그것은 확실히 그렇습니다. 다만 방금 말씀드렸듯이 두통도 연기 전체와 무연한 것이 아니고, 혹은 그리스도의 작용과도 무연하지 않기에, 그러한 의미로 말한다면 명호가 다른 것들과 구별된다고만 주장할 수는 없습니다. 그러한 의미에서 조금 전 '자아와 자기'로 나누는 입장에서 말씀드리자면, 명호는 역시 자기의 언어입니다. 물론 그것은 자아를 통해서 이루어집니다. 그러나 또 어떤 의미에서는 자아로부터 이루어지는 일입니다. 그러나 그와 동시에 명호란 자기로부터 나오는 말입니다. 그것이 명호의 본질이라고 생각합니다. 그렇기 때문에 명호는 그 안에 아미타를 지니고 있다든지, 명호가 아미타불의 현실성이라고 말할 수 있습니다. 명호를 부르는 것 자체가 자기의 작용에 의한 까닭입니다. 거기에는 아미타불의 서원력이 작용하고 있으며, 또 그러한 사실이 자각된다, 이렇게 말씀드릴 수 있지 않을까 합니다.

고쿠부: 누군가 질문이 있으신 분?

'이름'의 내용이 중요

모모세: 명호에 대해서 말씀드리고 싶습니다. 오미네 선생님과 야기 선생님이 말씀하시는 차이점도 잘 알겠습니다. 다만 또 하나 세 번째의 차이가 있다는 생각이 듭니다. 확실히 기독교, 특히 동방에 전해진 전통에서는 예수의 이름을 반복해서 부르는 습관이 있습니다. 그리고 그것은 반도선생님도 지적하셨듯이 정토진종의 칭명과 매우 공통점이 있지요. 그러나 잊어서는 안 될 것은 동방 교회의 기독교에서도 이른바 신심의 행위[業]로서 그저 이름을 부르는 것이 아니라는 점입니다. 동방 교회에서도 서방 교회에서도 그 점은 같다고 생각합니다. 그 근본에는 구체적으로 역사적 존재였던 나사렛의 예수의 인격과의 관계가 있습니다. 그 점에서는 반도 선생님의 책을 읽어 보아도 선생님이 말씀하시는 것과는 좀 다르지 않은가 하는 생각이 듭니다. 예수의 삶의 방식이라든지, 구체적인 인격과의 관계가 매우 강해서, 말하자면 애착이라고도 할 수 있는 마음의 정념이지요. 서방 교회는 이름을 반복해 부르는 습관이 별로 없었다고 해도, 동일한 것

이 여러 가지 형태로 등장합니다. 예를 들어서 예수의 인간성을 강조하는 성 프란시스코의 전통이나, 혹은 성심(聖心)의 신앙심—세이신여자대학(聖心女子大學)의 이름도 여기에서 비롯된 것입니다—은 요컨대 예수가 이루신 업, 특히 사람들을 위해서 모든 것을 바치신 생애의 봉헌을 염두에 있으므로, 결국 이 역사적 예수의 인격과의 관계가 근본적입니다. 이름을 부르는가 부르지 않는가는 이차적인 문제라고 해도 괜찮다는 생각이 듭니다. 그러니까 중요한 것은 이름을 부른다는 행위가 아니라 이름의 내용입니다. 예수의 이름이 결정적이라고 야기 선생님께서 말씀하셨던 것은 옳다고 생각합니다만, 역사성이라는 것이 거기에 관련되어 있으므로 조금 다르지 않을까 합니다. 이것이 한 가지 질문입니다. 그리고 이것과 밀접하게 관계된 또 다른 질문인데, 그것은 부활에 대한 이해입니다.

부활의 이해

부활을 어떻게 이해하는가에 따라서 기독교를 어떻게 이해하는가 하는 문제가 서고 넘어지는 근본적인 점이라고 생각합니다. 야기 선생님은 매우 독창적이고 유니크한 이론을 전개하셔서 참 많이 배웠습니다. 그러나 동시에 일반적으로 이해되고 있는 기독교의 신앙 내용과는 상당히 다르다는 생각도 듭니다. 우선 문제가 되는 것은 "내 안에 사는 것은 그리스도이다"라는 바울의 말을 들어보아도, 그렇다면 그 때 그리스도란 무엇인가? 교회 안에 살아 있는 부활자 예수라고 말할 때 예수는 도대체 어떤 존재인가? 그저 자기라고 해도 무방한, 존재의 근원에 있는 그 어떤 것인가? 그렇지 않으면 역시 저 역사 안에 사셨던 나사렛의 예수로부터 분리시키려 해도 분리될 수 없는 존재인가? 이 물음이 기독교에서 매우 어려운 점이라고도 생각합니다만, 저는 아무래도 나사렛의 예수로부터 분리된다고 한다면, 이미 그 지점에서 기독교의 본질로부터는 벗어나 버린다고 생각합니다. 확실히 어려운 문제입니다. 그러나 이 점을 적당히 넘어가서는 안 된다고 생각합니다.

나사렛 예수의 부활

불트만은 역사적 사실은 알 수 없다고 단정적으로 말했습니다. 그러나 그는 자기가 눈을 떠 갈 때의 증언이라는 설명은 결코 하지 않았지요. 야기 선생님은 불트만을 한 걸음 더 넘어가서, 왜 예수의 부활이 말해졌는가 하는 역사적인 과정에 대해서도 어느 정도 설명해 주셨다는 생각이 듭니다. 그러나 기독교의 입장에서 볼 때 부활은 역시 나사렛 예수의 부활이라는 것이 역사적으로 생각되고 있다는 사실을 다시금 강조하지 않으면 안 된다고 생각합니다.

염불과 인격의 연결

브라후트: 다른 관점에서 드리는 질문인데, 정토교나 진종에 관계되는 분들께 여쭙고 싶습니다. 방금 전 모모세 씨는 칭명염불과 기도의 차이로서 동방 교회의 기도에는 예수의 구체적인 인격과의 연결이 있다, 그에 대한 애착이 매우 깊게 개재되어 있다고 말씀하셨습니다. 그 한 면으로서 역사성도 강조하셨습니다. 그런데 이 두 가지는 별개의 것으로 생각할 수 있지 않을까 합니다. 그래서 일반적인 정토교 신자의 경우에도 염불할 때 인격과 연결되어 있다는 느낌이 들어가 있지 않을까, 그렇게 생각할 수 있다고 생각하는데, 제 말이 너무 지나쳤나요?

후지모토: 예를 들어 호넨(法然)의 경우는 그 점이 매우 명확한 것 같아요. 아미타불의 신앙은 법장보살의 서원성취라는 하나의 사건이라고 해도 좋을 것입니다. 그것을 근거로 하고 있다는 말이지요. 그리고 호넨에게는 이름을 부름으로써 신심이 고양된다는 논법이 있습니다. 따라서 방금 전의 모모세 선생님의 지적 중에서, 저도 실은 동방정교회의 아토스 산 등에서 많은 것을 견학하는 가운데 매우 강한 유사성을 볼 수 있었다고 생각합니다.

다만 신란의 입장에는 신심이 매우 강하게 등장하고, 오히려 신심을 기본으로 해서 칭명을 이해하는 것은 아닐까 합니다. 호넨의 경우는 칭명을 기본으로 한 신심이라고 할 수 있지 않을까 생각합니다.

명호와 석가모니

시가라키: 나무아미타불이라는 명호의 인격성의 문제인데요. 역사적이고 교리사적으로 보면 아미타불은 석가모니를 기본으로 합니다. 아미타불이 본래 국왕이었다는 신화적 표현은 석가 전설에 근거하고 있음을 보여줍니다. 정토교 사상은 석존의 탑[스투파 卒塔婆]에 대한 숭배로부터 발생했기 때문에 기본적으로는 석가모니에게 붙여진 이름입니다만, 그것이 점점 석존이라는 인격으로부터 떨어져 나갔습니다. 석존 숭배로부터 점점 떨어져 독립해 간 것이지요. 그런 형태로 아미타불이라는 칭호가 등장합니다. 거기에 조금 전 오미네 선생님이 제기하셨던 "명호는 표현언어인가"라는 문제가 관련되어 있다고 생각합니다.

주의 이름

고쿠부: 기독교에서는, 예를 들어 "키리에 엘레이손"이라고 해서, 미사 중에 여러 번 반복해서 드리는 말이 있습니다. "키리에 엘레이손"은 동방 교회의 언어입니다만, 그것이 로마 교회의 전례 속에도 포함되었고, 지금도 계속해서 지키고 있습니다. 그 때 키리에, 즉 주(主)라고 부르는 이상 우리는 주에 대해서 종(從)이지요. 그러므로 거기에는 인격적인 교섭이 있습니다. 그런데 주기도문에서는 "이름이 거룩히 여김을 받으시며"라고 하면서 이번에는 '이름'이라고 합니다. 신의 이름이지요. '키리에'는 주의 이름과 결합되어 있습니다. 그리고 그것은 정토진종에서 말하는 명호와 같은 힘을 가진 것이라고 생각됩니다.

나무[南無]하다

시가라키: 이것 또한 여러 가지 문제가 있습니다만, 부처의 이름은 기본 적으로는 아미타불 혹은 아미타여래입니다. 그 위에 '나무'라는 것은 귀의 한다는 뜻이므로, 아미타불에게 귀의한다는 표현이 나무아미타불이지요. 〈법화경〉에 귀의하는 것이 나무법화경, 나무묘법연화경이고, 진언종의 경우는 나무편조금강(南無遍照金剛)입니다. 나무[귀의]하는 것은 나이지 부처의 이름이 나무하는 것이 아닙니다. 부처의 이름은 아미타불입니다. 이것이 대체로 정토교의 흐름입니다. 그런데 호넨은 아미타불에게 귀의하는 것을 기본으로 하였고, 신란은 나무아미타불이 부처의 이름이라고 해석합니다. 불호(佛號), 존호(尊號)란 나무아미타불이라는 식으로 말해지면서 상당히 많이 변합니다. 부처 안에 자기가 있다, 자기를 포함해서 그 이름이 성립한다는 등의 해석을 하게 되지요. 이 문제는 어떻습니까?

브라후트: 염불 안에 두 개의 요소가 포함되어 있는가 하는 질문입니다만, 하나는 '주 예수'에 대응한다는 충실한 기분—주 그리스도라고 하면, 그것은 주에 대한 관계에 있기 때문에—인데, 명호에도 그러한 기분이 있습니까? 일본의 일반 생활 속에서는 충(忠)이 매우 강조되고 있는데, 그것이 종교에는 거의 보이지 않는 것이 아닌가, 라는 느낌이 듭니다.

염불은 신앙고백인가

한 가지 더, 염불을 외는 것에 신앙고백이 들어가 있는가 하는 점입니다. 이 두 가지에 대해서 여쭙고 싶습니다.

테라가와: 나무아미타불과 여래의 이름을 부르는 것은 찬탄(讚嘆)의 표현으로서, 자신이 구제받았다는 사실에 대한 감사의 표현입니다. 그러므로 매우 응축된 신앙 고백이라는 의미도 충분히 찾아 볼 수 있는 것은 아닐까요? 나무아미타불이란 귀명진시방무애광여래(歸命盡十方無礙光如來)이기 때문에, 내가 진시방무애광 안에 섭취되어 있다는 자각에 대한 증언이라고는 생각할 수 없을까요?

신란의 경우 어려운 것은 명호와 신심, 칭명과 신심의 경우에 신심이 앞선다고 생각한다는 점입니다. 어려운 것은 신심이 명호에 의해서 불려져서 깨달아진다고 하는 점입니다. 그렇게 되면 행이 앞서게 됩니다. 조금 복잡해집니다만, 안과 밖을 나누고, 안에서 이해하면 신심, 밖, 즉 표현으로서 이해하면 칭명이 되므로, 둘로 나눌 수는 없고 결국 하나의 사실이라고 생각합니다만….

야기: 신심이라고 해도 이미 명호를 알고 있는 신심이므로 양자의 관계

는 달걀과 닭의 관계와 같은 것이 아닐까 합니다.

찬탄과 참회

운노: 방금 전 신앙 고백에 관한 질문이 있었습니다. 염불에는 찬탄과 동시에 참회가 모두 포함된다고 생각합니다. 그리고 찬탄은 인간의 언어로는 완전하게 표현할 수 없을 정도로 깊고 넓은 대비(大悲), 참회는 인간의 언어 혹은 자신의 힘으로는 볼 수 없을 정도로 깊은 죄업을 나무아미타불을 통해 나타내고 있는 것이 아닐까 생각합니다.

시가라키: 신란의 〈존호진상명문〉(尊號眞像銘文) 중에 있는 말인데, 선생님이 지금 말씀하셨던 대로 명호를 부르는 것은 찬탄이고 참회이며 그리고 한 가지를 덧붙여서 원생(願生)—정토에서 태어나려는 마음—이다, 이렇게 세 가지로 설명하고 있습니다. 이는 선도(善導)의 이해를 수용한 것입니다만, 말씀하셨듯이 찬탄이라면 역시 참회의 문제가 당연히 대두된다고 하겠습니다.

오미네: 칭명에 지금 말씀하신 세 가지가 포함되어 있다고 할 수는 있겠지만, 참회할 생각으로 하는 칭명은 참된 칭명은 아닐 것입니다.

테라가와: 칭명에 참회의 의미를 갖는다는 이해방식입니다.

그저 염불할 뿐

오미네: 역시 칭명염불은 <u>그저</u> 염불하는 것뿐입니다. 인간의 여러 가지

다양한 생각이 거기에 덧붙여지더라도 칭명 자체에 그런 다양한 생각은 없다고 생각합니다. 그렇지 않다면 그것은 왕생의 업은 되지 못합니다.

테라가와: 칭명의 경우 다양한 생각은 없다고 하더라도 본원초환의 소리를 듣는 것이 신란의 명호 이해의 기본이기 때문에, 단순한 명호가 아니고 본원의 명호이며, 깊은 의미를 가진 명호입니다. 그러므로 칭명에는 다양한 생각이 없다고 하더라도 역시 기본적으로는 본원의 명호라는 것이 중요합니다.

야기: 표현언어는 매우 넓습니다. 저는 사실 종교의 언어를 단지 "표현언어다"라는 식으로 생각해 주시지 않았으면 하기 때문에, "그 안에서 자기의 자각 언어다"라고 말씀드리고자 합니다.

여래의 구원은 자명하지 않다

테라가와: 오미네 선생님께서 자각 언어라고 말씀하신 바에서 생각났습니다만, 소가 료진(曾我量深) 선생님이 "여래가 나를 구제하는가"라는 근본적인 물음을 제기하신 적이 있습니다. 타이쇼(大正) 시대의 일이었지요. 여래의 구제란 결코 자명한 것이 아니고 매우 어려운 문제다. 왜냐하면 중생은 본질적으로 여래를 거역하는 존재라는 문제가 있는데, 그런 중생을 여래가 섭취할 수 있는가 라는 질문이었다고 생각합니다. 그 질문을 계속해서 생각하시던 차제에 소가 선생님은 잘 아시다시피 "여래가 내가 되어 나를 구한다"라는 직감을 얻으셨던 것입니다. 그렇다면 야기 선생님이 말씀하신 자아를 부수고 자기가 된다는 문제에 접근하게 됩니다. 불교가 제일 큰 문제로 삼는 인법이아집(人法二我執), 곧 자력이라는 집심[執心]에

서 있는 자아가 깨지고 변하고 전환해서 나무아미타불의 명호가 드러내는 진실에 따라 존재하는 자기가 새롭게 탄생합니다. 이것이 전환입니다. 그 때 "여래가 내가 된다"는 것이지요. 그러므로 신심을 얻었다고 하는 것은 나에게서 나무아미타불이 아미타불에게 귀의[南無]해라 하고 이름을 드러내면 자아는 그 앞에 꿇어 엎드리는 것입니다. 단순히 타자로서의 '당신'이라고만 한다면 나무아미타불의 진리는 다 드러나지 못합니다. 그 경우는 아미타여래이지 나무아미타불은 아닙니다. 이런 문제도 있다고 하겠습니다.

오미네: 조금 전의 아사하라 사이이치의 노래를 보면, "당신이 나이고 나도 당신이예요"라는 대목이 있지요. 여래는 단지 저 편에 있는 존재라는 견해는 아닌 것 같습니다. 역시 여래가 자기가 되고 내가 되는 바가 있기에, 여래가 걸어가면서 여래 자신을 구한다는 면도 있는 것이겠지요.

테라가와: 그 점이 이번 모임의 주제인 구제의 근거와 관련된 문제이기도 하다고 생각합니다.

운노: 지금 선생님이 인용하신 아사하라 사이이치의 노래의 마지막 부분에 아마도 자신이 아미타불이 되는 것이 아니고, 아미타불이 자신이 된다고 되어 있지요. 자신이 아미타불이 된다는 것은, 방금 전 선생님이 말씀하신 선(禪)과 같은 종류라고 생각하는데요.

바울과 요한

고쿠부: 요한 신학과 바울 신학을 나란히 놓고 보았을 때, 그 둘을 정토교의 호넨과 신란 사이의 관계라고 이해할 수는 없을까요?

야기: 그것은 그렇지 않다고 생각합니다. 먼저 요한 신학이 시기적으로도 후기의 것입니다. 그러나 요한이 바울에 대해서 배웠다든가, 바울이 요한의 선생이라든지 하는 말은 아닙니다. 먼저 그러한 것은 아닙니다. 그리고 요한 신학은 헬레니즘의 영향이 매우 강합니다. 바울은 헬레니즘의 영향을 받고는 있습니다만, 유대교의 유산으로부터의 영향도 매우 강하게 받고 있기 때문에, 바울 신학의 주제는 철저하게 신과 신의 백성 사이의 관계입니다. 물론 바울 개인의 구원도 말하기 때문에 그것만은 아닙니다만, 어쨌든 바울의 경우는 신과 신의 백성 사이의 관계가 매우 중대한 문제입니다. 따라서 이스라엘의 백성의 역사라든지 교회의 성립이라든지 종말이라는 것이 등장하고, 그것이 그리스도라는 언어를 중심으로 나타납니다. 요한의 경우에는 오히려 개인의 신앙과 구원이라는 면이 부각되기 때문에, 거기로부터 여러 가지 문제가 있습니다. 요한에게는 종말론이 없다고 하는데, 저도 아마 그럴 것이라고 생각합니다. 요한복음에서 보이는 종말론적 요소는 나중에 덧붙여졌을 가능성이 매우 높습니다. 즉 요한에게는 이스라엘 백성의 선택이라든지, 계약이라든지, 율법이라든지, 속죄라든지, 종말이라든지 하는 것은 없고, 오히려 예수로서 나타난 신의 아들, 그 신의 아들에 대한 신앙이 중심이 되어 있습니다. 그러므로 요한의 입장에서 보면 유대교의 역사는 매우 부정적으로 보입니다. 이런 점에서 바울과는 매우 다른 바가 있지요. 그러한 의미에서 신앙의 계보가 다르므로, 호넨과 신란 사이의 관계와는 비교될 수 없을 것 같습니다.

어머니되시는 아미타불

브라후트: 염불에, 우리들이 충실(忠實)하다고 말할 때의 '충'도 들어가 있는지, 한 번 더 여쭈어 보아도 괜찮을까요?

테라가와: 아미타불에 대한 충입니까?

브라후트: 그렇겠지요.

테라가와: 인격이라는 계기가 어떻게 되어 있는지, 거기서 충을 찾아보기는 조금 어렵다고 생각합니다만….

브라후트: 바꾸어 말씀드린다면, 아미타부처님을 주(主)라고 해도 괜찮습니까?

테라가와: 그것도 또 좀… 저의 경우 그런 일은 없습니다.

고쿠부: 그러나 그렇게 부르는 것은 허락되는 일이겠지요? 아미타부처님을 주라고….

오미네: 보다 친밀한 관계.

야기: 기독교의 경우 "키리에 엘레이손"이라고 합니다. '주'라고 하는 경우는 어떻습니까? 신도 '주'이지만, 주 그리스도라고 하는 경우, 그 친근함의 정도는 꽤 다르지 않을까요? "신이여, 구해주소서"가 아니라 "예수 그리스도여, 구해주소서"이겠지요. 즉 주라고 해도 무언가 절대 군주에 대한 느낌과는 조금 다르지 않겠습니까?

시가라키: 오히려 정토교에서는 아버지보다는 어머니라고 하고, 조금 전의 오야사마(親樣)라는 선조 숭배와도 관련되지요. 오야사마나 어머니

라는 생각과 겹쳐지는군요. 이것은 매우 일본적인 것이라고 생각해요.

브라후트: 아마도 그렇겠지요.

시가라키: 아버지되시는 아미타불이라는 표현은 나오지 않고, 신란에게는 역시 어머니라는 개념이 등장합니다. 아미타불과 어머니를 겹쳐서요. 아이가 어머니를 생각하는 것처럼 요.

오미네: 석가모니는 아버지입니다.

시가라키: 아버지 되는 신, 어머니되시는 아미타불이라는 차이가 있어서 매우 일본적이네요.

야기: 너무 단절이 크기 때문에 마리아에 대한 신앙이 등장한 것은 아닐까요? (웃음소리)

브라후트: 그렇게 말할 수 있겠지요.

고쿠부: 마침 정해진 시간이 되었군요. 이것으로 마치겠습니다. 감사합니다. (박수)

제 3 장

호넨(法然) 정토교의 구제에 대하여

후지모토 기요히코(藤本淨彦)

I. 머리말

호넨겐쿠(法然源空, 1133-1212)의 정토교를 연원으로 해서 정토문의 여러 종파가 형성되었으며, 현대 일본 정토교의 흐름 역시 정토종·서산 정토종(정토종 서산파)·정토진종[1] 속에서 파악할 수 있다. 이 글에서는 호넨 및 정토종의 가르침을 화두로 삼아서 다음과 같은 주제에 대하여 다루기로 한다.

1) 호넨의 생애, 2) 호넨 정토교의 구조, 3) 호넨 정토교의 염불과 구제, 4) 구제의 여러 가지 양상, 5) 호넨의 체험, 6) 결론에 갈음하며.

II. 호넨의 생애

호넨(아명, 세이시마루/勢至丸)[2]은 1133년에 미마사카노 구니(美作國) 오카야마(岡山)[3] 이나오카 조(稻岡庄)[4]의 우루마 도키구니(漆間時國)의

---

[1] 이들 종파는 모두 그 연원이 호넨으로부터 비롯된다. 정토종은 호넨을, 서산정토종은 호넨의 제자인 쇼쿠(證空, 1177-1247), 정토진종은 역시 호넨의 제자인 신란(親鸞, 1173-1262)을 각기 개조로 모시고 있다. 이외에 호넨의 증손제자인 잇펜(一遍, 1239-1289)의 시종(時宗)을 포함하면 현대 일본 정토문의 네 종파가 된다. (역주)

[2] 호넨은 아미타불을 모시고 있는 대세지보살의 화현이라 말해졌다. (역주)

[3] 일본에서 '구니'(國)라는 말은 고대 지방행정 단위였다. '미마사카노 구니'는 현재 오카야마

아들로서 태어났다. 아홉 살 때 압령사(押領使)였던 아버지가 아즈까리 도코로(預所)의 무사 겐나이 테이메이(源内定明)의 습격을 받아서 사망하였다. 역사적으로 보면, 이 사건은 호족인 지방관과 장원관리자 사이의 세력다툼의 성격도 포함하고 있다.5 아버지는 세이시마루에게 다음과 같은 유언을 남겼다.

> 나는 이 상처로 죽어가고 있다. 그러나 결코 원수를 갚는 일이 없도록 하라. 원수를 갚고자 생각한다면 태어날 때마다 싸움이 끊임없이 이어질 것이다.

이 유언을 마음에 새기면서 세이시마루는 고향을 떠나 출가한다. 13세에 히에이잔(比叡山)에 들어가서, 15세에 수계한 뒤 코엔(皇円)아사리의 제자가 되어서 천태불교를 배운다. 18세가 되어서 서탑(西塔) 구로다니(黑谷)6에 머물고 있던 원돈계(圓頓戒)의 전승자 에이쿠(叡空, ?-1179) 밑으로 옮겨서, 호넨이라는 이름을 받고서 생사를 벗어날 수 있는 불교를 구한다. "명리에 대한 바람을 버리고, 오로지 불법을 배우기 위하여"라고 전기는 기록하고 있지만, 이때를 호넨의 '회심(回心)'이라 말할 수

현에 해당한다. 고대의 행정단위인 '구니'의 이름이 아직도 쓰이고 있는데, 예를 들면 '사누키 우동'으로 유명한 '사누키(讃岐)'는 현재 '카가와(香川)' 현에 해당한다. (역주)

4 현재 오카야마현 구메(久米) 미나미쵸(南町) 정토종 특별사원 탄죠지(誕生寺)가 있다. (역주)

5 石母田正 著, 『中世的世界の形成』(岩波文庫) 참조.

6 일본 천태종의 총본산인 히에이잔은 크게 세 구역으로 이루어져 있다. 제일 중심이 되는 것은 동탑(東塔)이고, 거기서부터 조금 더 서쪽으로 가면 서탑(西塔) 지역이다. 서탑으로부터 더욱 더 깊숙이 들어가면 요카와(橫川) 지역이다. 구로다니는 서탑 지역에 있는데, 말 그대로 '검은 계곡'이다. 하루 종일 해가 별로 비치지 않을 만큼 깊숙한 골짜기이기 때문에 붙여진 이름일 것으로 생각된다. (역주)

있다. 24세 때 당시의 히지리(聖)[7]집단이 있었던 사가(嵯峨)의 석가당
(釋迦堂)[8]에 참롱(參籠)[9]하였고, 그 뒤에는 남도(南都)[10]의 석학들을 두
루 방문하였다. 이 시기의 상황을 호넨은 다음과 같이 술회하고 있다.

> 대저 불교의 가르침은 계율, 선정, 지혜(戒定慧)의 세 가지 배움에 지
> 나지 않는다. (중략)
> 그런데 나의 이 몸은 계행에 있어서는 하나의 계도 갖지 못하고, 선정에
> 있어서도 이를 얻지 못하였고, 지혜에 있어서도 미혹을 끊고 깨달음을
> 증득(證得)한 지혜를 얻지 못하였다. (중략)
> 악업과 번뇌의 끈을 자르지 않는다면 어찌 윤회에 얽매인 몸으로부터
> 벗어날 수 있겠느냐. 슬프구나, 슬프구나, 어찌하랴, 어찌하랴. 어찌 나
> 와 같은 자는 이미 계율, 선정, 지혜 의 세 가지 배움을 담당할 그릇이
> 아닌데, 이 세 가지 배움 외에 내 마음에 부합하는 진리의 문(法門)이
> 있겠느냐. 내 몸으로 감당할 수 있는 수행이 있겠느냐. 만인(萬人)의
> 지자(智者)를 구해보고 모든 학자를 방문해 보았으나 내게 보여준 가
> 르침이 없었다.[11]

---

7 히지리(聖)는 이치히지리(市聖)의 줄임말이다. 민중들이 살고 있는 저자거리에 내려온
  성인이라는 의미이다. 당시 일본 불교는 국가 불교로서 히에이잔의 천태종과 같은 교단은
  이미 관료화된 승려(官僧)들의 집단이었다. 그러한 기성 불교에 대한 비판의식을 갖고 있
  었기에, 호넨은 서탑 구로다니로 은둔해 갔던 것으로 생각된다. 당시 천태종의 권력은 동탑
  에 있었기 때문이다. (역주)
8 사가는 교토의 서북부 외곽지역이다. 석가당은 지금의 청량사(清涼寺)를 말한다. (역주)
9 한 곳에 은둔하여 수행하는 것을 말한다. 일종의 폐관정진(廢關精進)을 말한다. (역주)
10 지금의 나라(奈良). 나라 시대의 불교를 남도불교라 말한다. (역주)
11 聖光 著, 『徹選擇集』(淨土宗全書, 제7권, 95. 이하, 淨土宗全書는 淨全으로 약칭함).
  『昭和新修法然上人全集』(平樂寺書店, 459-460. 이하 '昭和新法全'으로 약칭함).

구로다니를 거점으로 해서 수학하며 43세까지 대장경을 수차례 독파하고, 선도(善導, 613-681)의 『관경소』(觀經疏)를 서사(書寫)하고, '관념의 염불(源信, 942-1017)'로부터 '십즉십생(十卽十生, 열 사람이 염불을 하면 열 사람이 다 정토에 태어난다)의 염불'12로 그 이해를 더욱 심화해 간다.

43세(1175) 때 큰 심적인 전회(轉回), 즉 난상(亂想)의 범부가 윤회로부터 벗어날 수 있는 가르침(往生淨土)에 대한 확신을 얻는다. 흔히 정토종의 입교개종(立教開宗)13이라 말해진다. 이 사건을 호넨은 다음과 같이 말한다.

그러는 사이에 탄식하며 장경각(經藏)에 들어가서 슬픈 마음으로 슬픈 마음으로 성교(聖教)를 손수 펼쳐서 보았다. 선도(善導)화상의 『관경소』에서, "일심으로 오롯이 아미타불의 이름을 염하되, 가든지 머물든지 앉아있든 누워있든 그 시간의 길고 짧음을 묻지 않고 생각생각에(부처님의 이름을_ 역자) 버리지 않는 것을 정정취(正定聚)의 업이라 한다. 저 부처님의 원에 따르는 것이기 때문이다"라는 글을 보고서는… 마음에 두게 되었다.14

54세(1186) 때 천태종의 겐신(顯眞)·쇼신(證眞), 삼론종의 묘헨(明遍), 법상종의 죠케이(貞慶, 1155-1213) 그리고 도다이지(東大寺) 쵸겐

---

12 겐신 당시의 정토사상은 극락정토와 아미타불을 관찰하고 생각하는 것으로 왕생을 하려는 입장이었다. 그런데 그것은 다소 어려웠다. 그렇기에 그렇게 관념(觀念)·관상(觀想)하는 염불보다 더욱 쉬운 그저 소리 내서 하는 염불로 변화해 갔다. 이것이 호넨의 정토종인데, 그 뿌리는 『관무량수경』에서 확인할 수 있다. (역주)
13 입교는 종파를 성립하기 전에 그 종파가 의지하는 가르침이 다른 모든 가르침보다 더욱 뛰어난 것임을 판단하여 제시하는 것을 말한다. 이 판단은 교상판석(教相判釋)이라 하고, 줄여서 교판이라 말한다. (역주)
14 淨全, 95. 昭和新法全, 460.

(重源, 1121-1206) 등과 함께 오하라(大原)의 쇼린인(勝林院)에서 '오하라의 담의(談義)'[15]를 행한다. 전기에는 "논쟁(法門)은 서로 호각세를 이루었지만, 근기를 비교해 본다면 겐쿠(源空)가 이겼다"라고 하였다. 이는 호넨의 정토교가 다른 종파로부터 받았던 교리적인 의문을 해소할 수 있었다는 것을 의미한다. 58세(1190) 때에 쵸겐의 초청으로 남도의 여러 종파의 학승들에게 삼부경(『무량수경』, 『아미타경』, 『관무량수경』)을 강의하였다. 그 기록에는 "주로 선도에 의지하며 보조적으로는 여러 스님들에게 의지하면서 어리석은 소회를 서술한다. 천태의 구로다니(黑谷) 사문 겐쿠(源空) 기록하다"[16]라고 하였다. 이 강의는 남도의 여러 종파에 대한 호넨의 정토교 개종 선언이라는 의미도 있는 것으로 인정된다. 62세(1194) 무렵에 입도(入道)[17] 시슈(師秀)가 호넨을 초청해서 49일의 '역수설법(逆修說法)'(사후의 왕생과 깨달음에 도움이 되기 위하여 생전에 미리 선근공덕을 닦아두는 것)을 행한다. 65세(1197) 때 벤쵸(弁長, 1162-1238정토종 제2조)가, 69세(1199) 때에 신란(親鸞, 당시 29세)이 입문하고, 70세(1200) 때에 쿠조(九條, 藤原) 가네자루(兼實)가 입문하였다.

호넨은 66세(1198) 때 쿠조 가네자루의 부탁으로 『선택본원염불집』(選擇本願念佛集)을 찬술한다(뒤에 신란도 수여받는다). 이 책에서 호넨은 정토종의 교의를 공개적으로 선언하였다. 72세(1202), 73세(1203) 때 히에이잔의 천태종과 남도 고후쿠지(興福寺)의 법상종에서 염불금지운동이 일어난다. 호넨은 『칠개조기청문(七箇條起請文)』을 짓고 제자 190명의 서명을 받음으로써, 그러한 움직임에 변명을 한다(僧 綽空).[18] 75

---

15 오하라는 교토이 동북쪽의 산골짜기 이름이다. 히에이잔과 가까운 지역이다. 담의는 논쟁을 말한다. (역주)

16 昭和新法全, 67.

17 입도는 출가하지 않은 채 불교를 믿고 정진하는 자를 말한다. 우리나라에서는 '거사'(居士)라고 한다. (역주)

세(1207) 때, 제자 쥬렌(住蓮)·안라쿠(安樂)의 사건이 일어나서 염불이 금지되고, 2월에 호넨은 후지이 모토히코(藤井元彦)의 속명을 받아서 토사(土佐)로, 신란은 후지이 젠신(藤井善信)이라는 이름으로 에치고(越後)로 유배를 간다.[19] 이때 호넨은 "가령 내가 사형에 처해진다 하더라도, 이것(염불의 가르침_ 역자)을 말하지 않을 수는 없다"라는 말을 남겼다고 전기는 기록하고 있다. 이 해 12월에 유배에서 사면을 받았고, 이후 4년 동안 셋슈(攝津, 현 오사카)의 카츠오지(勝尾寺)에 머물다가 79세 때 지친(慈鎭) 화상의 호의로 교토의 히가시오타니(東大谷) 지역 요시미즈(吉水)[20]로 돌아온다. 80세(1212)에 『일매기청문』(一枚起請文)[21]을 남기고, 1월 25일 입멸한다.[22] 그 해 11월에 『선택본원염불집』이 간행된다. "칭명염불에 힘쓰기를 하루 종일 6만 번이다. 임종이 가까워오자 하루 종일 7만 번을 하였다"라고 한다.

　　1224년에 히에잔 승려들의 염불금지운동이 있었고, 1227년에는 가록(嘉祿)의 분묘법난(墳墓法難)[23]이 있었다. 묘에(明惠, 1222-1282)의 『최사

---

18 기청문은 제자에게 이러저러한 일은 행하지 말고, 이러저러한 일은 행하기를 요청하는 글이다. 이때 신란 역시 작공(綽空)이라는 이름으로 서명하였다. (역주)

19 이 사건을 '죠겐(承元)의 법난'이라 말한다. 이 당시 고토바(後鳥羽) 상황의 궁녀가 상황이 없는 사이에 호넨의 제자 쥬렌·안라쿠 등에게 간 일이 있었다. 이를 안 고토바 상황은 진노하여, 염불을 금지하고 쥬렌, 안라쿠 등 호넨의 제자 4명을 사형에 처하고, 호넨과 신란 등을 유배에 보낸 일을 말한다. 승려를 바로 유배보낼 수 없기에, 일단 환속을 시켜서 속명을 하나 부여하여 유배에 처하게 된다. 호넨은 토사, 즉 시코쿠의 고치(高知) 현으로 가기로 되어 있었다. 하지만 실제로는 시코쿠의 카가와(香川)에서 1년 동안 유배생활을 하고 해배된다. 신란은 에치고, 즉 현재의 니가타(新潟)에서 4년 동안의 유배생활을 하게 된다. (역주)

20 현재는 정토종 총본산 찌온인(知恩院)이 자리하고 있다. (역주)

21 호넨이 제자들에게 남긴 유서로서, 1장 분량이다. 염불의 법문을 더 이상 더 설명이 필요 없을 정도로 간명하게 정리한 것이다. 김호성 옮김, 『일본 불교사공부방』 제12호(일본 불교사독서회, 2014), 15-16. 참조. (역주)

22 호넨의 행장(行狀)은 『호넨상인행장회도(法然上人行狀繪圖)』(48권)에 근거한다.

륜』(摧邪輪), 죠쇼(定照, 천태종)의 『탄선택』(彈選擇), 니치렌(日蓮, 1173-
1232)의 『수호국가론』(守護國家論)·『입정안국론』(立正安國論), 도겐(道
元, 1200- 1253)의 『학도용심집』(學道用心集) 등에서 『선택집』 및 '칭명
염불'(稱名念佛)에 대하여 비판과 비난을 행한다. 그 이유로는 호넨이
(1) 중국 불교 전통의 면수구전(面授口傳)의 상승(相承)[24]을 받고 있지
않다. (2) 석가모니 부처님을 가벼이 하고 아미타불을 중시한다. (3) 보
리심 등 전통적인 불교 술어를 중시하지 않는다. (4) 다만 구칭염불(口
稱念佛)만을 강조한다 등이다. 그러나 이러한 비난은 과녁을 조준한 것
이 아니었으며, 오히려 염불의 가르침은 요원의 불길처럼 널리 퍼져서
서민의 마음속으로 침투해 갔다. 여기서 처음으로 정토불교의 일본적
토착화가 이루어졌다고 하는 점에서, 그 사건은 일본 불교에서 개혁적
의의를 나타내 보인 것이라 말할 수 있을 것이다.[25]

---

[23] 가록 3년 1227년, 히에이잔의 천태종 승려들은 호넨의 사후에도 염불이 널리 퍼지는 것을
보고서 염불에 대한 탄압을 획책한다. 먼저 조정에 염불 탄압을 진정하였으나, 조정의 허
락이 떨어지지 않았다. 이에 천태종에서는 승병(僧兵)들을 동원하여 호넨의 분묘를 도굴
하려고 하였다. 이에 호넨의 제자들이 그 정보를 입수하고 한 발 먼저 분묘를 해체하여
여러 곳으로 호넨의 유골을 이장하였다. 이 사건을 정토종에서는 '가록의 법난'이라 부른다.
(역주)

[24] 선종과 같은 경우에는 깨달았다고 하는 사실을 스승과 일대일로 대면하여 인가(印可)를
받는 전통이 있다. 그런데 정토종의 호넨은 그런 것도 없이, 스스로 나서서 정토종을 개종
했다는 것이다. 그러나 그것이야말로 아미타불과 내가 1대1로 만나는 정토종의 한 특성
이라 할 수 있을 것이다. (역주)

[25] 藤本淨彦, 『法然淨土敎思想論攷』(平樂寺書店, 1988年) 第3部 付章 參照.

III. 호넨 정토교의 구조

호넨의 정토교 사상의 계기는 다음과 같은 점에서 찾을 수 있을 것이다.

내가 정토종을 세우는 뜻은 범부도 왕생할 수 있음을 내보이기 위해서
이다. (중략) 여러 종파가 말하는 바가 그 취지는 다소 다르지만, 모두
다 범부가 정토에 태어나는 것은 다 허락하지 않는다. 그러므로 나는
선도의 교의 해석(釋義)에 의지하여 정토종을 일으켰을 때 곧 범부가
보토(報土)에 태어난다고 하는 것이 틀림없음을 분명히 했던 것이
다.26

여기서 강조하는 '범부'는, 앞에서 서술한 "삼학을 닦을 그릇이 아니
다(三學非器)"라는 자기(인간존재)를 가리키는 것이다. 이미 언급한 것처
럼, 호넨에 있어서는 아무리 훌륭한 체계를 갖춘 교리였다 하더라도 "삼
학을 닦을 그릇이 아닌" 자기가 구제되는 가르침이 아니라면, 전혀 의미
도 가치도 없는 것이다. 거기에, 호넨의 가르침과 실천행의 선택이 있는
것이다.

그러한 범부야말로 구제되는 호넨 정토교의 신앙은 세 가지 특색 내
지 측면(aspect)로부터 해설할 수 있을 것이다.

(1) 신앙의 목적: 구함의 대상 — 정토(왕생) — 지방입상(指方立相),
즉 아미타불의 본원이 성취한 세계, 즉 서방 십만억불토의 세 가지 장엄

---

26 昭和新法全, 440. (원주) 중간에 생략된 부분은 천태종과 법상종에서 말하는 정토왕생설
인데, 다 범부왕생을 전면적으로 인정한 것은 아니다. 보토는 수행에 의해서 이룬 국토라
는 뜻이다. 법장보살의 수행에 의해서 극락이 이루어졌기에 그렇게 말한다. (역주)

세계(『무량수경』, 『아미타경』, 『왕생론』, 『관경소산선의』 참조): 유상성(有相性)[27]

(2) 신앙의 대상: 귀의의 대상 ― 아미타불 ― 보신(報身), 즉 불신론(삼신설, 법신, 보신, 응신)의 보신(saṁbhoga-kāya)이고, 법장보살이 서원을 성취하기 위하여 닦은 과보로서 완성된 몸, 달리 말하면 수인감과신(酬因感果身, 『무량수경』, 『아미타경』, 『관경』, 『관경소현의분』[28] 참조): 역사성과 인격성

(3) 신앙의 방법: 왕생의 방법 ― 칭명염불 ― 선택본원염불, 즉 아미타불이 범부를 위하여 선택한 본원에 의지하여 하는 염불, 달리 말하면 나무아미타불이라고 일컫는 것(『무량수경』 제18원의 '내지 십념(十念)'과 『관경』의 '나무아미타불을 일컬어라'는 말씀에 따른 것. 『관경소산선의』): 칭성성(稱聲性).

위에서 정리한 신앙의 목적, 신앙의 대상 그리고 왕생의 방법이라는 틀로 정토종의 교의가 형성되었으며 또 그렇게 설명된다. 그러나 문제의 핵심은 호넨이 이를 어떻게 실천했는가 하는 내실일 것이다. 호넨이 의지하고 있는 경전·논서·스승은 위에서 정리한 바와 같지만, 무엇보다 유상성, 역사성과 인격성, 칭성성이라는 특징은 호넨의 사상 중에서 한층 구체적으로 드러난다. 호넨이 설한 정토교는 범부(실존)가 구제되는 종교인데, 유형적으로는 '신(아미타불)을 세우는 종교'이고, 이러한 구

---

27 극락은 서방(西方)에 있으며 그곳에는 아미타불이 존재한다고 하는 입장. 마음 밖에 그러한 세계와 부처가 존재한다고 보기 때문에 유상성, 즉 모습이 있다고 보는 것이다. (역주)
28 『관경』은 『관무량수경』의 약칭이다. 당나라 선도(善導) 대사가 『관무량수경』에 대하여 지은 주석서는 4권이다. 그 중에서 제1권 총론 부분을 현의분(玄義分)이라 하며, 제4권을 산선의(散善義)라 한다. 산선은 16관 중에서 제14-16관, 즉 구품(九品)왕생을 설하는 부분과 제16관을 설하기 전에 나오는 삼복(三福) 부분을 아울러서 말한다. (역주)

조로부터 유상성에서 볼 수 있는 존재론적(ontologisch) 성격, 인격성에서 볼 수 있는 호응성(Cor-relation) 그리고 칭성성에서 볼 수 있는 낭송성(Recital) 등이 갖추어져 있는 것이다.

따라서 개념의 특수성이라는 점에서가 아니라 신앙구조론의 입장에서, 깊은 실존적(existentiell) 인간 파악, 그리스도교의 신학적 존재론, 예를 들면 폴 틸리히가 강조하는 '호응성' 그리고 G.E.라이트의 '낭송의 신학'(『역사에서 작용하는 신』) 등의 사고방식과 상응하는지도 알 수 없다. 현재 이러한 시각에서의 고찰이 호넨의 정토교를 사상적으로 연구하기 위해서는 해결해야 할 과제가 되고 있다.

IV. 호넨 정토교의 염불과 구제

1. 호넨에 있어서 염불의 체계[29]

호넨은 『선택집』에서 '생사를 떠나는 수행법'이라고 해서 행법의 선택을 전개한다. 이 선택은 아미타불의 본원에 기반하여 '범부의 행법'으로 정립된다. 무엇보다, 선도가 『관경소산선의』에서 말하는 삼심석(三心釋)[30] 중 심심(深心)의 문제를 해석하는 부분[31]을 호넨은 염불행의 레벨에서 독립시켜서 다루고 있다는 점에서 주목할 필요가 있다.

즉 '재빨리 생사를 떠나고자 한다면'이라는 전제로부터 불도(佛道)를

---

29 『선택본원염불집』 제16장 (昭和新法全, 347. 淨全 제7권, 12), 33-34.
30 삼심은 『관경』의 상품상생(上品上生)에서 설해지는 세 가지 마음이다. 왕생하려는 자는 지성심(至誠心), 심심(深心), 회향발원심(廻向發願心)을 발해야 한다고 했다. (역주)
31 뒤에서 자세히 이야기된다. (역주)

선택한다. 그것은 다음과 같이 정리할 수 있을 것이다.

2종 승법(勝法)┬성도문
　　　　　└ 정토문=┬잡행
　　　　　　　　　└ 정행=정조 2업┬조업
　　　　　　　　　　　　　　　　└ 정정의 업=칭명=
　　　　　　　　　　　　　　　　　순피불원고(順彼佛願故)³²

　　이와 같이 아미타불의 이름을 일컫는 것으로 결론난다. 그것은 아미타불의 본원에 의지하기 때문에, 반드시 정토에 태어날 수 있다. 저 부처의 원을 따르기 때문에 성립하는 칭명염불이다.

2. 칭명염불이 '정정(正定)의 업'³³이 되는 근거: 염불·명호론: 호넨 독자의 논리³⁴

　　① 왕생지업(往生之業) 염불위선론(念佛爲先論):³⁵ 왕생을 위한 수행법 중에서 염불은 어떤 것보다 앞선다. 선도는 "세 가지 마음이 다 갖추어진 염불"을 강조하지만, 호넨은 "염불하면 저절로 세 가지 마음이 다 갖추어 진다"는 입장이다.
　　② 염불평등왕생론: 염불은 다른 모든 수행을 방해하는 것이 아니며,

---

32 "저 부처님의 원에 따르기 때문에"라는 뜻이다. 선도대사의 『관경소산선의』에 나온다. (역주)
33 '정정'은 '정정취'의 줄임말이다. 정정취의 업이라는 것은 부처가 되는 업이라는 뜻이다.
34 『선택본원염불집』 제3장(昭和新法全, 320. 淨全 제7권), 20-23.
35 "왕생을 위한 수행에는 염불이 가장 앞선다"라는 뜻으로, 호넨은 『선택본원염불집』의 제사(題詞)로 이 말을 썼다. (역주)

남자든 여자든, 귀하든 천하든, 걸어가든 머물든 앉든 눕든 상관없으며, 때와 장소를 묻지도 않는다. 따라서 염불은 행하기 쉽기 때문에 일체에 통하여, 모든 중생으로 하여금 다 평등하게 왕생할 수 있게 하는 본원의 수행이다. 이와 같은 논리는 뒤에서 서술할, 이른바 '악인정기(惡人正機)' 설의 기반이 된다.

③ 명호만덕소귀(名號萬德所歸)론: 아미타불이 내적으로 갖추고 있는 공덕(네 가지 지혜, 세 가지 몸, 열 가지 힘, 열네 가지 두려움 없음)과 밖으로 작용하는 공덕(상호, 광명, 설법, 중생을 이롭게 함)이 모두 아미타불의 이름에 다 갖추어져 있다.

④ 염성시일(念聲是一)[36]론: 염하는 것과 소리가 하나이다. 소리는 곧 염하는 것이고, 염하는 것은 곧 소리이다. 칭명염불에서는 염불과 칭명이 서로 일치한다는 것. 소리의 종교적 현상.

3. 칭명염불: 아미타불과 중생의 호응, 나타남, 죄를 소멸하는 작용[37]

아미타불과 염불자에 대한 관계(구제)가 '세 가지 연(친연·근연·증상연)'으로 말해진다. 호넨은 이를 '염불행자가 행하는' 차원과 '여래의 광명이 거두어 들이는' 차원으로 나누어서 강조한다.

① 친연(親緣): "그(미타)와 나(염불자)의 세 가지 업이 서로 분리된 것이 아니다"라는 것 = 호응성(呼應性).

---

36 '나무아미타불'이라 일컫는 소리와 아미타불을 생각하는 것이 하나라는 말이다. 아미타불을 생각하는 염불(관상염불)과 '나무아미타불'이라 일컫는 칭명(칭명염불)이 다르지 않다는 입장. (역주)

37 『선택본원염불집』 제2장, 제7장 (昭和新法全, 315. 327. 淨全 제7권, 12), 33-34.

② 근연(近緣): 중생이 부처를 보고자 한다면 ↔ 부처가 중생의 염불에 응해서 눈앞에 나타난다: 현재성.

③ 증상연(增上緣): 중생이 칭념하면 많은 겁(劫) 동안에 지은 죄라도 다 제거된다. 목숨이 마칠 때, 부처는 성중(聖衆)과 함께 스스로 맞이하러 오셔서 정토로 이끌어 주고, 어떠한 장애도 없다: 죄제(罪除)·래영성(來迎性).

호넨이 설하는 구제는 '생사를 떠나는' 것에 다름 아니고, 정토삼부경(『무량수경』, 『아미타경』, 『관무량수경』)이 설하는 세계이다. 하여튼, 칭명의 염불에 의한 구제는 부처님과의 인격적인 관계이고, 만인평등이고, 염과 소리가 상응하고, 부르면 답하는 호응의 세계이다. 어디까지나 범부를 구제하기 위한 가르침이고, 그런 까닭에 유상성·인격성·칭성성이 맥맥히 작용하는 세계이다. 이른바 만인이 평등하고, 염과 소리가 상응하고 호응한다는 관점은, 호넨의 구제관이 지극히 깊고 보편적으로 인간존재의 현실을 간파하고 있다고 말할 수 있다.[38] 결국 호넨이 설하는 구제는 목숨이 있을 때(평생)의 칭명염불로서 "아미타불과 호응하고 나타나셔서 제가 소멸되는" 것이고, 목숨이 끝날 때에는 "아미타불의 내영을 받아서 정토에 왕생한다"는 것이다.

---

[38] 藤本淨彦, 앞의 책, 제1부 제3장 참조.

V. 구제의 여러 가지 양상

불교 용어 중에서 '구제'라고 말하는 경우는, 과문한 탓인지는 몰라도, 매우 적다. '섭취불사(攝取不捨, 거두어 들여서 버리지 않는다)', '발고여락(拔苦與樂, 괴로움을 제거하고 즐거움을 준다)'라는 말이 해당한다. 그런데 정토교의 경우에는 아미타불을 세우는 종교라는 구조가 기독교와 비슷하다는 점에서, 이 말이 사용되었다고 말할 수 있다.

1) '범부'를 구제의 주체로 파악하기

호넨에게는 세 가지 배움을 통해서는 성불할 수 없는, 죄악이 깊고 무거운 범부를 구제하는 것이 핵심이었다. 그것은 "정토로 왕생하는 법문은 번뇌의 미혹을 끊지 않고서 미타의 원력에 의지하여 극락에 태어나는" 가르침이다. 그것은 심심석(深心釋)[39]에서 그 특징을 볼 수 있다.

내 자신은 현재 죄악을 짓고서 생사를 거듭하는 범부의 몸으로 한량없는 오랜 겁 동안 항상 윤회하면서 벗어날 인연이 없음을 결정적으로 또 깊이 믿는다: 신기(信機)

저 아미타불은 마흔 여덟 가지 원을 세워서 중생을 거두어들이시는 것을 조금도 의심하지 않으며, 저 부처님의 원력에 의지하면 반드시 왕생할 수 있음을 결정적으로 또 깊이 믿는다: 신법(信法)

---

[39] 당나라 선도대사의 『관경소산선의』에서 삼심을 해석하는 중에서 심심에 대한 부분을 말한다. (역주)

이 신기와 신법은 서로 다른 관계가 아니라 기의 자각(신기)에서 출
발하는 깊이가 칭명염불의 행에 의서 미타의 본원을 믿고 따르는 것이
되고, 더욱 더 깊이 발전하여 양자가 서로 순환하고 반복하는 세계가 된
다.[40] 이로부터 호넨 자신의 다음과 같은 두 가지 말씀, 즉 "죄인 또한
왕생하거늘 하물며 선인이겠는가"(법어)와 "선인 또한 왕생하거늘 하물
며 악인이겠는가"(醍醐本)[41]라는 것이 크게 주목되어야 한다. 결국, 이
른바 '악인정기'의 사상은 이미 호넨이 구전(口傳)으로서 말하고 있는 것
이고, 그런 점에서 신란 교설과의 관계를 새롭게 다시 생각[42]해 보아야
할 것이다.

2) '발고여락'적 의미에서의 구제

"염불의 행은 널리 구품(九品)에 통한다. (중략) 극히 나쁜 최하의 사
람을 위하여 극히 선한 최상의 진리를 설한다. (중략) 오역죄는 중병의
근원이고, 염불은 영약(靈藥)이다. 이 약에 의지하지 않고서는 이 병을
고칠 수 없다. (중략) 염불삼매라는 제호의 약에 의하지 않고서는 오역
죄라는 깊은 병을 치료하기 어렵다."

---

40 藤本淨彦, 앞의 책, 제1부 제2장 '결정신심의 세계' 참조.

41 1918년(대정 7년) 교토의 다이고지(醍醐寺) 산뽀인(三寶院)에서 발견된 『호넨상인전
   기(法然上人傳記)』(통칭, 『제호본』) 참조. 또 藤本淨彦, 「法然における惡人正機の思
   想」(藤堂紀念會 編, 『淨土宗典籍研究』 研究編, 491) 참조.

42 악인정기 사상이 신란의 말씀이라고 그 어록을 모은 『탄이초』 제3장에서 말해지고 있다
   는 점을 염두에 두고서, 그 기원은 이미 호넨에게서 찾을 수 있다는 점을 강조하는 것이다.
   그렇게 되면, 종래 호넨과 신란 사이에 불연속성이 강조되어 왔으나, 실제로 연속성의 관
   계로 보아야 한다는 것이다. (역주)

염불자의 이익에 대해서는, 다음과 같이 현재와 내세에 받는 이익을 정리할 수 있을 것이다.

① 다섯 가지 칭찬[43]을 받으며 두 부처님으로부터 남모르는 가호를 입는다: 현익(現益).

② 정토에 왕생하여 마침내 성불한다: 당익(當益).

③ 거두어 들여서 버리지 않으셔서 목숨이 다할 때 반드시 태어난다: 시익(始益).

④ 한결 같이 오롯이 아미타불을 염불함으로써 왕생하여 언제나 아미타불이 나타나심을 본다: 종익(終益).

3) 아미타불의 구제

'섭취불사': 미타의 본원을 결정적으로 성취하고, 극락세계를 장엄하며, 눈으로 둘러보고, 자신의 이름을 부르는 사람이 있는 지를 살펴보고, 귀를 기울여서 내 이름을 일컫는 자가 있는지, 밤이나 낮이나 듣고 계신다. 그것은 한 번만 일컫고 한 번만 염하더라도 아미타불이 아시지 못하는 일이 없다. 그것은 섭취의 광명이 우리 몸을 버림이 없고, 임종의 내영은 거짓말이 아닌 것이다.[44]

마음으로 왕생하고자 생각하고 입으로 '나무아미타불'을 일컬으며 소리에 붙어서 결단코 왕생한다는 생각을 해야 한다.[45]

---

43 당나라 선도대사의 『관경소산선의』에서는, 염불하는 사람은 호인(好人), 묘호인(妙好人), 상상인(上上人), 희유인(希有人), 최승인(最勝人)이라고 칭찬하였다. (역주)

44 『昭和新法全』, 588.

45 위의 책, 581.

살아서는 염불의 공덕을 쌓고, 죽어서는 정토에 가리라. 어찌되었던 이 몸으로는 걱정할 것이 없다고 생각한다면 죽어도 살아도 걱정할 것이 없다.[46]

다만 이름을 일컬어서 부처님의 내영을 기다려야 한다.[47]

이와 같이 아미타불을 인격적으로 활동하는 부처로서 파악하여, 삶에서 죽음으로 변함없이 살아가는 삶의 모습이 확실히 믿어져서, "걱정할 것 없는" 자기의 삶을 완수하는 것이, 바로 호넨이 설하는 구제이다.

VI. 호넨의 체험

1) 반은 금색(金色)인 선도와 대면: '부처-사람'인 선도를 꿈에서 만나다

호넨은 『선택집』을 비롯해서 많은 글에서 선도가 아미타불의 화신이고, 그의 주저 『관경소』는 아미타불이 직접 설하신 것이라고 말한다.[48] 또 호넨의 전기에는 꿈에서 선도와 대면하는, 이른바 '이조대면(二祖對面)'과 현몽의 일이 기록되어 있다. 거기서는 43세까지 만났던 선도의 저술만이 아니라 종교적 인격을 깊이 경모(敬慕)해 마지않는 호넨의 종교적 심정이 토로되어 있다. '허리 아래는 금색이고, 위는 보통과 같은' 선도가 호넨에게 전수염불을 널리 펼치기를 권고하였다. 선도는 반은 금색인 '부처-사람'이고, 아미타불의 화신일 뿐만 아니라 꿈에서 대면한 '부처-사람'[49]인 것이다. 이 사건은 ① 호넨이 중국 정토교의 조사

---

46 위의 책, 495.
47 위의 책, 453.
48 『선택집』 제16장의 결어(結語) 참조.

선도로부터 구전(口傳)을 받았다는 것, ② 불교에 있어서 '계시'의 의미, ③ 기독교에 있어서 '신-인'관계와의 대응 등 여러 가지 점에서 흥미 깊은 과제가 될 것이다.

2) 삼매발득(三昧發得)의 체험: 염불 심화의 필연적 결과

호넨은 평생토록 하루 6만 번, 말년에는 7만 번의 염불을 한 염불자이고 염불에 의한 공덕을 받아들였다. 선도에게 귀의하는 것은 그가 '삼매발득의 사람'이기에 '오직 선도에게만 의지한다(偏依善導)'라고 명언하였다. 호넨은 66세부터 74세에 걸친 염불행의 체험이 『삼매발득기』(三昧發得記)로서 남아 있다.[50] 칭명염불의 지속과 깊이 속에서, 정토의 장엄이나 모든 부처가 "마음대로 마음대로 자유롭게 나타나서", "눈을 닫으면 그것이 보이고 눈을 뜨면 그것이 사라진다"[51]고 했다. 이르바 염불삼매의 경지이고, 염불에 의한 삼매(samādhi)의 체험이다. 메이지(明治)·다이쇼(大正)시대의 정토종 승려 야마자키 벤에이(山崎弁榮, 1859-1920)가 호넨의 염불삼매 체험에 주목하여, 그 체험에서 '종조(호넨)의 가르침의 골수'를 보고서 '광명의 생활'을 제창했던 것은 주목된다.[52]

---

49 『法然上人行狀繪圖』(前揭書) 참조.
50 선도가 삼매를 얻었다고 해서 귀의한다고 말한 것은 그 자신 역시 삼매를 얻는 데 중점을 두었던 것으로 평가할 수 있다는 이야기다. (역주)
51 昭和新法全, 863-864.
52 山崎弁榮 口述, 『宗祖の皮髓』(光明會聖堂) 참조.

3) 호넨의 와카(和歌):[53] 구제 받은 심경

① 나는 다만 부처님을 언제 가는 만나리라. 마음속에 모시지 않는 날 없네.

② 아미타불과 마음은 서쪽에 있으니, 매미의 허물이 다 되어 버리면 소리가 시원하리.

③ 아미타불이라 일컫는 것만으로 정토의 장엄을 보는 것은 기쁜 일이지.

VII. 결론에 갈음하여

9세 출가, 15세 수계, 18세 구로다니 은둔, 43세 입교개종 그리고 전도교화(傳道教化)로 이어진 호넨의 생애는 그 자신의 구제 이야기이다. 언제나 문제로 삼았던 것은 '범부'왕생이고, "세 가지 배움을 감당할 수 있는 그릇이 아니다"라고 스스로를 깊이 응시했던 호넨은 스스로를 바로 죄악의 범부라고 자각하였다. 그러한 범부가 왕생하는 것은 아미타불의 본원의 힘에 의지하는 외에 방법이 없는 것이었다. 그것은 정히 왕생정토를 결정하는 행업(行業)인 칭명염불이고, "저 부처의 원을 따르기 때문"에 다름 아니다. 호넨은 그러한 '만기보익(萬機普益, 모든 사람들이 모두 평등하게 왕생할 수 있다)'의 가르침을 '대기설법(對機說法, 상대의 형편에 응하여 법을 설한다)'하였다.

---

53 일본 전통의 정형시로서 5.7.5.7.7 음절로 이루어진다. 그 음수율까지 살려서 옮기는 것은 대단히 어려운 일이다. 대강의 뜻으로만 옮길 수밖에 없다. (역주)

호넨은 정토에 왕생하기 위한 방법(행업: 칭명염불)을 언제나 강조했다. 예를 들면, "염불을 하면 저절로 세 가지 마음이 갖추어 진다",[54] "다만 한결 같이 염불하면 부처님께서 내영해 주시는 것은 정해진 이치(法爾道理)이다"[55]라고 하는 것처럼, "다만 한결 같이 염불해야 하는 것"(『일매기청문』)[56] 이외에 아무 것도 아니었고, 그 염불행이 점점 더 깊어지고 충실해지는 것이 염불삼매로 이어진다. 따라서 또한 "평생의 염불[57]이 죽으면 임종의 염불이 되고, 임종의 염불이 이어지게 되면 평생의 염불이 된다"[58]라고 이해하고, 더욱이 "거두어들여 주시는 이익을 받는 것은… 평생이다"[59]라고 하는 구제관이 있다. 이것은 또한 더욱이 "현세를 산다고 하는 것과 같은 것은 염불을 외울 수 있도록 해야 할 것이다"[60]라고 하는 생활태도를 취한다.

그것은 평생의 염불에 기반 하는 삶의 모습에서 확신을 얻은 사후(죽음의 모습)이고, 구제를 단순히 사후의 피안에 있다고 생각하는 것은 아니다. 이는 호넨 이전에는 사후의 왕생을 찬양한 『왕생전』(往生傳)류가 유행했지만, 호넨의 가르침이 출현하는 것을 계기로 해서 사라지게 되고, 호넨 이후에 다시 등장하고 있다는 것 그리고 에신(惠心)[61] 승도(僧都) 등이 활약한 섭관(攝關)시대[62]에 유행했던 임종행의(臨終行儀)[63]를

---

54 昭和新法全, 461.
55 위의 책, 462.
56 위의 책, 416.
57 평소 행하는 염불이라는 의미이기도 하다. 그 시간이 평생에 걸리기 때문에 평생의 염불이라 말하는 것이다. (역주)
58 昭和新法全, 686.
59 위의 책, 687.
60 원서의 각주에 출전이 기록되지 않았다. (역주)
61 앞에서는 겐신(源信)이라 하였다. 동일인물이다. 천태종의 승려로서, 『왕생요집(往生要集)』의 저자로서 호넨을 비롯한 후대 일본 정토교 발전에 큰 영향을 미쳤다. (역주)
62 천황이 살아있는데 천황을 대신하여 실권자들이 정치를 한 시대를 말한다. 섭관은 섭정과

호넨은 거의 계승하지 않았다고 하는 것으로 분명하다.

결국 호넨이 강조하는 구제는 인간의 사후의 일(사후의 왕생정토)에 한정하는 것만은 아니고, 오히려 칭명염불을 통해서 개개인이 살아가는 현실(실존) 안에서 아미타불의 구제를 받는 것이다. 아미타불의 구제를 받는 것은 아미타불의 본원의 작용인 광명에 섭취(攝取)되는 것이다. 그런 의미에서 평생의 염불에서 저절로 결정되는 구제의 확신이 자연스럽게 사후의 구원(왕생)으로 이어진다. 그것을 호넨은 '현재와 미래의 두 세상에서 이루어지는 처음과 마지막의 두 가지 이익'이라 말한 것이다.

관백을 줄인 말인데, 천황이 어려서 대신하는 사람은 섭정이라 하고 천황이 성인이 되었는데도 대신하는 사람은 관백이라 하였다. (역주)
63 임종할 때의 의식 절차. (역주)

코멘트와 토론(3)

코멘트 : 클라크 오프너

사회 : 오미네 아키라

오프너 우선 후지모토 선생님께 감사드립니다. 제가 코멘트 이야기를 들었을 때, 과연 불교학자가 쓴 글을 읽는다고 해서 이해할 수 있을까 걱정했습니다. 하지만 선생님께서는 대단히 이해하기 쉽게 써 주셨고, 지금도 잘 설명해 주셨습니다.

제가 호넨을 만난 것은 지금부터 40년 정도 전의 일입니다. 일본에 오려고 생각하고 신학대학의 졸업논문으로 무엇을 주제로 삼을까 생각했을 때, 미국의 주일대사였던 라이샤워(Edwin O. Reischauer, 1910-1990) 선생의 아버지가 뉴욕에서 가르치고 있었습니다. 그분은 원래 일본에서 선교사를 하셨습니다. 정토교를 상당히 잘 아시는 분이었는데, 그 분의 제안으로 저는 아미타 계통의 일본 불교와 기독교의 구원에 대한 비교 연구를 주제로 논문을 썼습니다. 그때는 주로 신란에 중점을 두고 썼습니다만, 후지모토 선생의 글을 읽으면서 새삼스럽게 생각된 것은, 호넨도 루터와 유사한 체험을 참으로 많이 했구나 하는 것이었습니다.

호넨과 루터

호넨은 겨우 13세 때에 히에이잔(比叡山)에 들어갔던 것 같습니다. 18세 무렵64부터 공부를 하면서 종래의 불교에 대하여 뭔가 부족함을 느껴서 그것과는 다른, 보다 쉬운 구원의 길을 찾았습니다. 루터도 가톨릭의 사제가 되었으나, 그 역시 그때까지의 전통적인 방식으로는 참된 평안을 얻을 수 없어서 새로운 길을 찾았습니다. 두 분 모두 스스로의 힘에 의해서가 아니라, 타력, 즉 신의 힘이나 아미타불의 힘에 의지해야 한다는 결론에 이르게 되었습니다. 그리고 그들은 그때까지의 전통으로 부터는 조금 떨어져서, 다른 방법을 강조했던 것입니다. 호넨의 경우는 43세였던 것 같습니다만, 루터의 경우는 34세 때 새로운 길을 개척했습니다. 그리고 두 분 모두 수행이나 의식(儀式)을 행하는 것보다는 다만 신앙만을, 신이라든가 아미타불을 신뢰하는 것을 강조합니다. 여러 가지로 박해를 받았어도 그들의 마음은 변함이 없었기 때문에, 여러 가지 의미에서 그들의 경험은 비슷했습니다. 결국 두 사람 모두 개혁자였고, 또 교리를 알기 쉽게 민중화했다고 생각합니다.

그렇지만 루터와 호넨 사이에는 여러 가지 차이가 있음도 물론입니다. 성격적으로 말하면, 호넨의 경우가 더 겸허하고 관용적이 아니었던가 생각합니다. 개인적인 성격인가, 민족성도 있는가는 알 수 없지만, 루터의 경우가 도전적이고 뭔가 전투적이었던 것으로 생각됩니다. 또 루터에 있어서 하나의 큰 문제는 신의 뜻이었습니다. 신의 심판을 두려워했습니다. 호넨은 그런 것은 아니었지만, 양자 모두 진리를 구하고 신앙에 의한 구원을 중심으로 가르쳤습니다.

또 두 사람 모두 구제에는 현재와 장래의 양면성이 있음을 주장하는 것도, 신앙에 의해서 모든 사람들이 다 평등하게 구원된다고 강조하는 것도 같다고 생각합니다.

구제의 내용을 생각하면, 이제 후지모토 선생이 말씀하신 것처럼, 죄

---

64 같은 히에이잔 안에서도 외떨어진 구로다니(黑谷)로 은둔한 것이 18세이고, 그곳에서 43세까지 25년 동안 구원의 길을 찾아서 대장경을 열람하게 된다. (역주)

도 소멸된다고 하는 말씀도 있습니다만, 죄라는 것은 무엇인가 라는 사고방식에서나 신앙의 대상인 신이라든가 아미타불에 대해서 여러 가지 점에서 차이가 있다고 생각합니다. 그래서 호넨의 구세(救世)의 사상에 대한 저 나름의 질문이라든가, 문제를 말씀드려 보고 싶습니다.

원시불교와 정토교의 관련성

예나 지금이나 제게 문제되는 것의 하나는 호넨이, 혹은 호넨보다도 중국의 선도가 가르쳤던 구원의 길이 실제로 본래의 불교와는 어떠한 관계가 있는가 하는 것입니다. 후지모토 선생님이 쓴 문장 중에서, "호넨이 설한 정토교는 범부가 구원되는 종교로서, 유형적으로는 '신'(아미타불)을 세우는 종교"라고 하는 말이 있습니다만, 그것은 재미있다고 생각합니다. 신을 세우는 종교와 석가모니의 종교는 어떠한 관계가 있는가? 지금도 저로서는 잘 모르겠습니다. 저는 2주 전에 태국에 간 일이 있었습니다. 태국에서는 이른바 상좌부(Theravada)불교와 일본의 대승불교는 대단히 다르다고 생각하고 있습니다. 태국에서 만났던 사람들의 입장에서 말하면 '일본의 불교는 참된 불교인가, 아니면 다른 종교라고 생각하는 것도 가능한가'라는 문제가 제기됩니다. 호넨, 선도의 사상과 석가모니의 사상 사이가 저에게는 확실하지 않습니다. 정토교가 사용하는 경전은, 제가 지금 자세한 것을 기억하지 못합니다만, 석가모니의 시대보다 수백 년 후에 이루어진 것으로 생각됩니다. 저『아미타경』을 비롯한 정토를 설하는 경전과 석가모니의 관계는 어떻게 되는가 하는 것이 하나의 문제입니다.

루터는 종교개혁자입니다만, 그 당시의 가톨릭교회와 다른 성서가 아니라 같은 성서를 쓰고 있었습니다. 그래서 그 하나의 기준이 되는 성전에 관해서 다만 해석이 다르다든가, 중점을 두는 바가 다르다든가, 혹은 강조점의 차이에 지나지 않는 것인지도 알 수 없습니다. 그래서 제가 문제로 삼는 것은, 호넨 혹은 정토교의 경전과 석가모니의 관계입니다.

또 경전만이 아니라, 보살이라든가 붓다 그 자체에 대해서도, 예를 들면 석가모니와 아미타불의 관계입니다. 선도는 아미타불의 화신이었다고 말해지고 있습니다만, 아미타불의 다른 화신도 더 있었던 것입니까? 예를 들면, 호넨도 혹은 그 뒤의 신란도 아미타불의 화신이라고 말할 수 있을까요, 보살이라고 말할 수 있을까요? 아마도 말해질 수 있으리라고 생각됩니다. 그렇다고 한다면 '붓다, 석가, 아미타는 선도 그 밖의 보살과 직접 어떠한 관계가 있는가' 하는 점이 하나의 문제라고 생각합니다.

법장보살의 서원과 역사성

법장보살의 이야기는 전설이라고 하면 좋을지, 신화라고 하면 좋을지 잘 모르겠습니다만, 루터나 기독교와의 차이는 그 역사성에 있습니다. 예수에 관해서, 특히 그 부활에 대해서는 여러 가지 해석이 있습니다. 그러나 예수의 역사성에 관해서는 그다지 의문은 없을 것으로 생각합니다. 저의 한 가지 문제는, '법장보살의 서원은 역사성이 없어도 통할 것인가' 하는 것입니다. 옛날에 논문을 썼을 때에도 그것을 문제로 삼았습니다. 서원, 본원을 영어로는 vow라고 합니다만, 법장보살은 누구에게 서원했던 것일까요? '아마도 스스로에게 서원했던 것은 아닐까'라고 생각합니다. 크리스챤은 신에게 맹서한다든가, 누군가 상대에 대해서 맹서합니다. 그러나 법장보살이 말하는 맹서라든가 서원은 누가 듣고서 그것을 인정했던가? 법장보살은 결국 아미타불이 되었으므로, 틀림없이 그 본원은 효과가 있었다고 말할 수 있겠지만, 다른 누군가의 맹서와는 본질적으로 다른 것일까요? 예를 들면, 나도 똑같이 맹서한다고 말할 수 있다면 똑같은 효과가 있을까요? 그러한 법장보살의 본원, 또 그에 의지하는 선도의 가르침, 호넨이라든가 신란의 신앙 또 그 신앙이 의지하는 근본에 관해서, 저에게는 확실히 의문이 있습니다.

법장보살 이야기의 근본은 인간이 보살이 되었다고 하는 것이고, 기독교는 그 반대로 신은 인간이 되었다고 말합니다. 자력으로 부처가 된 사람의 원에 의해서 누구라도 구원받는다고 하는 것이 저에게는 의문입니다.

또 한 가지 더, 호넨은 신앙에 의해서 구원받는다고 말했습니다. 그러한 신앙에 의한 구원과 행65의 관계가 문제입니다. 만약 참으로 신앙에 의해서, 아미타불에게 의지함에 의해서 구원된다면, 어찌하여 호넨은 하루 6만 번의 염불을 바쳐야만 했을까요? 거기에 대해서도 조금 의심이 있습니다. 신앙에 의해서 구원되는가, 아니면 행에 의해서 어떤 이익이 있는가? 저는 잘 모르겠습니다만, 정토교의 신자들은 염불을 외면서 다만 감사만 생각하는 것이 아니고 아마도 그 가운데 소원이 있는 것은 아닐까 생각합니다. 염불을 외는 것에 의해서 어떤 이익이 온다는 신앙도 있는 것은 아닐까라고 생각됩니다. 그리고 호넨 자신이, 저에게는 조금 생각할 수 없는 것이긴 하지만, 하루 6만 번, 7만 번을 외었다는 것은 뭔가 그것에 의해서 구원받고 싶다는 의식이 있었던 것 아닌가 모르겠습니다만, 저에게는 하나의 문제입니다.

또 여러 사원에, 예를 들면 찌온인(知恩院)에도 어영당(御影堂)66이

---

65 정토교에서 말하는 '행'은 기본적으로 '나무아미타불'이라 염부라는 것을 가리킨다. (역주)
66 찌온인은 교토시의 동쪽 구역 히가시야마(東山)에 있는 정토종 총본산이고, 어영당은 그 가장 중심에 있는 건물이다. 어영당은 호넨을 모신 조사전인데, 일본 정토불교의 총본산

라고 하는 건물이 있습니다. 거기서도 아미타불을 경배하는가, 아미타불과 호넨 스님의 관계는 어떤가? 가능하다면 조금 설명해 주시면 고맙겠습니다.

기독교가 선도에게 영향을 미쳤을 가능성

또 불교에서는 구제라고 하는 말을 그다지 쓰지 않는다고 말씀하셨습니다만, 혹은 기독교의 영향으로 구원이라든가 구제라고 하는 말을 사용하게 되었던 것인지도 알 수 없습니다. 그렇게 생각했을 때, 중국의 선도는 기독교의 영향으로 신앙에 의한 구원을 설하게 되었다고 주장하는 어떤 설을 떠올렸습니다. 그 설의 역사성에 대해서는 알지 못합니다. 선도의 가르침은 불교의 경전에서 나왔던가? 아니면 기독교의 영향을 받아서 그것을 받아들였던가? 그것에 대해서 어떤 의견을 갖고 계신지 여쭈어 보고 싶습니다.

또한 조금 놀랐습니다만, 『탄이초』에 있는 유명한 말이 여기서는 호넨 스님 자신의 언어로서 말해지고 있습니다. "선인도 왕생하거늘, 하물며 악인이겠는가."[67] 지금까지 저는 그것을 신란의 말, 『탄이초』의 말이라고 생각했습니다만, 그 역시 호넨의 말씀이라는 것을 읽고서 놀랐습니다.

에는 아미타불을 모신 법당보다 그 종파의 개조를 모신 어영당이 더욱 크고 중심에 자리하고 있다. (역주)
[67] 신란의 어록을 기록하고 있는 『탄이초』 제3장에서는 신란의 말씀으로 나온다. (역주)

신의 이름인 '아미타불'

그리고 마지막으로, 이 발표를 듣고서 재미있는 상상을 했습니다. 예수회의 자비에르가 어느 때 기독교의 신을 나타내는 말로서, '대일'(大日)이라는 말을 썼던 것 같습니다. 그것은 일시적인 일이었습니다만, 만약 자비에르가 '대일' 대신에 '아미타'를 썼더라면, 재미있는 결과가 되었을지도 모릅니다.

이것으로 저의 코멘트를 마치고자 합니다.

신을 내세우는 종교

오미네 지금 여러 가지 문제점을 지적하셨습니다만, 가장 기본적이라고 생각되는 것은 호넨의 정토교 중에서 특히 후지모토 선생이 말씀하신 것처럼, 정토의 유상성이라든가 혹은 아미타불의 인격성, 역사성이라고 하는 점이, 예를 들면 신란 등과 비교하면 비교적 그런 점이 직접적으로 강조되는 것 같은 면이 있다고 생각합니다. 그렇다면, 그것이 대승불교 일반의 근본적인 입장과 어떠한 관계가 있는가? 또한 유형으로서는 '신을 세우는 종교'라고 하는 정도로 규정되었습니다. 그것은 결국 기독교와의 관계에서 문제점을 잉태합니다. 여러분께서 가장 듣고 싶은 것은 바로 그러한 점일 것으로 생각됩니다. 하여튼 지금의 코멘트에 대해서 대답을 해주실 수 있는지요?

후지모토 오프너 선생님이 40년 전에 호넨과 만나셨다고 하는 것까지도 포함해서 깊은 이해를 보여주셨습니다. 그 중에 저의 발표에서 미처 언급하지 못한 점이 여러 가지로 있었기 때문에 생기는 질문이어서 송구스럽습니다만, 하나하나 대단히 큰 문제라고 생각합니다.

그래서 우선 유상성이라든가 인격성이라는 문제점을 드러냈습니다만, 그 중에 석가모니의 불교와 정토교 사이의 관련성이라는 문제를 말씀하셨습니다. 어제 시가라키(信樂) 선생님도 지적하신 것과 같은 면이 있지 않나 생각됩니다. 어째서 그런가 하면, 결국 대승불교는 고타마 붓다의 성불이라는 것을 원천으로 해서 그리고 그 이후 그러한 원천에 대한 추모, 경모의 염과 동시대 의식, 그러한 것들이 하나의 에너지가 되어서 대승불교가 되었다고 하는 것이 있는 것 아닐까 생각합니다. 그런 것을 어제는 시가라키 선생님도 스투파(stupa, 탑) 신앙[68]으로부터 논하셨다고 생각합니다. 그리고 정토삼부경 등의 대승경전을 읽으면 '출세(出世)의 본회(本懷)'라고 하는 것이 반드시라고 말해도 좋을 정도로 모티브(motive)가 되고 있는 것입니다. 이 세상에 나온 본회, 혹은 의미라고 할까요? 거기에 담겨져 있는 목적은 무엇인가 라는, 그것이 경전 중에서 말해지고 있다고 하는 것이 대승경전의 특징일 것으로 생각됩니다. 『무량수경』 등에서는, "군맹(群萌)을 구제하기 위하여"라는 식으로 나오고 있습니다. 그리고 그것이 이야기(신화)라고 한다면 이야기가 될 것입니다만, 과거불의 하나하나가 말해지는 중에 세자재왕불(世自在王佛) 당시에 국왕이 있었는데, 출가해서 법장(法藏)이라고 이름한다. 이러한 형식으로 나오기 때문에, 그곳에는 말하자면 대승경전이라고 하는 것의 특징이 고타마 붓다의 불교와 어떻게 연결되는가 하면, 그것은 지금 말씀드린 것과 같이 출세의 본회라고 말해지는 것과 동시에, 법장보살의 출현과 그 이야기의 구조는 어제도 시가라키 선생이 말씀하셨습니다만,

---

68 이 책은 1990년에 출판되었다. 그 당시에는 대승불교의 기원에 관한 학설로서, 히라가와 아키라(平川彰)가 주창한 불탑신앙 기원설이 주류였다. 하지만 지금은 그러한 설은 그다지 지지받지 못하고 있다. (역주)

고타마의 출가와 겹쳐지고 있는 점은 있습니다. 그런 점에서 하나의 접점이라고 할까요? 그런 점을 지닐 수 있다고 말할 수 있는 것은 아닐까요? 이렇게 생각합니다.

그런데 한편, 불교에서 말하는 자력과 타력이라고 하는 것에 대하여 생각해 보면, 결국 고타마 붓다를 이해할 때 직접 자료가 되는 경전[69]과 대승경전 사이에는 지금 말씀드린 것과 같은 차이와 연속성이 동시에 있는 것처럼 생각됩니다.

그리고 죄라고 하는 것에 대해서입니다만, 적어도 기독교에서 규정하는 것과 같은 죄는 아니라고 생각합니다. 오히려 이렇게 살아가고 있다는 것이 죄악의 생사라고 하는 죄의식이라고 할까, 그런 것이 있는 것처럼 생각됩니다. 결국 상몰상유전(常沒常流轉)이라고 말할 수 있는 것이 이미 죄인 것처럼 생각됩니다만, 이에 대해서는 아직 가르침을 받아야만 하는 것도 있다고 생각합니다.

경교(景敎)가 영향을 미쳤을 가능성

또 선도에서 호넨으로 전개되는 흐름 중에서, '선도의 정토교라고 하는 것이 불교의 흐름 중에서는 특별한 것은 아닌가'라는 것도 흔히 말해집니다. 그 이유는 앞에서 말씀드렸던 것처럼, 아미타불을 세운다고 하는 것이 대단히 확실하게 나타나기 때문입니다. 선도의 시대라고 하면, 수도 장안에서는 이른바 네스토리우스파, 즉 경교가 전성기였던 시대입니다. 그때의 일을 저는 상당히 자세하게 조사해 보았습니다. 그 결과 스튜워드라고 하는 사람의 『경교동점사』(景敎東漸史, 原書房 간행)였던

---

[69] 초기 경전이 그에 해당할 것이다. (역주)

것 같습니다만, 선도 당시의 정토교를 믿는 사람들은 경교의 승려들과 만났다는 것까지 언급하고 있었습니다. 일본 사람 중에서는, 예를 들면 츠카모토 젠류(塚本善隆, 1898-1980) 선생이나 노가미 슌죠(野上俊靜, 1907-1994) 선생, 그런 분들의 중국 정토교 연구 중에는, 그런 일은 없었다고 딱 잘라 말했습니다. 현재 저의 입장은, 사키에 요시로(佐伯好郎) 선생에게 『경교의 연구』(名著普及會)라는 대저(大著)가 있습니다만, 그 책 밖에는 알지 못합니다만, 아마도 뭔가 거기에, 당시 장안은 이른바 세계 문화의 용광로였다고 말해도 좋다고 생각합니다만, 그 부분이 아무래도 잘 알 수 없는 것으로 생각됩니다. 아무래도 네스토리우스파는 이단입니다. 따라서 자료도 적은 것이겠지요. 그 문제는 선생님께서 지적해 주신 부분도 예상하고 있습니다.

석가불과 아미타불

또 석가불과 아미타불의 관계에 대해서입니다만, 확실히 정토교에서는 석가불 보다도 아미타불이 중점적으로 설해지고 있습니다. 구제에 대해서 말한다면 특히 그렇습니다. 그러나 선도의 문장에서는 "이제 두 분의 가르침에 의지하여 널리 정토의 문을 연다"라 말하고 있습니다. 이렇게 말하고 있는 것이 역시 기본이 된다고 말할 수 있겠지요. 또 구제라고 하는 점에서 대단히 상징적이라고 생각됩니다만, 선도가 『관경소』(觀經疏)에서 '이하백도(二河白道)의 비유'라고 하는 것을 설합니다. 불의 강, 물의 강이 있고, 거기에 한 줄기 하얀 길이 뚫려 있다. 행자는 그 하얀 길을 통해서 강을 건너간다. 그때 행자는 등 뒤쪽에서 "저 건너로 가라"고 하는 소리를 듣게 됩니다. 이는 석가불이 권하는 소리입니다. 그리고 저 건너에서는 "이쪽으로 어서 오세요"라는 소리가 들립니다. 이것은 아미타불의 소리입니다. 그 소리가 들리는 것은, 벌써 '스스로 이 하얀 길을 걸어갈 수밖에 없다'라고 결단했을 때입니다. 대단히 중요한 비유라고 생각됩니다. 그 하얀 길은 왕생을 원하는 중생의 마음을 비유하고 있다고 말할 수 있겠지요. 그러한 점도 생각해 본다면 좀 더 이해할 수 있지 않을까 생각됩니다만, 그런 까닭에 석가불과 아미타불에 대해서는 지금 말씀드린 것과 같은 것이 기본이 되어 있다고 할 수 있습니다.

신앙과 행

다음, '신앙에 의해서 구원된다면 왜 행을 그렇게 해야 하는 것일까'라는 문제입니다. 앞에서 조금 말씀드렸던 것처럼, 범부는 소리를 내서 나무아미타불이라 일컬을 수밖에 없는 것으로 말해지고 있습니다. 거기에서 큰 문제가 제기됩니다. 그것은 많이 칭하면 칭할수록 좋은 것일까? 염불이 양의 문제로 말해지게 되는 것입니다. 그래서 호넨 문하의 제자들은 다양한 생각을 제기하였습니다. 일념의(一念義)라든가, 다념의(多念義)라든가, 제행본원의(諸行本願義)라든가, 신란의 일향의(一向義)[70] 등 여러 가지 생각이 나왔던 것입니다. 그래서 호넨 이후 그러한 해석을 둘러싸고 여러 가지 문제가 일어났습니다. 선생님께서 지적하신 점은

---

[70] 일념의는 '나무아미타불'이라고 단 한번 염하는 그 순간에 왕생이 결정된다는 입장으로서, 코사이(幸西, 1163-1247)의 주장이었다. 다념의는 '나무아미타불'을 많이 염하는 것이 왕생의 올바른 방법이라는 입장인데, 류칸(隆寬, 1148-1228)의 주장이다. 제행본원의는 염불만이 아니라 모든 수행이 다 정토에 왕생하는 길이라는 입장인데, 쵸사이(長西, 1184-1266)의 주장이다. 신란의 일향의는 아미타불을 오롯이 믿는 것만으로 왕생이 결정된다는 입장이다. 이 중에 일념의와 제행본원의는 호넨의 가르침과 배치되는 것으로 평가되면서, 일찍 그 흐름이 끊어졌다. 다만, 일념의는 신란에게 영향을 미친 것으로 생각된다. (역주)

역시 호넨 이후에 대단히 큰 문제가 되었던 것입니다.

어영당과 조사신앙

다음, 어영당이 중심이 되고 있다는 점입니다만, 이것은 역시 일본 불교의 특징을 나타내고 있는 것이라 생각합니다. 조사신앙(祖師信仰)이 중심이 되고 있어서 일 것입니다. 그러나 반드시 사찰 경내에는 아미타당과 함께 석가당이 있습니다. 작기는 합니다만….71

마지막으로, 시간이 얼마 없습니다만, 신란의 『탄이초』에 나오는 "선인 역시 왕생하거늘 하물며 악인이겠는가"라는 말에 대해서입니다. 이 말은 1918년(大正 7년), 교토의 다이고지(醍醐寺) 산뽀인(三寶院)에서 나온 『제호본(醍醐本) 호넨 스님 전기(法然上人傳記)』중 '삼심료간(三心料簡) 및 법어'에서 나오는 말씀입니다. 호넨이 말씀하신 것으로서, 호넨을 오랜 동안 모셨던 제자에 세이칸 겐치(勢觀源智)라는 승려가 있었습니다만, 그 겐치가 기록해둔 것으로 생각됩니다. 그 중에 "선인 역시 왕생하거늘 하물며 악인이겠는가"라고 하는 것에 대하여, "구전되는 것에 이러한 말씀이 있다"라고 나옵니다. 이 기록은 그다지 주목되지 못했습니다만, 실은 최근 2, 3년 동안 저는 이 제호본에 대해서 서지학적으로 여러 가지를 정리해 왔습니다. 그 결과 호넨의 말씀으로 언급하는 것이 가능한 것은 아닐까 라는 견해에 도달하였습니다. 역으로 호넨의 말씀으로는 "죄인 역시 (가서) 태어나거늘, 하물며 선인이겠는가"(「구로다(黑

---

71 교토에 있는 정토종의 총본산 찌온인(知恩院)을 가보면, 그 절의 가장 중심부에 있는 가장 큰 전각은 정토종 종조 호넨을 모시고 있는 어영당이다. 석가당과 아미타당은 절의 경내에 있기는 하지만, 어영당 보다는 훨씬 작다. 이러한 점은 일본 불교가 조사신앙을 중심으로 한 종파불교이기 때문이라고 할 수 있다. (역주)

田)의 성인에게 주는 글」)라는 것도 있는데, 이미 유명합니다. 그러므로 그러한 양면성72에서 호넨이 이른바 악인정기 역시 이미 강조하고 있었던 것은 아닌가. 이와 같이 저는 생각하고 있습니다.

오미네 그러면 이제는 시간이 다 될 때까지 자유롭게 토론해 주시길 바랍니다.

브라후트 작은 질문입니다만, 호넨 스님은 아미타불을 보신(報身)으로 본다고 말씀하셨지요? 역시 아미타불의 인격성과 연결되는 것은 아닌가 라고 생각합니다만, 그 외에 호넨이나 신란이나 다 똑같이 법성법신(法性法身)과 방편법신(方便法身)을 구별하는 것입니까?

후지모토 불신론에서는 언제나 보신이 중심입니다. 단순한73 것으로 생각됩니다.

꿈의 중요성

운노 호넨의 시대에는 꿈이라는 것이 종교체험 중에서 대단히 중요한 위치를 점하고 있었던 것으로 생각됩니다. 신란에게서도 그렇고, 유명한 묘에(明惠, 1173-1232)74에게는 특히 중요한 것으로 생각됩니다. 선생님

---

72 양면성은 호넨이 선인정기설(善人正機說)과 악인정기설(惡人正機說)을 모두 말했다는 점을 가리킨다. (역주)

73 법성법신과 방편법신은 구별해서 말하지 않는다는 말이다. 다만, 아미타불이 보신이기에 보신만을 말할 뿐이라는 이야기다. (역주)

74 화엄종의 고승으로서, 꿈을 기록한 책『몽기(夢記)』를 남겼다. 호넨의 염불에 대해서는 강하게 비판하였다. (역주)

의 발표 중에 호넨의 꿈이 "후세의 정토종 교의에 큰 의미를 부여한다"라고 하셨습니다만, 그것은 어떠한 의미입니까? 조금 자세하게 설명해 주실 수 있는지요?

후지모토 이조대면(二祖對面)이 그것입니다. 첫째는 호넨의 가르침이라고 하는 것은 선도의 가르침 이외의 다른 것이 아니라는 관점이 나타난 있습니다. 2조가 되는 벤쵸(弁長, 1162-1238)라는 스님은 '선도종(善導宗)'75이라는 말까지 부여하고 있습니다. 또 다른 하나는, 선도와 호넨은 시대가 달라서 만났을 리도 없으며, 또한 호넨이 중국에 갔던 적도 없지만, 여기에 하나의 연결고리, 스승과 제자가 서로 이어진다(師資相承)고 말할까요, 그런 것을 만들어 냈다고 하는 의미가 있는 것은 아닐까 합니다.

운노 꿈 그 자체를 중요한 것이라 생각했던 것이 아니라….

후지모토 그렇습니다. 지금 선생님께서 말씀하신 것처럼, 꿈이라고 하는 것으로만 파악한다면, 신란의 경우에도 록가쿠도(六角堂)76에서의 체험이 있고 대단히 재미있는 주제가 되는 것은 아닌가 생각합니다만, 꿈 그 자체에 대해서는 여기서는 언급하지 않았습니다.

---

75 정토종 제2조 벤쵸는 큐슈지방에서 교화를 펼쳤는데, 그가 지은 절 '선도사'는 지금도 있다. (역주)
76 교토 시내의 작은 절. 신란은 이곳에서 백일기도 중 95일째 밤에 관세음보살을 꿈에서 만난다. (역주)

염과 소리는 하나

고쿠부『관경』에서는 소리라고 하는 것을 하나의 특징으로 파악되고 있습니다. 선도의 경우에는 소리를 내서 염불을 일컫는다고 말하지만, 만약 소리가 나오지 않는 경우에는 어떻게 되는지요? 그래서 호넨은 "염하는 것과 소리는 하나(念聲是一)"[77]라는 말을 하기 시작했던 것은 아닌가요? 염하는 것과 소리가 하나라는 것은 소리를 낼 수 없는 사람에게도 염불을 하는 것이 가능하다는 것을 말하고 싶었던 것은 아닐까요? 또 역으로 말하면, 본래 염하는 것과 소리가 하나라고 하는 것은 호넨이 본래 생각했던 방식이었으며, 선도가 말한 '소리'의 의미를 호넨은, 이른바 육성(肉聲)은 아닌 것으로 이해했든지, 소리가 먼저인데 소리를 낼 수 없었던 사람을 위해서 염하는 것을 말하면서 염하는 것과 소리가 하나라고 말하기 시작했던가? 염하는 것과 소리가 본래 하나이기 때문에 이른바 육성이 아닌, 염이 그대로 소리라고 하는 의미에서 '소리'라고 말해져 왔던가? 그것은 어떻게 되는 것입니까?

후지모토 저의 추측입니다만, 선도는 염하는 것과 소리가 하나[78]라고 한 것이라 생각했다고 보입니다. 지금 선생님께서 말씀하신 것처럼, '소리를 낼 수 없는 사람은 어떻게 되는가'라는 것과 같이 생각해서는 안 될 것으로 보입니다. 그러나 호넨은 '평등'이라고 하는 것도 강조하여 말하고 있기 때문입니다. 당연히, 지금 선생님께서 지적하신 것도 중요하다고는 생각합니다. 그것이 '염하는 것과 소리가 평등이라는 차원에서 통할 수 있다', 선생님께서 지적하신 바로 생각하면 그렇습니다. 그런 점이 말해질 수 있는

---

77 호넨의 주저『선택본원염불집』제3장에 나온다. (역주)
78 본래 하나라고 본 것으로 후지모토는 이해한 것이다. (역주)

것은 아닌가 합니다.

　테라가와 제18원에서 본원의 핵심을 표현하는 말에, "지극한 마음으로 믿고 좋아하며, 나의 나라에 태어나고자 해서 내지 십념(十念)을 한다면"이라고 하는 것이 있습니다. 동시에 선도가 이해한 독자적인 본원 해석 중에는 본원의 핵심을 "내 이름을 일컬어서 아래로 십성(十聲)[79]에 이른다면"이라고 파악하고 있습니다. 그러므로 주된 소의경전인 『무량수경』에서 '내지 십념'을 요구하고 있는 것은, 선도가 감득(感得)한 본원으로 말한다면 "아래로 십성에 이르기까지"가 되는데, 전자와 같은 것이라고 말할 수 있습니다. 그러한 본원의 핵심을 나타내는 경전의 말로 해석을 하고, 동시에 『관경』의 가르침에 서서 말하면 "지극한 마음으로 믿고 좋아하며, 나의 나라에 태어나고자 해서 내지 십념(十念)을 하라"고 하는 것은, 나무아미타불을 일컫는 것에 다름 아닙니다. 그러한 해석이, 그러한 말이 되었을 것으로 생각합니다. 즉 본원은 중생에게 무엇을 요구하고 있는가에 대한 이해의 문제가 아닌가 생각합니다. 본원을 소리의 비유[80]로서 나타내고 있다고 하는 것은 대단히 의미 깊은 것이라 생각합니다.

　고쿠부 선생님께서 정토진종의 입장에서 말씀하신 것도 잘 알겠습니다만, 호넨의 경우는 후지모토 선생님이 말씀하신 것처럼, 『관경』의 소리로부터 선도의 소리로 진전해 온 것이군요. 그리고 염하는 것과 소리가 하나라고 하는 것을 말하지 않으면 안 되는 것으로 되었던 것이군요. 지금 테라

---

79 선도는 『무량수경』의 십념을 십성, 즉 열 번 '나무아미타불'을 부르는 것을 뜻한다고 해석한 것이다. (역주)
80 이하백도(二河白道)의 비유에서 저 건너 언덕에 있는 아미타불이 중생에게 오라고 부르는 소리. (역주)

가와 선생님께서 말씀하시는 정토진종의 의미에서는 잘 이해됩니다.

테라가와 제가 말씀드린 것은 선도의 입장입니다. 진종의 입장이 아니라….

후지모토 『대경』의 '십념'에 대한 해석, 십념을 십성으로 이해하는 선도의 해석이 나오는 것입니다. 따라서 염하는 것과 소리 그리고 『관경』에서의 소리, 이것이 하나로 연결되어 있다고 하는 것이 선도의 레벨이라고 생각합니다. 그러나 선도는 호넨처럼 확실히 말하고 있지는 않습니다. 염하는 것과 소리는 하나라고 하는 것을 말하지는 않습니다.

테라가와 염하는 것과 소리는 하나라고 하는 것은 호넨의 이해인 것이지요.

법장보살의 역사성

오프너 법장보살의 역사성에 대해서는, 그다지 문제로 삼아오지는 않았지요?

후지모토 종래에는 그렇습니다.

오프너 예. 그러므로, 그것은 문제가 아니라고 말해져 왔습니다.

후지모토 정토교에서 역사성이라는 것은, 『대경』에 나오는 법장보살의 서원성취 이야기 중에서 역사성은 초역사성이라고 할까요? 오히려 정토교에 의해서 확립된 역사성이라고 하는 것을 강조할 필요는 있는 것이 아닐까 생각하고 있습니다.

오미네 그 문제는 언제라도 문제가 된다고 생각합니다. 역사성이 있는가, 없는가? 그러나 그런 경우에, 도대체 역사성이라고 하는 것이 무엇인가 하는 점을 생각하지 않고, 시간과 공간의 일이 역사라고 말하는 것으로부터 출발하면, 법장보살은 역시 가공의 존재가 됩니다. 예를 들면, 예수의 부활과는 다른 것이 되겠지요. 그런데 문제는 '역사라고 하는 것의 근거, 역사라고 하는 것을 성립시키는 근저가 단순히 역사 속의 사건에만 있는가? 역사적인 것을 성립시키는 것 역시 동시에 역사 속에만 있다고 말할수 있는가? 어딘가 역사를 초월해 가면서 역사의 기초가 될 수 있을 것 같은, 그러한 것이 있는 것 아닌가'라는 문제가 나오리라고 생각됩니다. 그런데 그러한 '역사라는 것은 무엇인가'라는 문제를 생각하는 하나의 실마리에 법장보살이라는 존재를 생각할 수 있습니다. 그러므로 문제는 그것이 역사적인가, 어떤가 하는 것이 아니라, "'역사적'이라고 하는 것을 어떻게 생각할까"라고 하는, 그러한 차원의 문제라고 생각하는 것입니다. 하이데거였던가요? 역사(Historie)와 실존사(Geschichte)를 구별하지요.

브라후트 서양인의 사고방식으로는 아무래도 역사를 통하지 않는 것은 실재성을 갖고 있지 않다는 느낌이 강합니다. 오프너 선생님이 제기한 문제는, 모든 서양인이 정토교를 만나면 똑같이 부딪치는 문제입니다. '구원의 토대는 어디에 있는가'라는 것입니다. 어떻습니까? 미국에 있는 진종의 경우에는 그런 문제는 그다지 나오지 않는 것입니까?

운노 앞의 코멘트에 나왔던 여러 가지 문제 — 아미타불과 석가불, 법장보살의 진실성, 이러한 것들은 전부 문제입니다. 진종학(眞宗學)에서는 가장 큰 문제라고 생각합니다. 여기에 대답하기 위해서는 역사라는 것은 무엇인가를 생각해야 합니다. 우리들이 생각하고 있는 역사라는 것은, 인간 중심의 역사입니다. 그러나 본래 의미의 역사는 자연도 들어가고, 모든 중생, 벌레도 들어갑니다. 그러한 역사를 우리들은 진지하게 생각하고 있는가 어떤가? 만약 지금까지 생각하고 있는 인간 중심의 역사, 혹은 '생'만의 역사라면 대답은 하나 밖에 없다. 참된 역사라고 하는 것은 인간 중심이 아니라, 모든 중생, 자연도 들어갑니다. 그렇기에, 다만 '산다'고 하는 것만이 아니라 '죽는' 것도 역사의 일부인 것처럼, 역사 그 자체의 근저를 다시 생각하지 않으면, 만족스런 답은 나오지는 않는 것은 아닐까 생각합니다.

기독교의 역사성

테라가와 기독교의 역사성이라는 것은, 계시가 십자가 위에서 죽은 예수라고 하는 형태로, 인간의 역사 중에 형태를 취했다고 말하는 것입니까? 기독교에서 역사성이 대단히 강조되는 의미는….

야기 모모세 선생의 생각은 아마도 다르기 때문에, 그다지 우리가 말하지 않는 것이 좋다고 생각합니다만, 여러 가지가 있다고 생각합니다. 결국 예수의 죽음과 부활이라고 하는 것이 구제의 근거인 이상, 그것은 실제로 일어났던 것이 아니어서는 아니 될 것입니다.

테라가와 이 세상의 사실로서….

야기 예. 그런 의미가 하나 있다고 생각합니다. 최초로부터 있었다고 생각됩니다. 다만, 어쨌든 그것은 2천 년 전의 일이기 때문에, 근대, 특히 유럼에서 일어난 역사의식이라는 점에서 다시 생각하면 아무래도 갭(gap)이 있게 됩니다. 결국 실증주의적 역사 이해—시간과 공간 속에서 객관적으로 일어났던 검증 가능한 사실이라고 하는—, 그러한 실증주의적 역사관과는 다른 의미의 역사일 것입니다. 다만, 실증주의적 역사관으로부터 성서를 다시 보는 경우에는 도대체 어디서부터 어디까지가 실증주의적 의미의 사실이었던가 라는 것은 당연히 묻게 됩니다. 또 물어야만 하는 것으로는, 그러한 것으로부터 끝까지 파고 들어가면 예수의 경우가 됩니다. 예수가 존재했다고 하는 것은 벌써 의심하는 사람은 없다고 생각합니다. 다만 그 이전에 '예수가 무엇을 말했던가, 무엇을 하였던가'라고 하는 것이 되면, 이것은 벌써 연구자들 중에는 익히 아는 이야기입니다. 물론 어느 정도 기초적인 것은 일치하고 있습니다만, 그 외에는 대단히 엇갈리고 있고, 특히 기초적인 사실에 대해서도 그렇습니다. '예수가 있었다'든가, '예수가 신의 나라를 선포했다'고 하는 것조차 실은 개연성 밖에 없는데, 직접적으로 확실하게 할 수 있는 것은 아니기 때문입니다. 역사적인 사실성이라고 하는 것은 사실 개연성을 벗어나는 것은 아닙니다. 그런 의미에서 생각하면, 예수의 역사성이라고 하더라도 소크라테스의 역사성이 확실한 만큼 확실한 것은 절대로 아닙니다. 사료에 의해서 재구성될 수 있다고 하는 개연성의 일에 지나지 않는다고 생각합니다. 그러므로 실증주의적 의미에서 역사를 문제로 삼는다고 하는 시각과 신앙의 근거이기 때문에 그러한 사실성을 주장한다고 하는 것은 대단히 잘못된 것입니다. 그러므로 그것은 역시 구별해서 생각하는 것이 좋지 않을까 합니다. 다만 앞에서부터 말씀드린 바와 같이, 복음서에는 예수의 죽음, 대속(代贖)의 죽음입니다. 그리고 부활이라고 하는 것이 시간과 공간 중에 일어났던 사건으로 묘사되고 있습니다. 그것은 보통 말하는 역사학이라는 점에서부터 본다면, 이것은 신약의 비판적인 연구자들 사이에는 대부분 일치하고 있는 것으로 생각합니다만, 마리아의 처녀 수태라는 것을 포함해서 '부활' 이야기는 성자전설(聖者傳說)이라고 생각하는 쪽이 좋으리라고, 그렇게 생각됩니다. 불교에도 성자의 부활 이야기, 빈 관의 이야기가 매우 많습니다(『양고승전』). 그러므로 기독교 자체도 역사적 종교라고 말씀드릴 수는 있습니다만, 그 부분은 대단히 미묘한 점이 매우 많으리라 생각됩니다.

다시 법장보살의 역사성에 대하여

그러면 법장보살의 경우는 어떻게 된 것일까요? 확실히 말해서 그러한 실증주의적 의미에서 역사적 사실은 아니라 해도 별로 관계가 없는 것은 아닐까 합니다. 정토교의 경우에는….

테라가와 대승경전이 경전문학이라고 하는 문학의 형식을 취하여, 일종의 이야기, 어른들의 동화인 것처럼 느낄 수 있는 이야기로 말하는 것이므로, 그것을 곧 사실(事實)로서 있었다고 생각하는 것은 불가능하고, 불필요합니다.

야기 전혀 필요 없다고 생각합니다.

테라가와 다만 전생의 석가모니에 대해서는 자타카(jātaka, 本生譚)가 있었지요. 법장보살의 이야기도, 대승의 자타카라고 하는 정도의 의미입니다. 다만 신란이 그것을 어떻게 읽었는가를 묻는다면, 아마도 그런 것은 아니었다고 생각합니다. 결국 인간이 신앙을 얻는 것에 대해서는 거의 무한이라고 해도 좋을 원인이 있다. 신앙을 얻는 데 이르는 길이 있다. 그것을 법장의 발원, 수행, 성취, 거기에서 읽을 수 있기 때문에….

야기 당연히 그렇다고 생각합니다만, 다만 5겁의 사유[81]라고 말하더라도, 1겁의 길이를 계산해 본 일이 있습니다. 우주의 역사는 빅뱅으로부터 150억 년이라고 합니다만, 그 이상으로 더욱 더 긴 시간입니다. 1겁만으로도…. 하물며 5겁의 사유라고 말하면, 사실적인 역사라고 하는 점에서 말하면 문제가 되지 않고 맙니다. 아마도 역사적 사실성이라고 하는 것은 정토교의 경우에는 문제가 되지 않으며, 넓은 의미에서의 신화입니다. 신화라고 말하더라도, 특별히 비난할 일이 아니라 해석되어야 할 유의미성(有意味性)이라는 뜻에서 말씀드리고 있는 것입니다….

테라가와 후지모토 선생님께서도 말씀하신 것처럼, 선도가 이존교(二尊教)를 말하고 있지요. 석가, 미타 두 여래가 정토교라고 하는 불도(佛道)를 지탱하고 있는 것이라고 말입니다. 미타에 대해서는 수행할 당시의 법장 이야기가 『대경』에서 말해지고 있지만, 석가모니에 대해서는, 이 분은 역사적 실재입니다.

야기 다만 석존이 정토삼부경을 설했다고 하는 것은 역사적 사실이라고 생각할 수 없기 때문입니다.

대승비불설(大乘非佛說)

테라가와 그것은 대승비불설의 주장입니다만, 그 문제는 불설이라는 것은 무엇인가? 불설에 의해서 열린 불교는 무엇인가? 이것은 대승흥기의 시대, 3세기인가 4세기경입니다만, 충분히 의논되고, 거의 끝나고 있는 문

---

81 『무량수경』에서는 법장보살이 아미타불이 되는 데 걸리는 시간을 5겁으로 말하고 있다.
　(역주)

제라고 생각됩니다만….

야기 대승비불설이라 하더라도 특별히 무관하겠지요, 불교로서는….

테라가와 무관합니다. 불교는 무엇인가 라고 하면, 석가모니가 말한 가르침, 그런 것에 고집해서는 아니 된다는 것 정도의 유연한 이해이기 때문입니다.

야기 그렇다고 생각합니다. 기독교의 경우에도 어느 의미에서는 사실성이라는 것을 결국 중시하여 생각할 필요가 있습니다. 예수의 경우 상당히 사료가 확실하기 때문에 앞서 말씀드린 것처럼 예수의 실재를 부정할 필요는 전혀 없다고 생각됩니다. 다만, 신앙의 근거를 어디에서 구할 것인가라는 점에서, 저는 역사적 사실성이라는 것에 그다지 고집하지 않는 것이 좋지 않는가 생각합니다. 이에 대해서는 모모세 선생은 반드시 반론이 있으리라 생각합니다.

모모세 말씀하신 그대로입니다. 야기 선생님께서 말씀하신 것처럼, 예수의 죽음과 부활이 구원의 근거를 갖는다고 한다면, 그것은 실제로 일어난 일이 아니면 아니된다는 것입니다. 물론, 예수의 부활이라고 하는 것과 시간과 공간 중에서 검증 가능한 이른바 역사적 사실과는 역시 확실히 구별하지 않으면 안 된다고 생각합니다. 그것이 아니라면 곧, 부활의 문제는 역사적 사실인가 아닌가의 문제가 됩니다. 검증 가능한 일을 역사적이라 부른다면, 저도 물론 예수의 부활은 역사적인 것은 아니라고 말씀드리겠습니다. 다만 그것이 어떻게 체험되었던가, 어떠한 사건으로서 사람들에게 믿어졌던가, 그러한 신앙의 내용은 별도로 하더라도, 어떠한 형태로 인간이 숨 쉬고 있는 이 시간과 공간 중에 부여된 것이라고 하는 것—계시라고 말해지는 것[82]—이 그런 것입니다만, 이를 부정하면 신앙은 근거가 없어지고 말 것으로 생각합니다.

또한 저는 야기 선생님과 생각하는 방식이 조금 다릅니다만, 현대의 신약학(新約學), 혹은 역사적 비판적인 연구에 의해서도 이러한 점은 대부분의 사람들이 동의하고 있다고 생각합니다. 1950년대 이후의 경향이라고 생각합니다만, 기독교 신앙에 있어서 적어도 예수와 예수의 근본적인 메시지, 기독교 신앙에 의해서 성립한 근본적인 사실에 관해서는 상당한 부분까지—물론 개연성에 지나지 않습니다만— 역사적 사실이며 확실하다고 할 수 있습니다. 물론, 1 + 1 = 2라고 하는 형태는 아니지만, 인간의 이성에서 진지하게 생각해서 충분히 긍정할 수 있다. 이는 역시 현재의 진지한 연구 성과에 의해서 주장할 수 있는 것으로 생각됩니다.

야기 예수에 대해서입니까?

모모세 한 번 더 말씀드립니다만, 기독교의 본질을 형성하고 있는 것과 같은 것에 대해서입니다.

야기 그것은 어떠한 일입니까?

모모세 예를 들면 예수의 메시지, 삶의 모습, 그의 근본적인 사상입니다. 물론 성서에 기록되어 있는 하나하나의 말이 모두 예수의 입에서부터 이

---

[82] 모모세가 말하는 역사성 역시, 실증주의적 의미의 역사라기보다는 심성사(心性史)나 신앙사(信仰史)를 수용하는 역사를 말하고 있는 것으로 보인다. (역주)

루어졌다라고 말하는 것은 대단히 말하기 어려운 것이겠지요. 또 '예수가 이러이러한 것을 했다, 이러한 불가사의한 일을 행했다'라고 하는 것과 같이 하나하나를 역사적 사실로서 확정짓는 것은 불가능한 것인지도 알 수 없습니다.

야기 말씀하신 부분에 대해서는 확실히 말씀하신 그대로입니다.

모모세 그러나 그가 말한 사상의 근본적인 요소, 그것이 확실히 그의 역사에 근거한다고 하는 것은 상당히 개연성이 높은 형태로 주장할 수 있다고 생각합니다.

야기 복음서 전체는 아닙니다만, 그 중에서는 이것은 예수에게 귀속시켜도 좋으리라고 하는 부분이 상당히 많다는 것은 사실입니다.

그 어느 경우에도 예수와의 만남이 신과의 만남이라고 하는 확실한 체험적 인식의 입장에 섰던 사람들이 있습니다. 그 사람들이 복음서를 낳아서, 예수에게서 신의 계시를 보는 신학을 발전시켰던 것이고, 뒤에 그것은 고대 가톨릭신학 속에 포함되는 것입니다. 실은 그것은 바울신앙의 입장이므로 역시 구별해야 할 것입니다. 정토교와 기독교라고 하는 컨텍스트에서 말한다면, 석가모니와의 만남이 여래와의 만남이라고 하는 체험을 가졌던 사람이 반드시 있었던 것이라고 생각합니다. 그러한 사람들이 석가모니로서 나타난 여래에 대한 신심을 발전시키고 있었던 것이라고는 생각할 수는 없는가? 스투파 신앙입니까? 어제 그러한 것을 배워서 제게는 대단히 분명해졌습니다만, 그러한 입장으로부터 나왔던 것이라면 불교에서 정토교적인 신앙이 성립한다는 것은 충분히 가능한 것으로 생각합니다.

지중해 세계의 구제자 신앙

다만, 이런 경우는 어떻게 될까요? 잠깐 후지모토 선생님께 여쭈어 보고 싶습니다만, 경교와의 관계가 생각될 수 있는가 없는가는 그다지 본질적인 것이 아니라고 하더라도, 정토교가 성립된 상황에서는 의외로 동서 간의 교류가 있었습니다. 서방에서 본다면 지중해 세계이지만, 동 쪽 끝이 인더스강 유역이라고 한다면, 그 범위에 구제자 신앙이 있었던 것입니다. 그 원형이…. 정토신앙이 형성되는 계기로서는, '오히려 그런 것이 관계있는 것은 아닌가'라는 생각이 듭니다 — 이것은 어디까지나 배경의 문제입니다…. 저는 문헌적으로 증명할 수는 없으므로 알 수 없 습니다만….

후지모토 정토교에서는 '빛'이라고 하는 것을 대단히 강조합니다. 어제 도 조금 말씀드렸습니다만, 여래의 광명을 만난다고 하는 것이, 이제 선생 님께서 말씀하신 지역에서는 그 당시의 종교에도 있었던 것 같습니다만, 구체적으로는 아무 것도 알 수 없습니다.

타력과 역사성의 문제

브라후트 역사성의 가치라고 하는 점에서 제가 늘 생각하는 것은 타력이 가장 분명하게 나오는 것은 역사적인 사건의 우연성 가운데가 아닌가 합 니다. 그것은 인간에게는 전연 예견할 수 없는 사실로서 나타납니다. 그 중에 신의 은혜, 완전히 인간과는 관계없는 은혜가 나타납니다. 거기에 역 사성의 가치가 있다고 생각합니다. 다른 것은 모두 스스로에게서 나오는 것이 가능합니다. 그것은 아직 스스로 짓는 것이어서, 타력은 아닙니다.

뭐라 할까요? 위로부터 온 것이 아니다. 저로서는 역사성의 가치는 그러한 것에 있다고 말해두고 싶은 것입니다.

그리고 또 한 가지, 선생님 말씀 중에서 호넨의 종교는 범부의 종교다, 범부의 행이라고 하셨습니다. 그것은 대단히 중요한 것이 아닌가 생각합니다. 그것은 정토교 중에서―진종학에서일까요― 때때로 잊어버리고 마는 것 같은 느낌도 있습니다. 그런 점에서는 호넨 쪽이 어느 의미에서는 단순(naive)하며, 그것이 대단히 분명하게 나타나는 것 같은 느낌입니다. 저는 가끔 불교 안에는 다르마야나(dharmayāna)와 붓다야나(buddhayāna)이 있는 것으로 생각해 봅니다. 법을 중심으로 하는 불교와 사람을 중심으로 하는 불교 그리고 스투파는 확실히 사람 쪽이겠지요. 대승이 만약 그로부터 왔다고 한다면 붓다야나라고 말하지 않을 수 없겠지요. 그것은 호넨 편이 신란 보다 더 명확한 것은 아닐까 생각합니다. 사람이 중심이 되고, 인격이 중심이 된다고 하는 것이. 그렇게 말할 수 있을지 어떨지….

루터와 신란

그리고 또 한 가지 작은 질문입니다만, 앞서 오프너 선생이 루터와 신란 그리고 호넨의 유사점과 상이점을 말씀하셨습니다. 루터와 신란 사이의 한 가지 유사점은 신앙에 있어서, 구제에 있어서 인간 쪽에서 신과의 협력을 이야기해서는 아니 된다고 하는 것입니다. 모두 신으로부터입니다. 가톨릭 전통에서는 신과의 협력이 있습니다. 인간은 아무래도 구제를 받을 때 그것을 받음에 의해서 신과 협력하지 않으면 아니 됩니다. 그렇지 않다면 신은 인간을 강제해 버린다고 하는, 그러한 일이 강조됩니다. 하지만 루터는 그것에 반대했다고 생각됩니다. 저는 루터에 대해서는 그다지 자세히 알지 못합니다만, 신란의 경우에도 신심은 전부 아미타불 쪽이지요. 인간의 작용이 전혀 들어가지 않습니다. 호넨의 경우에는 신심이나 구제의 일에서 아미타불과의 협력 이야기를 해도 좋을까요? 어떻습니까?

후지모토 우선 두 가지 중에서 첫 번째부터 말씀드리겠습니다. 앞 시간에 동방정교회에서 예수의 이름을 일컫는다고 하는, 그 부분에서 나온 문제입니다만, 그것은 "구세주 예수여, 저를 불쌍히 여기소서"라고 하는 내용일 것으로 생각됩니다. 이 경우 '구세주 예수'라고 하는 것은 고유명사로 받아들여도 좋은 것 아닐까요? 거기에 그런 만큼의 인격적 관계라고 하는 세계로서 받아들이는 것과 호넨의 염불 '나무아미타불'이라는 것은 대단히 유사합니다. 아미타불에게 귀의한다고 하는 중생의 마음(念)이 소리로 나옵니다. 따라서 거기에서는 아미타불은 대단히 고유명사적인, 이 나가 구제되는 것은 이 부처님 외에는 불가능하다고 하는 고백이라고 해도 좋다고 생각합니다. 그런 점에서 인격적이라고 하는 것이 이해된다, 이렇게 생각합니다.

또 한 가지 더, 앞에서 말씀드린 것처럼 "피차 세 가지 업에서 서로 분리되지 않는다"[83]라고 하는 것이 있습니다만, 한 몸(一體)이라고 하는 것이 아니라 '내다버리지 않는다', 하나가 된다는 것이 아니라 '함께'라고 하는 것입니다. 이것은 다이쇼(大正) 시대(1911-1925)에 들어서 정토종의 신앙운동이 일어났습니다. 그 하나로, 지금 문제가 되는 것도 시사하고 있는 것처럼 생각합니다. '공생'(共生), 함께 산다고 하는 그러한 운동

---

83 호넨의 『선택본원염불집』 제2장에 나오는 말이다. 중생이 입으로 아미타불의 이름을 일컬음으로써, 몸으로 아미타불을 예경함으로써 그리고 마음으로 아미타불을 염함으로써 아미타불과 중생이 하나가 된다는 의미이다. (역주)

을 공생주의라고 말하고 있습니다. 시이오 벤쿄(椎尾弁匡, 1876-1971)라는 분이 주창해서, 현재까지도 여러 가지로 영향력을 갖고 있습니다. 또 하나는 호넨 스님의 염불하라는 말씀을 체험한다는 점에서, 그 염불의 생활을 아미타불의 광명 안에서의 생활, 즉 아미타불과 함께하는 생활로서 맛보고자 하는 광명주의 운동이 시작됩니다. 야마자키 벤에이(山崎弁榮, 1859- 1920)라고 하는 분의 주창입니다. 이러한 것들은 모두, 이제 선생님께서 말씀하신 의미에서의 사회성이라고 하는 것까지도 시사하고 있다고 말씀드릴 수 있습니다. '서로 분리되지 않는다'라고 하는, 그러한 점이 있기에 '함께' 라고 하는 것도 의미를 갖는 것이 아닌가, 라고 생각합니다.

호응성

오미네 지금 문제가 되는 것에 대해서 하나 여쭈어 보고 싶은 것이 있습니다. 호응성이라고 말씀하신 것입니다만, 결국 중생이 부처를 부르면 아미타불이 이를 들어주신다고—나무아미타불이라고 일컬으면 그것을 아미타불이 아시고서 응답해 주신다고— 하는 것입니다. 그 경우에, 우선 중생이 일컫는다고 하는 것으로부터 시작하는가? 그렇게 하면 부처님께서 대답해 주신다. 호넨의 경우는 그런 것인지도 알 수 없습니다. 그렇지만, 앞에서 「산선의」(散善義)[84] 중 "저 부처님의 원에 따르기 때문에"라는 말이 나옵니다. 칭명이라고 하는 것은 부처님의 원에 따르는 것이다. 저쪽에서 근원적으로 오는 것이 있으며, 그것에 따르는 것이 칭명이라는 것입니다. 그렇게 생각하면, 중생이 부처를 부른다고 말할 때에는 이미 저쪽에서 부르고 있다. 신란의 경우에는 그 부분이 대단히 확실한데, 여래께서 부르

---

84 선도의 『관무량수경소』의 제4권을 가리킨다. (역주)

는 소리에 호응한다, 우선 저쪽에서 오는 것에 호응한다고 하는 것이 있다고 생각합니다. 신란 스님은 말하고 있는 것이 아니지만, 묘호인(妙好人)[85] 아사하라 사이이치(淺原才市, 1850-1932)는 칭명은 '소리의 소리'라고 말하고 있습니다. '나'의 칭명염불은 부처님의 소리에 반향하는 것입니다. 호응성이라고 말하면 그런 것이 됩니다만, 호넨 스님의 경우에는 그 부분이 어떻게 되어 있는 것인지요? 선생님께서 호응성이라고 말씀하신 것은, '나'가 염불하면 부처님께서 아신다고 하는 것만을 말씀하신 것입니까? 그 부분을 조금….

후지모토 선생님께서 말씀하신 것처럼, '저 부처님의 원을 따르기 때문에'라고 하는 점은 신란의 경우와도 공통된다고 생각합니다. 다만 '저 부처님의 원을 따르기 때문에'라고 하는 것을 전면에 내세우는가 아닌가, 라고 하는 문제가 아닐까 라고 생각합니다. 호넨의 경우에는 역시 범부의 행이라고 하는 곳에 출발점이 있다고 하는 것은 확실하다고 생각합니다. 그래서 호넨에 있어서는 중생(범부)의 행이라고 하는 것으로부터 말해지는 호응성, 또 아미타불의 광명의 구제에 맡긴다고 하는 곳으로부터 나오는 호응성—선도의 똑같은 문장이 양쪽[86]에서 다 사용되는 것입니다—은 하나의 특징이 아닐까 생각합니다. 따라서 중생이 부르면 답한다고 하는 것은 동시에 이미 여래의 광명이라고 하는 점에서 성립되는 것이다. 이렇게 받아들이는 것이 가능하리라 생각합니다. 범부인 중생이 소리로 내는 염불

---

85 원래, 선도의 『관경소』 제4권에서는 염불을 하는 사람은 곧 묘호인이라고 하였던 데서 유래한다. 그런데 일본에서는 정토진종의 열렬한 재가신자로서, 극락에 왕생하리라는 확신을 갖고 살았던 사람들을 가리키게 되었다. 특히 에도시대에 많이 출현하였다. 묘호인 아사하라 사이이치에 대해서는 스즈키 다이세츠(鈴木大拙)가 『일본적 영성』에서 소개하였다. (역주)
86 신란의 정토진종과 호넨의 정토종. (역주)

을 기점으로 하기 때문에, 신란의 경우와 같이 전부를 저쪽에서 가진다고 하는 논리는 아니라고 말씀드릴 수 있습니다.

오미네 그것은 아마도 호넨스님은 마흔 여덟 가지 원 중에서 제18원만으로 말씀하고 있지요. 신란은 제17원, 제불칭명원(諸佛稱名願)[87]을 말하는, 즉 나무아미타불이라고 말하는 것은 부처가 부처 자신에 대해서 말하는 것이라고 하는 점이 근저에는 있습니다. 그 17원은 호넨의 경우에는 숨겨져 있습니다. 그것이 앞에서 말씀하신 것과 같은 것이지요.

후지모토 그렇습니다.

사후왕생(死後往生)

고쿠부 호넨스님의 경우에는 사후왕생을 결정적으로 말하고 있지요. 호넨 스님이 히에이잔(比叡山)의 불교로부터 벗어나서, '자기는 세 가지 배움을 실천할 그릇이 아니다,[88] 달리 길은 없는 것일까'라고 탐구하다가 마침내 선도를 통해서 칭명염불의 길을 얻었던 것입니다. 그러면 칭명염불이라고 하는 것은 사후왕생의 수단이 되는 것입니까? 아니면 원인을 많이 쌓아올린 것이 사후에 훌륭하게 왕생한다고 하는 것입니까? 그러한 문제에 대해서는, 현재의 정토종은 어떻게 생각하고 있는 것입니까?

후지모토 칭명염불이어야 한다는 것은 어디까지라도 호넨 자신이 우선

---

87 "가령 내가 부처가 된다 하더라도, 시방 세계의 한량없이 많은 모든 부처가 모두 다 내 이름을 찬탄하고 일컫지 않는다면, 정각을 취하지 않겠다." (역주)
88 자력으로 성불할 수 있는 그릇이 아니라는 의미. (역주)

'스스로를 닦는다고 하는 것이 가능한가, 어떤가'라는 물음 속에서 나온다고 생각합니다. 그리고 앞서 소개하신 글 중에 "결정왕생의 원인을 갖추어라"는 것이 있습니다. '그것은 어떠한 곳으로부터 나오는가'라고 한다면 '저 부처님의 원에 따르기 때문에'라는 부분에서입니다. 그렇기에 역시 현세에서의 염불이라고 하는 것에 역점이 있었다고 말할 수 있으리라 봅니다.

고쿠부 그것은 중생이 행하는 행이지요. 중생 쪽에서의 행입니다.

후지모토 그렇게 생각합니다.

고쿠부 신란과 같이 여래로부터 회향된 행은 아닌 것이지요.

테라가와 칭명염불은 본원의 행이기 때문에 "이것을 행한다면 본원을 의지해서 왕생을 이룰 수 있다" 호넨은 이렇게 말하고 있는 것은 아닐까요. 염불에 의해서 축적된 가치, 공덕이 아니라, 염불은 본원에 수순하는 행위이므로, 본원에 돌아감으로써 우리들은 왕생을 할 수 있다고….

후지모토 그러므로 '본원에 의지하고'라고 말하는 것이지요.

테라가와 염불의 힘에 의해서 왕생을 이룰 수 있는 것이 아니라, 본원에 의해서 왕생을 이룰 수 있다고 하는 것이 기본은 아닐까요?

후지모토 그렇습니다. 다만 '염불한다는 것이 언제나 강조되고 있다'라는 것입니다.

테라가와 그것은 본원에 따르는 모습이기 때문이지요. 염불하는 외에 본원에 수순한다, 본원에 돌아간다고 하는 징표가 없기 때문이 아닐까 생각합니다만⋯.

오미네 그런 것이 아니라면 호넨의 입장이 제20원[89]의 입장과 비슷하게 되어 버리고 말지요. 자력염불처럼.

후지모토 그러므로 그런 점에서 "저 부처님의 원에 따른다"는 것으로, 그 행이 중생의 행으로서 위치지어질 수 있는가? 그런 것이 아니라, 그렇기 때문에 그것은 전부 아미타불의 행이라고 말하는 것인가? 그런 문제라고 생각합니다.

테라가와 호넨의 경우, 본원이라고 하는 것은 중생이 왕생할 수 있는 행으로 칭명염불을 선택했다고 하는 것이 기본일 것으로 생각합니다. 그래서 결국 중생의 행을 거기서 선택한 것이 본원이라고 하는 것이 되겠지요. 그러므로 칭명염불은 —호넨의 경우— 중생의 행이 아닐까요, 말씀하신 것처럼 말입니다. 다만, 그것이 중생의 행이 되는 근거는 본원에 있다고 말하지 않을 수 없겠지요.

오미네 그러면 시간이 다 되었으므로 마치겠습니다. 대단히 감사합니다. (박수)

---

89 "가령 내가 부처가 된다 하더라도, 시방 세계의 중생이 내 이름을 듣고 내 나라를 생각하면서 여러 가지 덕을 지어서 지극한 마음으로 회향하여 내 나라에 태어나고자 했을 때 그럴 수 없다고 하면, 정각을 취하지 않겠다." (역주)

제 4 장

기독교에 있어서의 인간의 구원이해

모모세 후미아키(百瀬文晃)

거칠게 말해서 종교의 존재 이유는 인간이 선천적으로 구원에 대한 희구를 가지고 있으며, 자신을 넘는 존재와 관련해서 구원을 요구하는 바에 있다. 사람은 이 세상에 태어나 생의 의미를 묻지 않을 수 없다. 게다가 이 세계의 현실에서 자신의 생의 의미가 위협받는다고 경험하기 때문에 '구원'을 희구하고, 또 그 구원을 단지 자연적이고 내재적인 수단만으로는 달성할 수 없기 때문에 초월적인 존재의 힘을 우러러 보는 것이다. 이것은 어떤 특정한 초월자를 상정하는가 그렇지 않은가에 관계없이 모든 종교에 공통되는 인간의 실존 구조이다.

그런데 인간 존재에 궁극적인 의미를 주는 것, '구원'이 무엇인가에 대한 이론적인 전개는 종교에 따라서 현저히 다르다. 각 종교의 역사적, 민족적, 문화적인 상황과 거기에서 이루어지는 경험이 서로 다른 인간 이해 그리고 인간의 유래와 목표라고 여겨지는 초월자에 대한 다른 이해를 낳기 때문이다.

이처럼 각각의 종교가 그것을 역사적으로 담당한 민족의 정신성에 따라서 각각 고유의 구원과 구원에 이르는 길에 대한 가르침을 전개하고 있다. 거기서 한 종교의 가르침은 다른 종교의 가르침에는 나타나지 않는 방법으로, 그것을 담당한 민족의 특징을 이루는 날카로운 통찰과 감수성에 의해서 전개되고 있을지도 모른다. 또 한 종교의 특성으로부터 배움으로써 다른 종교는 스스로의 가르침 속에서는 충분히 전개되지 못했던 진리의 측면을 보충하고, 그렇게 함으로써 스스로의 본질을 보다 깊게 할 수 있을지도 모른다. 여기에 여러 종교인들이 서로 배우는 의의가 있다.

　여기에서는 일단 기독교에서 인간의 구원이 어떻게 이해되고 있는 가에 대해서 근본적으로 고찰해 보고 싶다. 특히, 불교의 구원 이해와의 차이를 두드러지게 하기 위해서, 기독교의 구원과 인간의 신체성이 어떻게 관계되는지, 궁극적인 구원과 그것을 준비하는 현세의 생활이 어떻게 관계되는지, 또 개인의 구원과 세계 전체의 구원이 어떻게 관계되는지에 대한 물음에 중점을 두면서 이야기를 전개하고 싶다. 이 경우 필자는 역사 안에서 다양하게 전개된 기독교 신학 중에서 필자가 소속해 있는 가톨릭교회의 전통을 바탕으로 생각을 전개하려 한다.[1]

　기독교의 창시자인 예수도, 또 그의 가르침을 전개한 제자들도 유대 세계에서 살았고, 유대적 정신성의 지평에서 '구원'을 이해했다는 데 대해서는 재언의 여지가 없다. 그 이해가 유대 민족의 역사적인 제약 하에 형성되고 있는 한, 다른 민족의 문화권에서 그것이 반드시 무매개적으로 수용될 수 있는 것은 아니다. 하지만 우리에게 중요한 것은 다음과 같은 문제에 대답하는 것이다. 일본이라는 독자적인 문화 전통에서 살

---

1 이 주제에 관한 최근의 가톨릭 신학의 문헌으로서 다음과 같은 것을 참조하였다.
K. Rabner, Der Leib in der Heilsordnung, *SchTh* XII, 407-427; Die Einheit von Geist und Materie im christlichen Glaubensverständnis, *SchTh* VI, 185-214; Auferstehung des Fleisches, SchTh II, 211-226; J. B. Metz, Der Mensch als Einheit von Leib und Seele, *MySal* II, 584, 636; Leiblichkeit, HthG III, 31-38; J. Splett, Art. "Leib, Leib-Seele-Verhältnis", *SM* III, 213-219; G. Greshake, *Auferstehung der Toten. Ein Beitrag zur gegenwärtigen theologischen Diskussion ueber die Zukunft der Geschichte*, Essen 1969; G. Greshake/G. Lohfink, *Naherwartung-Auferstehung-Unsterblichkeit. Untersuchungen zur christlichen Eschatologie*, Freiburg i. Br. 1975; F. J. Nocke, *Eschatologie*, Düsseldorf, 1982; H. Küng, *Ewiges Leben?* München, 1982.

고 있는 우리들이 성서적이고 유대적인 정신성에서 전개된 구원 이해를 표층적인 표상이나 표현 형식의 차원에서가 아니라 그 본질 내용면에서 우리 자신의 구원에 대한 희구에 응하는 것을 찾아낼 수 있는가? 기독교의 구원 이해에서 우리 문화와 종교의 전통에서는 충분히 전개되지 않았으면서도 인간 실존의 깊은 곳에 자리잡고 있는 동경에 대해서 보다 납득할 수 있는 방식으로 응답하는 통찰을 찾아낼 수 있는가?

I. 기독교의 원점인 '신의 나라'와 인간의 구원

기독교에서 인간의 구원이 어떻게 이해되는가를 고찰할 때 창시자인 나사렛의 예수의 사상을 기초로 삼아야 한다는 데 대해서는 두 말할 여지가 없다. 다행히 현대의 역사비판적인 연구를 통해서 신약성서 서술의 배후에 있는 역사적 사실의 예수와 그 사상 내용, 또 거기에 기초를 두면서 제자들이 전개한 신앙 이해의 내용은 상당히 정확하게 확인되었다. 우선 예수의 평생에 걸친 관심사는 '신의 나라'였다. '신의 나라'란 매우 유대적인 개념이고, 유대 민족의 긴 역사의 경위를 거치면서 발전해 온 개념이지만, 문자 그대로 그것은 신의 왕적 지배를 말한다. 요컨대 인간의 종합적인 구원을 표현한 것이다. 예수는 이것이 천지창조의 완성이라고 보았고, 선택된 백성을 통해서 전 세계에 실현될 것을 예견하였으며, 이를 준비하기 위해서 백성의 회심을 호소하면서 이스라엘을 신의 백성으로 회복시키고자 하였다. 예수에 의하면 신은 천지 만물의 창조주이며, 피조물을 스스로의 생명에 위탁하라고 부르고 있다. 인간은 아버지되는 신에 의해서, 아버지를 향해서 창조되었기에, 아버지와의 교제 속에서 살 때에만 스스로의 존재 의의를 실현한다. 다름 아니라 이것이 '구원'이다. 이 구원이 이스라엘을 통해서 전 세계에 이른다고 예수는 생각했다. 물론 그 완성은 전적으로 신의 창조 행위에 의한 것이고, 역사의 종말에 이르러 비로소 초래되지만, 이미 현세에서도 시작되고 있고 성장하는 것이다. 사람들은 신앙을 가지고 이것을 받아들이고, 이에 참여하도록 부름을 받고 있다.

하지만 이스라엘은 예수의 부름을 거절하였고 예수를 십자가의 죽음으로 몰아넣었다. 이때 예수는 자신의 죽음이 신의 나라의 도래를 위해서 필요하다고 생각해서 감연히 이를 받아들였다. 제자들은 신이 이 십자가에서 끔찍하게 죽어 간 예수를 버리지 않고 영원한 생명으로 '부활'시켰다고 믿었고, 바로 예수의 죽음과 부활을 통해서 예수가 선포한 신의 나라를 위한 기초가 주어졌다고 믿었다. 이렇게 해서 제자들은 부활한 사람 예수의 이름으로 모였고, 자신들의 공동체야말로 신의 백성 이스라엘을 대신하는 새로운 이스라엘이라고 자각했다. 거기에서 기독교는 태어났던 것이다.

여기서 '예수의 부활'이라는 신앙을 어떻게 이해하는가 하는 것이 기독교 신앙을 이해하기 위한 요점이 된다. 원래 '예수의 부활'이라는 신앙은 당시의 유대 세계에서 믿어지던 종말의 보편적인 '죽은 자의 부활'이 예수에게서 선취되었다는 이해로부터 태어났다. 즉 예수의 부활이라는 사건에서 종말이 이미 현실이 되었다는 것, 종말에 이루어 질 천지창조의 완성이 개시되었다고 사람들은 믿었던 것이다.

이것을 바울은 고린도전서(55년경)에서, "그리스도는 죽은 자 가운데서 부활하셔서 잠자는 자들의 첫 열매가 되셨다"(15장 20절)라고 말한다. 이렇게 해서 예수의 부활은 전 인류의 역사의 의의를 규정하는 사건이라고 여겨졌던 것이다.

그런데 당시의 유대 세계에 유포되어 있던 '죽은 자의 부활'에 대한 희망은 단지 특정한 민족의 역사적 제약을 받고 있는 하나의 특정한 사상에 지나지 않는 것일까? 아니면 그것은 인간이 지역이나 시대를 초월하여 누구든지 선천적으로 가지고 있는 "죽음을 넘는 삶에 대한 희망"을 표현하는 것이어서, 전 인류의 "죽음을 넘는 삶에 대한 희망"이 여기서 (유대교의 특수한 표현 양식을 통해서) 단적으로 대표되었다고 할 수 있을까?[2] 만약 후자라고 한다면, 이 희망의 지평에서 '예수의 부활'이라고 불리게 된 사건은 기독교의 테두리를 넘어서 모든 인간이 선천적으로 가지고 있는 근원적인 희구에 호응하고, 그러한 희망을 보증해 주는 것으로서 보편타당한 의미를 지닌다고 생각할 수 있다.

기독교 신앙은 신의 나라의 완성을 궁극적인 구원으로 간주한다. 그것은 예수의 부활에서 선취되었고, 인류의 희망에 대한 보증으로서 주어진 새로운 천지창조이며, 오로지 전능한 신의 행위에 의한 것이어서, 인간은 단지 이것을 신앙에 의해서만 받아들일 수 있다고 여겨진다.

기독교 신앙은 예수를 믿는 사람이 예수의 죽음에 참여함으로서 예수의 부활에도 참여할 수 있다고 가르친다. 예수의 부활은 예수가 생애를 다 바친 신의 나라의 소식과 그를 관철하기 위해서 이루어진 예수의 죽음을 신이 의롭다고 인정하고 확증해 준 사건이라 받아들여졌다. 게다가 이 사건은 보편적인 죽은 자의 부활의 선취라고 생각되었다. 그리고 당연하게도 종말에 이루어지는 죽은 자의 부활은, 예수의 부활이 예수의 개인사의 변용인 것처럼, 죽은 자들이 영위해 온 지상의 삶과 그 전 역사의 변용이며 고양(高揚)이라는 신앙으로 귀결된다.

이 점에서 예수의 십자가는 그 누구도 어쩔 수 없이 직면하는 고뇌와

---

[2] 이것을 강조했던 것은 현대 독일 프로테스탄트 신학자로서 뮌헨대학 교수인 볼프하르트 판넨베르크(Wolfhart Pannenberg)이다. 그의 대표작 *Grundzüge der Christologie*, Gütersloh, 1964를 참조.

죽음의 문제에 대해서 하나의 해답을 부여한다. 즉 기독교 신앙의 이해에 의하면, 예수의 부활 사건은 십자가에 이르기까지 충실했던 예수를 신이 자기 자신과 동일화하였음을 드러낸 사건이었다. 신은 예수에게서 전 인류의 고뇌의 역사를 자신의 것으로 삼았다. 악의 지배 하에 있는 인류의 비참함을 신 자신이 담당함으로서 악이 극복되고 축복으로 바뀌었다. 신에 의해서 부활된 자가 다름 아니라 십자가에 달린 자이기 때문에, 십자가가 서 있는 장소인 이 지상에서 살아가는 우리에게는 거기로부터 참된 생명으로 고양된 '첫 열매'가 우리의 희망이 된다. 인류는 죄와 죽음의 상태를 넘어서 이 세계가 신의 창조의 행위에 의해서 새로워지고, 고양될 것을 희망할 수 있게 된 것이다. 기독교 신앙은 거기에서 예수의 부활 사건이 보편적인 희망의 보증이 되는 근거를 보고 있다.[3]

II. 궁극적인 구원과 인간의 신체성

이상으로 기독교 신앙의 구원에 관한 종합적인 개념으로서 '신의 나라'에 대해서 고찰해 보았다. 여기서 개인의 구원은 그리스도의 부활에 참여하여 영원한 삶으로 부활되는 것으로 이해되었다. 영원한 삶이란 신의 창조의 행위에 의해서 이루어지지만, 동시에 인간이 신앙에 의해서 이미 현세에서 준비하는 것으로서 생각되었다.

유대 세계에서 인간은 어디까지나 하나의 통일체로서 파악되었다.

---

3 이것을 상세하게 전개한 인물로는 현대 독일의 프로테스탄트 신학자로서 튀빙겐대학 교수인 위르겐 몰트만(Jürgen Moltmann)이 있다. 특히 그의 대표작의 하나인 *Der gekreuzigte Godd. Das Kreuz Christi als Grund und Kritik christlicher Theologie*, München, 1972를 참조.

그리스 사상에서처럼 인간은 '영'과 '육체'로 분리되지 않았다. 따라서 영원한 삶이란 결코 육체로부터 분리될 수 없었다. 그러므로 영원한 삶이란 결코 육체로부터 해방된 영의 영원한 삶을 말하는 것이 아니다. 유대 세계가 믿었던 '죽은 자의 부활'도 죽은 인간이 그러한 인간으로서 신 앞에서 부활됨을 의미하였다. 그처럼 부활할 때의 모습이 어떠한 것인가라는 물음에 대해서 바울은 앞에서 말했던 고린도전서 15장에서 비유를 가지고 설명한다.

> 그러면 "죽은 사람이 어떻게 다시 살아나며 어떤 몸으로 살아나느냐?" 하고 묻는 사람이 있을지도 모릅니다. 어리석은 질문입니다. 심은 씨는 죽지 않고서는 살아날 수 없습니다. 여러분이 심는 것은 장차 이루어질 그 몸이 아니라 밀이든 다른 곡식이든 다만 그 씨앗을 심는 것뿐입니다. 몸은 하느님께서 당신의 뜻대로 지어 주시는 것으로 씨앗 하나하나에 각각 알맞은 몸을 주십니다. 죽은 자들의 부활도 이와 같습니다. 썩을 몸으로 묻히지만 썩지 않는 몸으로 다시 살아납니다. 천한 것으로 묻히지만 영광스러운 것으로 다시 살아납니다. 약한 자로 묻히지만 강한 자로 다시 살아납니다. 육체적인 몸으로 묻히지만 영적인 몸으로 다시 살아납니다. 육체적인 몸이 있으면 영적인 몸도 있습니다(15장 35-38절, 42-44절).

여기서 바울은 '영적인 몸'($\sigma\tilde{\omega}\mu\alpha\ \pi\nu\epsilon\upsilon\mu\alpha\tau\iota\kappa\acute{o}\nu$)이라는 단어를 사용하면서 이것을 자연의 몸, 혹은 '육체적인 몸'과 대비시키고 있다. 그러나 바울에게 '영'과 '육체'라는 대비는 유감스럽게도 너무나 자주 헬레니즘 세계에서 통용되던 정신과 신체, 영혼과 육체라는 이원론적인 대비라고 읽힘으로써 본래의 의미와는 다르게 이해되기 쉽다. 이 '영'이라는 말을 그리스 철학이나 스콜라 철학이 말하는 '육체에 대비되는 영혼'이라는 의미로 받아들이면 '영적인 몸'은 '둥그런 삼각형'이라는 말처럼 모순이다. 그와는 달리 바울이 말하는 '영'은 육체라는 자연의 인간을 살리고 성화(聖化)시키는 신의 생명이다.[4] 영의 몸이란 영에 의해서 신의 영광으로 고양되어 신의 영원한 생명에 맡겨진 인간 존재를 가리킨다.

어쨌든 바울은 부활의 몸을 논할 때 씨앗과 씨앗으로부터 성장하는 식물이라는 유비를 통해서 지상의 몸과 부활의 몸 사이의 연속과 비연속의 관계를 적절히 설명하고 있다. 즉 부활의 몸은 한편에서는 신의 새로운 창조의 행위에 의해서 완전히 새로운 현실이다. 그것은 신의 생명에 의해서 삶을 받아 살며, 더 이상 이미 멸망하지 않고 더러움도 물듦도 없는 신의 영광으로 빛나는 영원의 현실이다. 다른 한편, 그것은 역시 지상의 몸과 아무런 관련성이 없는 것이 아니고, 지상의 몸으로 뿌려진 것이 개화(開花)한 바의 것이다.

여기에 인간의 자연의 몸에 대한 기독교 낙관주의의 근거가 있다. 기독교는 인간의 육체적 욕망이나 감정을 부정적인 것으로 간주하지 않는

---

[4] E. Schweitzer, πνεῦμα, TWNT VI, 415-437참조. 마찬가지로 후세에 자주 이원론적으로 오해받았던 것은 바울이 사용한 '육체'(σάρξ)라는 개념이다. 이 말은 바울 자신에게도 다의적이지만 일단은 은혜에 의해서 살기 이전의 자연 그대로의 인간을 가르친다는 점에서 '몸'(σῶμα)과는 구별된다. 육체는 아담의 자손으로서의 인간이고, 여러 가지 유혹에 노출되어 약하고, 지치기 쉽고, 차차 쇠약해져서 마침내 죽을 수밖에 없는 운명을 지니고 있는 인간이다. E. Schweitzer, σῶμα, TWNT VII, 125-135 참조. 따라서 헬레니즘 세계에서 성서의 용어인 "죽은 자의 부활"이라는 말이 '육체의 부활'(σάρκας ἀνάστασις)이라는 말로 옮겨진다면, 그것은 바울이 사용한 용법의 의미에서 보아 모순 그 자체이다. 육체는 확실히 영에 의해서 살고 있지 않은 인간의 삶의 방식을 말하기 때문이다. 육체의 부활이라는 말은 이미 150년경에 로마의 클레멘스의 서간(2,9,1)이나 유스티노스(트리폰과의 대화 80,5)에서 사용되었으며, '사도신조'를 필두로 해서 고대의 신앙 고백에 등장하게 되었다. 죽은 자의 부활이 영육이원론의 세계에서 말해졌을 때, 다만 영혼의 불멸만이 아니고 육체도 함께 영원의 생명으로 부활된다는 것을 강조하기 때문이다.

다. 죽을 수밖에 없는 인간의 본성, 굶주림, 갈망, 피곤, 늘어감, 사람과의 사귐과 애증이라는 일체의 것들을 신에 의해서 창조되어 영원의 생명을 위한 씨앗으로서 뿌려진 것으로서 적극적으로 평가한다. 고대 교회의 교부 테르툴리아누스는 육체의 부활을 논하면서 "육체는 구원을 위한 축이 된다"(caro salutis est cardo)[5]고 말하였다. 확실히 인간의 '육체'로서의 실존이야말로 인간의 구원을 방해하는 것이 아니라 오히려 구원을 준비하는 것으로서 이해된다. 인간의 구원이란 부활을 통해서 그리스도의 영광의 몸과 하나가 된 몸이다. 이것을 바울은 다음과 같이 말하고 있다.

"우리는 그리스도와 같이 죽어서 그분과 하나가 되었으니 그리스도와 같이 다시 살아나서 또한 그분과 하나가 될 것입니다"(로마서 6장 5절).

"그리고 예수를 죽은 자들 가운데서 다시 살리신 분의 성령께서 여러분 안에 계시면 그리스도를 죽은 자들 가운데서 다시 살리신 분께서 여러분 안에 살아 계신 당신의 성령을 시켜 여러분의 죽을 몸까지도 살려 주실 것입니다"(로마서 8장 11절).

III. 부활의 몸에 있어서 인간의 역사성과 사회성

여기서 바울이 사용한 '몸'의 개념은 궁극적인 구원인 영원한 삶과

---

[5] De carnis resurrectione, 8.

현세의 삶이 어떻게 관계되는지를 더 깊게 고찰하기 위한 열쇠가 된다. 왜냐하면, '몸'이라는 개념은 단지 인간의 신체성뿐만 아니라 인간의 실존을 구성하는 역사성과 사회성을 포괄하는 개념이기 때문이다.

가톨릭교회와 신학의 전통에서, 비록 항상 주류를 차지하고 있었던 것은 아니라고 하더라도, 현대 신학의 여러 차원의 근저에 흐르고 있는 토마스 아퀴나스의 심신(心身)에 대한 통일적이고 변증법적인 이해는 하나의 유효한 사유의 수단을 제공해준다. 그리스 철학에서도 플라톤주의적인 영육이원론은 영혼과 육체의 관계를 비본질적으로 사유하였지만, 이와는 달리 아리스토텔레스의 질료형상론은 영혼과 육체의 구별을 존재론적인 원리로서 파악하면서 양자 모두 인간이라는 유일한 실체를 형성한다고 보았다. 토마스는 이것을 계승하면서 영혼을 '육체의 형상' (unica forma corporis), 육체를 영혼의 자기표현을 중개하는 '제일 질료' (materia prima)라고 보았다. 양자의 구별은 필연적이기는 하지만, 양자는 결코 개별적으로 존재하는 객체로서 이해하지 않고, 단지 존재론적인 원리로서 불가분적으로 관계되면서 하나의 실체로서의 인간을 구성한다.6

토마스의 이와 같은 인간 이해는 유감스럽게도 교회의 역사에서 보다 플라톤적으로 영혼과 육체를 객체적으로 구별하는 사유에 의해서 뒷쪽으로 밀려났다. 그러나 심리학, 생물학, 사회학 등의 발전에 따라 현대 신학은 인간의 영혼과 육체 사이의 불가분의 통일과 변증법적인 긴장 관계를 재인식하고 있다. 인간은 단지 육체를 가질 뿐만 아니라 육체이며, 육체로부터 벗어날 수 없다. 그렇다고 해서 인간에게 현상적인 육체의 차원만이 있는 것은 아니다. 인간의 참된 존엄성의 근거는 불멸의

---

6 이에 대해서 J. Splett의 앞의 책을 참조하라. 일본어 역은 イエルグ・シュプレット, "肉体と靈魂", 「神学ダイジェスト」 65(1988년) 106-111에 간결하게 소개되어 있다.

영혼에서 발견되지만, 이 영혼은 육체에서 자기를 표현한다. 인간은 육체성에서 영혼, 혹은 신체성에서 정신이다.

　나아가 인간은 육체에서 세계 속에 자기를 표현하고 세계와 교제한다. 육체에서 인간은 세계의 일부이다. 왜냐하면 물질적이고 생물학적인 세계와의 교제뿐만 아니라, 특히 육체를 통해서 가능한 타자와의 교제로부터 인간은 형성되기 때문이다. 타자와의 교제의 역사가 한 인간의 인격을 형성하는 본질적인 계기이다. 그렇다면 몸이란 인간을 형성하는 실존 규정의 모든 것, 인간이 생식(生息)하는 세계, 특히 인간이 태어나서 만나는 모든 타자를 포함한다.

　대략 인간이 지상에 태어나 죽음에 이르러 그 자유로운 실존 수행(遂行)을 종결기까지 몸은 세계와 교제하고 다른 인격과의 만남을 중개한다. 반대로 몸은 세계 내에서 교제하는 모든 요인에 의해서 형성되고, 자유로운 실존 수행의 역사에 의해서 이루어진다. 그리고 그 전체가 몸의 부활에서 고양되고 변용된다. 역으로 지상의 몸과 그것을 쌓아올린 삶의 역사 전체가 새로운 모습으로 변용된 부활의 몸을 구성하는 요인이 된다.

　바울의 '몸'($\sigma\tilde{\omega}\mu\alpha$)이라는 개념에 대한 연구는 바울이 이 말을 가지고 그리스적인 사유의 카테고리를 넘어 신체성을 가진 인간 존재, 타자와 관계하는 인간 전체를 의도하고 있었음을 밝혀준다.[7] 현대 제 과학의 인간론이 규명해 주는 인간의 역사성과 사회성의 차원의 맹아가 이미 바울의 몸 이해에 포함되어 있다고 할 수 있다. 현대 가톨릭 신학자로서 오스트리아 빈대학의 교의학교수인 기스퍼 그레스하케는 부활의 신체성과 지상의 삶과의 관계에 대해서 다음과 같이 말한다.

---

[7] J. A. T. Robinson, *The Body. A Study of Pauline Theology*, London, 1952 참조. 山形孝夫 訳,『からだの神学 ― パウロ神学の研究』(日本基督教団出版局, 1964).

"인간에게 이루어진 것, 즉 죽음으로서 결정되는 것은 비세계적이고 정신적인 주체성이 아니라 신체성과 세계에서 수행된 결과 결정된 자유이다. 그리고 이 자유는 인간 역사에서 모든 만남과 행위에 의해서 각인된다. 그렇게 결정화된 자유의 구조에는 세계가 내적인 구성요소로서 종합되어 있다고 할 수 있다. 세계는 단지 주체의 자기 수행을 위한 조건이나 도구에 지나지 않는 것이 아니다. 후에 불필요한 수단, 일시적인 과정으로서 폐기되는 것이 아니다. 오히려 세계는 내면화되어 주체 속에 구체적으로 새겨져서 언제까지나 머무는 것이다."[8]

여기서 인간이 신체성을 매개로 해서 만나는 타자가 그 인간의 완성에 구성적인 역할을 한다는 것, 타자는 실존의 구성적인 요인이며 그 실존이 결정적인 모습으로 확정될 때 결정적인 형태로 인간 실존에 속해 있다고도 할 수 있다. 아니, 우리는 오히려 인간 사이의 교제 자체가 신의 나라의 완성에서 고양되고, 신의 나라의 질서에 속한다고 할 수도 있다. 마찬가지로 독일의 가톨릭 신학자로서 뒤스부르크 대학교의 교의학 교수인 프란쯔 요셉 노케는 지상의 삶에서 만난 타자와의 관계가 신에 의해서 부활된 인간에게 구성적이라고 말한다.[9] 즉 몸의 부활이란 "인간의 벌거벗은 자신이 죽음을 통해서 구원되는 것이 아니고, 지상의 모든 역사가 그 때 버려지는 것도 아니며, 또 타인과의 관계가 전부 의미를 잃는 것이 아니다. 오히려 전생애의 역사와 거기서 만났던 모든 관계가 함께 완성되어서 부활된 인간에게 결정적인 형태로 속해있음을 의미한다."

즉 지상에서의 삶은 마치 뿌려진 씨앗처럼 천상에서의 삶을 준비한

---

8 앞의 책, 385.
9 앞의 책, 246.

다. 씨앗이 씨앗으로서는 죽어서 이미 자신의 형태에 머물지 않고 완전히 새로운 모습으로 변용되듯이, 지상의 삶은 깨끗해지고 변용되지 않으면 안 된다. 그러나 지상의 삶 없이는 천상의 삶도 있을 수 없다. 천상의 삶은 다른 어떤 것으로부터 취해 와서 첨가되는 것이 아니고, 지상의 삶이 최종적이고 결정적인 모습으로 변하는 것이다. 천상의 삶이야말로 인간의 목표이며, 거기에서 비로소 인간은 자신의 완성에 이른다. 그것은 신의 무상(無償)의 은혜에 의한 것이지만, 인간의 자유가 영위하는 지상의 삶에서 준비되지 않으면 안 된다.

동일한 사실을 현대의 가톨릭교회의 지도적인 신학자 칼 라너(1904-1984)는 영원과 시간의 관계를 가지고 말한다. 라너에 의하면 '영원'은 시간 속에 태어난다. 인간이 지상에서 살면서 자유를 가지고 영위한 시간적인 삶이 결정적인 것이며, 신의 전능한 행위에 의해서 변용되어 영원한 생명이라는 열매를 맺는다.[10]

IV. 인간의 구원과 세계의 구원

이상에서 본 것처럼 기독교 신앙에서 개인의 구원은 인류와 세계 전체의 구원과 분리해서 생각할 수 없다. 이미 유대 세계에서 '죽은 자의 부활'에 대한 희망은 '신의 나라'에 대한 희망과 불가분적으로 연결되어 있었다. 이 두 개념은 모두 인간의 구원에 대한 보편적인 희망을 대표하는 것이라고 말해도 괜찮다.[11] '신의 나라'는 신의 직접적인 지배에 의해

---

10 Karl Rahner, *Grundkurs des Glaubens. Einführung in den Begriff des Christentums*, Freiburg i. Br. 1976.

11 이에 대해서는 W. Pannenberg, Die Auferstehung Jesu und die Zukunft des

서 실현되는 전적인 정의와 평화에 기초한 새로운 공동체, 즉 전 세계의 구원에 대한 희망을 말하고 있다. 한편 '죽은 자의 부활'은 전 인류를 포괄하는 구원의 질서에 한 사람 한 사람 모두가 참여한다는 것을 표현하고 있다. 죽은 자의 부활 없이는 신의 나라의 실현에서 '나'라는 하나의 인격은 무시되고, 개인의 구원은 세계의 구원에서 떨어져 나갈 것이다. 따라서 죽은 자의 부활에 대한 희망과 신의 나라에 대한 희망은 서로 불가분적으로 귀속한다. 기독교 종말론은 이들 쌍방의 생각을 묶으면서 유일한 종말의 사건으로서 상상되어 왔다.

그런데 몸이 인간을 형성하는 세계의 모든 요인을 포함하고, 이 모든 것이 부활의 몸으로서 고양된다는 사실, 또는 반대로 개인의 종말의 완성이 인류 전체로서의 세계의 종말의 완성에 구성적으로 참여한다는 사실은, 지상에서 우리들의 삶의 영위에 관해서 하나의 실천적인 귀결을 가져올 것이다. 앞에서 살펴보았듯이, 지상의 삶과 영원한 삶 사이에는 비연속이면서 연속이라는 관계가 있다. 마찬가지로 우리의 현실 세계에서 신의 나라의 건설을 위해서 노력하는 것과 종말에서 완성되는 신의 나라의 존재방식 사이에도 비연속이면서 연속이라는 관계가 존재한다. 부활의 몸이 지상의 삶에서 준비되는 것처럼, 신의 나라의 완성은 지상에서의 신의 나라의 실현을 위한 노력에 의해서 준비되지 않으면 안 된다.

현대 신학은 기독교 복음의 중심인 신의 나라의 메시지를 재인식함으로 세계에 대한 기독교인의 사명에 다시금 눈을 뜨게 되었다. 위르겐 몰트만의 "희망의 신학"이나 오늘날의 "해방신학"은 주로 개인 영혼의 구원만을 강조하기 십상이었던 내향적인 교회의 존재방식을 반성하면

Menschen, in: Ders., *Grundfragen systematischer Thoelogie II*, Göttingen, 1980, 174-187을 참조.

서 기독교인이 사회적, 경제적, 정치적인 문제, 세계의 정의와 평화에 대해서 적극적으로 대처하라고 요구하였다.[12] 세계를 위한 신학은 우리의 지상에서의 노력이 신의 나라의 완성을 위해서 참으로 구성적인 의의를 지니는 것을 근거로 하지 않는 한 단순한 이데올로기로 변해버릴 것이다.

과연 신의 나라는 순수하게 신에 의해서만 주어지는 '은혜'여서, 그를 위한 우리의 지상에서의 노력은 궁극적으로는 아무런 본질적인 공헌도 할 수 없는 것일까? 과연 우리의 지상의 삶은 단지 새로운 천지창조를 애타게 기다리는 무대에 지나지 않으며, 언젠가 완전히 없어져버릴 그런 것일까? 만약 그렇다고 한다면 희망이란 궁극적으로 인간의 행위를 각인하는 하나의 형식에 지나지 않는 것이 아닐까?

인간의 자유로운 실존 수행이 결정성을 획득할 때, 거기서 완성된 모습으로 변용되는 것은 단지 실존의 구성요소인 타자와의 교제만이 아니다. 실존을 구성하는 세계 그리고 실존 그 자체가 그 일부인 바의 세계도 역시 고양되어 완성에 이른다. 더욱이 그레스하케가 말하듯이, 거기서 세계는 단지 내면화되어 주체를 각인하는 것에 머물지 않는다. 인류의 집합적인 역사 전체와 그 역사가 쌓아 올린 세계의 전체, 우리가 쌓아 올리는 사회와 전 인류의 공동체 자체가 고양되어서 신의 나라의 완성된 모습으로 변용된다고 생각할 수 있다. 반대로 우리들이 지상에서 쌓아올린 정의와 평화의 질서는 완성된 신의 나라를 위한 구성적인 요소이다. 이들은 신의 나라를 건설하기 위한 건축자재라고 할 수 있는 것이다. 신의 나라의 완성은 결코 지상에서의 우리들의 노력을 뛰어넘어서 그와 무관하게 다가오는 것이 아니다. 즉 개인의 생애가 그 사람의 궁극

---

12 J. Moltmann, *Theologie der Hoffnung. Untersuchung zur Begründung und zu den Konsequentzen einer christlichen Eschatologie*, München, 1964.

적인 구원에 있어서 구성적인 것처럼, 우리들이 현세에서 관계를 맺는 세계의 구체적인 모습도 종말에 변용되어 최종적이고 결정적인 모습을 획득하기 위한 것이고, 이런 점에서 구성적이다.[13]

---

[13] G. Lohfink의 앞의 책, 38-81 참조.

코멘트와 토론

코멘트: 타이테츠 운노

사회: 후지모토 기요히코

운노: 먼저 모모세 교수님의 간결하면서도 명료한 기독교 신학의 개요에 대해서 감사를 드립니다. 그 중요한 포인트는 세 가지, 즉 신체의 문제, 궁극적 구원과 현세의 생활, 개인과 세계 전체의 구원, 이 세 가지로 요약된다고 하겠습니다. 선생님은 특히 과거 일본 역사 내의 종교의 역할을 고려하시면서 기독교의 특징과 공헌에 대해서 부연하셨습니다. 여러 가지 소중한 문제를 언급하고 계십니다만, 현대에 있어서의 종교의 다원성, 상보성(religious pluralism)의 입장에서 생각해 보면 여러 가지 의문이 생기는 것도 사실이 아닐까요?

제가 근무하는 스미스여자대학에서는 지금까지 백 수십여 년 동안 행해 왔던 전통적 종교 의식, 예를 들어 성탄절 등이 특정한 종교에 치우친다는 이유로 폐지되었고, 대학의 예배당에서는 매주 기독교, 유대교, 불교의 예배가 드려지며, 동방정교회, 힌두교, 이슬람의 특별 행사도 정기적으로 개최되고 있습니다(스미스대학의 학생수는 2500명 정도로 세계 50여 개 국에서 온 유학생이 있습니다). 또 종교학 관계의 강의 중 비교적 많은 학생들이 수강하는 것은 동양의 제 종교에 관한 강의입니다. 이런 종교적 사정을 생각하면서 몇 가지 질문을 드리고 싶습니다.

모모세 교수께서는 기독교의 기원에 대해서 이스라엘이 예수를 십자가에 못박은 결과 "부활자 예수의 이름으로 모였고, 자신들의 공동체야말로 유대 민족 이스라엘을 대신하는 새로운 이스라엘이다"라고 생각했다고 말씀하시면서 그것은 전 인류에게 보편적인 역사적 의미를 지닌다고 하셨습니다. 그러나 이 경우 옛 이스라엘 백성, 즉 유대교인은 어떻게 되는지요? 또 나중에 자신들이야말로 보다 완전한 신의 계시를 코란을 통해서 받았다고 믿는 이슬람교도는 어떻게 되는 것입니까? 예수의 죽음에 참여하고 예수의 부활에 참가하지 않으면 안 된다고 한다면, 거기에 참여하지 않는 사람, 혹은 참여할 수 없는 사람은 어떻게 되는 것입니까? 새로운 이스라엘 백성의 보편적 의미란 구체적으로 무엇을 가리키는 것입니까? 같은 유일신교인 유대교, 기독교, 이슬람교가 존재하는 중근동에 있어서 이들 간의 상호 관계는 어떻게 되는 것입니까? 여기서 제 동료 기독교 신학자가 한 말이 생각납니다. "기독교와 불교의 대화는 재미있고 또 쉽지만, 유대교나 이슬람교와의 대화는 몹시 어렵다."

그런데 그리스적 사고에 있어서의 심신의 구별, 또는 근세 서양 철학에 있어서의 정신과 육체의 이원론에 반해서, 영원한 삶으로 부활된 인간은 영혼과 육체의 통일체가 된다고 말씀하십니다만, 영혼이란 무엇을 가리키는 것입니까? 인간의 참된 존엄의 근거라고 여겨지는 불멸의 영혼이란 무엇인가요? "현대 신학은 심리학, 생물학, 사회학 등의 발전에 따라, 인간의 영혼과 육체 사이의 불가분의 통일과 변증법적인 긴장 관계를 재인식하고 있다"라고 말씀하셨습니다만, 우선 심리학적인 면으로부터 생각해 보아도, 여러 가지 문제가 등장하겠지요. 예를 들어 종교심리학의 개척자인 윌리암 제임스(William James)는 우리가 보통 세 개의 자기를 가정하고 있다고 합니다. 즉 사회적 자기(Social Me), 물질적 자기(Material Me), 영혼을 포함한 정신적 자기(Spiritual Me)가 그것입니다. 그렇지만 그 어떤 것도 참된 자기가 아니고, 이들의 근저에 있는 '의식의 흐름'(Stream of Consciousness)

이야말로 본래적인 자기라고 합니다. 만약 현대 심리학의 이러한 입장이 수용될 수 있다면, 불멸의 영혼이란 무엇을 가리키며, 그것과 무너져 가는 인간의 신체는 어떠한 관계에 있는 것입니까?

나아가 부활의 몸은 지상의 몸으로 뿌려진 것의 개화(開花)이고, "인간의 자연의 몸에 대한 기독교 낙관주의의 근거가 여기에 있다"고 하시면서 인간의 죽음, 굶주림, 목마름, 늙음, 애증 등은 신에 의해서 창조된 영원한 삶의 씨로서 적극적으로 평가된다고 말씀하셨습니다. 그것이 기독교 신앙으로 살고 있는 사람들의 자각이라는 데에 이론(異論)은 없습니다. 그러나 인간은 육체이기 때문에 여러 가지로 고민하고 괴로워하는 것이 인간의 현실이라고 한다면, 그것들을 간단하게 긍정할 때 죄의 의식은 어떻게 되는 것입니까?

신체와 사회성의 연결은 당연한 것입니다만, 종교에서 신체를 존중한다는 것은 동양에서는 다양한 수행을 종교 생활의 중요한 일면으로서 전개시켜 왔습니다. 현재 서양이 동양에 대해서 보이는 관심은 많은 경우 신체를 존중하는 행위에 집중해 있다고 할 수 있겠지요. 만약 육체가 "구원을 준비하는 것"이라면 영혼과 마찬가지로 어떠한 형태가 되었던 수행도 중요시되어야 하지 않을까 합니다. 왜 서양에서는 신체를 중심으로 하는 종교적 행위가 발전되지 못했을까요?

그것은 그렇다고 해도, 신체의 역사성과 사회성에 대해서 "인간이 신체성을 매개로 해서 만나는 타자가 그 인간의 완성에 있어서 구성적인 역할을 한다… 인간 사이의 교제가 그 자체, 신의 나라의 완성에서 고양되고, 신의 나라의 질서에 속한다고 할 수도 있다"고 말씀하셨습니다. 이러한 주장은 기독교 내에서 이루어진 발언에 머문다면 별 문제가 없겠습니다만, 타종교 사람들과 사귈 필요가 있는 일상생활에서는 현실성이 부족한 것은 아닐까 합니다. 그렇지 않으면 유대교 사상가인 마틴 부버(Martin Buber)

처럼 자신의 저서『나와 너』를 활용하기 위해서 스스로 기꺼이 아랍 주민의 지역에 집을 짓는 행위를 권하시려는 것입니까?

또 천상의 삶, 신의 나라란 구체적으로 무엇일까요? 십여 년 전, 종교사회학자 로버트 벨라(Robert Bellha)가 하버드신학교에서 강연했던 요지는 미국의 정신적 지주인 신의 나라, 즉 스카이 홈(Sky Home)은 이미 붕괴되었고, 그 대신 사람들이 찾고 있는 것이 대지의 종교, 즉 어스 홈(Earth Home)—샤머니즘, 아메리칸 인디언의 종교, 티벳 불교 등—인데, 이들도 인간의 참된 해방을 약속하지 않는다 했습니다. 현대인에게 남아있는 것은 단지 집 없는 집, 즉 노 홈(No Home)이라는 것이었어요. 그러면서 선불교의 공(空)사상이나 니시다 철학의 절대무(絶對無)를 언급하였습니다. 천상의 삶의 의미, 또 지상의 삶과의 관계 등, 자세하게 설명하실 필요가 있는 것은 아닌가 합니다.

마지막 코멘트로서 말씀드리고 싶은 것은, 이러한 다원성의 현대에 있어 종교의 정의를 "자신을 뛰어넘는 존재와 관련해서 구한다"고 하는 것은 종교 간의 상호 이해를 오히려 방해하지는 않을지, 적어도 불교에 한해서 본다면 그러한 정의는 들어맞지 않는다고 생각합니다. 왜냐하면 부처는 인간과 관련되는 것이 아니고, 인간이 거기에서 완성되는 것을 가리키기 때문입니다. 인간이 부처의 세계에 참여하는 것이 아니라, 인간이 부처가 되는 것이지요. 자각의 원점에 서서 보면, 인간의 존엄은 불멸의 영혼에 있는 것이 아니라 불생불멸의 불성에 있고, 그것은 영원한 삶을 받는 것이 아니라, '대사'(大死)와 '왕생'(往生)을 통해서 생사를 넘는 것입니다. 그것은 또 지상의 삶과 천상의 삶으로 구별되는 것이 아니라, 생사 즉 열반, 번뇌 즉 보리에 입각한 커다란 생명의 긍정입니다. 이러한 세계관도 역시 많은 미해결의 문제를 지니고 있다고는 생각합니다만, 종교를 현대 세계의 문제로서 생각하는 경우, 종교를 초월자와의 관계에서 이해하려는 시도는 고려해야 할 점이 많이 있는 것은 아닐까요?

예수가 선포한 신의 나라

후지모토: 감사합니다. 운노 선생님의 생각과 경험을 배경으로 하시면서 질문을 여섯 가지 정도 해주셨습니다. 모모세 선생님은 순번을 정해서 질서정연하게 발표해주셨기 때문에, 첫 번째 문제로부터 대답해 주신다면 감사하겠습니다. 우선 "예수의 죽음과 부활을 통해서 예수가 선포한 신의 나라의 기초가 주어졌다고 믿는다"는 것에 대해서입니다. 만약 새로운 이스라엘이라는 신의 나라가 인류에게 의의가 있다면, 유대교도, 이슬람교도는 어떻게 되는가 하는 발언에 대해서….

모모세: 거기에는 오해가 좀 있다고 생각합니다. 이스라엘은 유대교 민족의 역사에서 확실히 '선택된 백성'이라고 생각되어 왔습니다. 그렇지만 그것이 신의 나라와 동일한 것은 아니지요. 이스라엘을 통해서 전 세계의 사람들에게도 구원이 미치는 것이 목표라고 생각하였고, 신의 나라는 최종적인 완성입니다. 그러한 이스라엘 민족에게 예수가 회심을 호소했습니다. 그것의 좌절된 형태로서 이번에는 기독교인들이 자신들이야말로 새로운 이스라엘이라고 주장했지만, 기독교인들이 교회라고 부르는 것도 결코 신의 나라 그 자체는 아닙니다. 신의 나라를 위한 하나의 도구이지요. 기독교인이란 신의 나라를 불러오기 위한 매개가 되도록 부름을 받은 사람, 그러한 사명이 주어진 사람으로서 자기를 이해했다는 것이지요. 그러므로 신의 나라가 곧 교회라는 식으로는 절대로 생각하지 않았습니다.

목적은 신의 나라

기독교의 자기 이해에 의하면 신의 나라를 최종적인 목적에 놓았습니다. 교회 자체가 많은 신자를 획득해서 커지는 것을 목적으로 한 것이 아니란 말입니다. 따라서 어떠한 종교를 가진 사람도 신의 나라로부터 제외되어 있다고는 생각하지 않을뿐더러, 교회나 기독교를 통해서 신의 나라가 구축되는 것을 목표로 하여 다른 사람들과 함께 일한다는 것을 명백히 인식하고 있다고 생각합니다.

다만 아직도 문제는 남아있지요. 방금 전 말씀하신 것처럼, 만약 예수에게서 신의 나라의 기초가 마련되었다고 한다면, 자, 유대교는 어떻게 된다는 말이냐, 이슬람교는 어떻게 된다는 말이냐 하셨던 그 문제입니다. 유대교에 대해서는 바울이 〈로마서〉에서 이 문제를 적극적으로 다루었습니다. 바울은 이스라엘이 전체적으로 회복될 것이라는 희망을 계속해서 가지고 있었습니다. 그래서 언젠가 통일이 될 것이라고 적어도 희망하고 있었던 것이지요. 이슬람에 대해서는 여러 가지로 대화가 시도되고 있지만, 조금 전에 말씀하셨던 대로, 어려운 점이 많이 있습니다. 그것은 말씀하신 그대로입니다. 하지만 그렇다고 해서 기독교가 자기를 절대적인 것으로 여기거나 자기 자신을 목적으로 하고 있는 것은 결코 아닙니다. 우선 이런 사실이라도 분명히 해둔다면 뉘앙스가 달라진다고 하겠습니다.

그럼에도 불구하고 기독교의 자기 이해에는 어려운 점이 남아있습니다. 저는 전부터 주장해 왔습니다만, 예수 그리스도에게서 절대적인 계시가 주어졌다고 주장한다면 다른 종교와의 대화는 매우 어렵게 됩니다. 그러나 이 점을 적당히 넘어간다면 이번에는 기독교가 기독교가 아닌 것이 되어 버립니다.

영과 육체는 하나

후지모토: 두 번째 문제입니다. 영혼과 육체가 하나라는 것에 대해서입니다. 기독교의 습관에서는 영혼이 일차적이고 육체는 이차적이 아닌가 하는 점입니다.

모모세: 이 문제에 대해서는 어느 정도는 이미 말씀드렸다고 생각합니다. 서양에 전해진 기독교는 특히 그리스의 헬레니즘적인 사상의 지반 위에서 발전했으므로, 말씀하신 대로 확실히 영육 이원론적인 생각이 강하게 지배하고 있었고, 이것은 지금도 그렇다고 생각합니다. 윤리관이든 일상적인 에토스이든, 영육 이원론이라고 할까요, 결국 육체를 경시합니다. 방금 전 말씀드렸듯이 바울의 '영과 육체'라는 말을 '영혼과 육체'라는 식으로 이해해 버림으로써 그러한 일이 생겨난 것입니다. 하지만 성서학이 발전함에 따라서 그 본래의 의미가 무엇이었는지, 유대 세계에서 영과 육을 이해하는 방식이 어떤 것이었는지가 밝혀짐에 따라서 이러한 이원론은 꽤 극복되고 있다는 생각도 듭니다.

말씀하신 것처럼 동양의 종교는 그 점에서 심신의 통일을 자연스러운 형태로 몸에 익히고 있습니다. 그리고 그 점으로부터 기독교는 많이 배워야 한다고 생각합니다. 처음에 말씀드렸던 것처럼, 여러 민족에게서 각 종교가 여러 가지 형태를 취했습니다. 거기에는 어떤 민족의 정신성이 큰 영향을 미쳤습니다. 그래서 당연히 어느 한 민족이 충분히 눈을 뜰 수 없었던 계기라는 것도 있는 것이지요. 서양에서 발전한 기독교에는 예를 들어 심신의 통일을 경시했다는 것이 그 점이라고 생각합니다.

기독교의 낙관주의와 죄의 문제

후지모토: 그럼 세 번째로 기독교의 낙관주의라는 문제입니다. 구원받지 못한 사람에게는 죄의 문제가 있는 것은 아닌가 하는 것입니다.

모모세: 죄의 문제를 여기에서 직접 다루지는 않았습니다. 하지만 역시 기독교를 제대로 알기 위해서는 그 문제를 무시할 수 없겠지요. 예수의 신의 나라도 궁극적으로는 죄의 힘에 대한 승리 그리고 죽음에 대한 승리로서 선포된 것이기 때문에, 죄의 문제는 그에 대한 전제가 되어 있는 큰 문제입니다. 죄의 문제, 혹은 세계 속의 악의 문제를 결코 무시하는 것은 아닙니다. 만약 제가 그것에 대해서 충분히 설명하지 않았다고 한다면 제 말이 짧아서였을 겁니다.

다만 이것만은 말씀드릴 수 있다고 생각합니다. 예를 들어 불교의 번뇌 그리고 번뇌로부터 행해지는 것은 가치가 없다거나 소멸하지 않으면 안 된다는 생각이 아니라는 점입니다. 인간의 욕망의 왜곡된 형태가 죄로서 나타날지도 모르지만, 그러나 그것도 본래 신에 의해서 만들어진 것이라는 말입니다. 신에 의해서 만들어진 것은 *Omne ens est bonum*(모든 존재는 선이다)이라고 하듯이, 그것도 신에 의해서 긍정된다는 말입니다. 따라서 그것들을 버린 후 구원받는 것이 아니라 그것들이 고양된다는 말입니다. 그리고 죄에 의해서 손상된 것이 치유되지 않으면 안 된다, 이런 생각이지요.

번뇌를 긍정하다

운노: 불교의 경우에도 여러 가지 생각이 있습니다. 예를 들어 〈유마경〉에 "연꽃은 불 속에서 핀다"고 하면서 번뇌가 비로소 깨달음을 연다고 합니

다. 이것도 어떤 의미에서는 마찬가지로 번뇌를 단순히 제거하는 것이 아니라 긍정하는 문구라고 여겨집니다.

모모세: 기독교의 역사에는 여러 가지 흐름이 있어서, 육체적인 것을 매우 멸시하거나 적대시하는 경향이 있었고, 지금도 그런 경향이 있을지도 모릅니다. 그렇지만 제가 말씀드렸던 것이 결코 어떤 특별한 생각은 아닐 겁니다. 아마도 브라후트 선생님이나 다른 분들도 그 점에 대해서는 찬성해 주시리라 믿습니다.

과학의 발전과 현대 신학

후지모토: 네 번째 문제는 심리학 등, 현대의 제학문의 발전에 수반하는 현대 신학의 재인식이라고 하셨는데, 이것은 어떤 의미로 말씀하신 것인지요?

모모세: 이것은 현대의 신학이 결코 근대의 과학을 무시한 채 이루어지는 것이 아니라, 그러한 학문의 연구 성과와 함께 나아가고 있다, 그러므로 인간을 이해하기 위해서 신학이 담당하는 역할이 중요하다는 생각이었습니다. 말씀하셨던 것처럼 심리학이나 사회학은 하나의 특정한 방법론을 가지고 인간을 이해하기 때문에, 인간의 전체상은 충분히 파악할 수 없다고 생각합니다. 그러나 신학은 여러 학문이 증언하고 있는 진리를 아우르면서 보다 종합적인 인간관을 시도한다는 말이었습니다.

후지모토: 다섯 번째 질문입니다. "인간이 신체성을 매개로 해서 만나는 타자"라고 하신 점에 대해서인데요, 이것을 현대의 세계에 어떻게 살리는

가 하셨던 것 말입니다.

모모세: 저도 이것은 과제라고 생각합니다.

운노: 불교에서는 문제가 되지 않지요, 아예 노력도 하지 않으니까요.

모모세: 예를 들어 어떤 부부가 있다고 합시다. 아무리 사이가 나빠도 나만 구원받는 일은 있을 수 없습니다. 상대방의 구원과 자신의 구원은 밀접하게 관련되어 있으므로 한 사람만 구원받는다고 주장하는 것은 기독교가 아닙니다.

천상의 삶

후지모토: 마지막으로 "지상의 삶과 천상의 삶"이라고 할 경우 천상의 삶이란 구체적으로 무엇을 가리키는 것입니까?

모모세: '천상의 삶'이라는 말이 매우 불완전함에도 불구하고 사용한 것은 성서적인 상징이기 때문입니다. 바울은 '하늘의 몸'이라고 할 때도 있고 여러 가지 방식으로 말하고 있습니다. 요컨대 우리가 시간과 공간 속에 사는 한 그러한 경험 세계로부터 이해한 개념을 가지고 신앙의 대상을 표현하지 않을 수 없는 것입니다. 따라서 부정적인 유비 개념 같은 것을 사용하지만, 그러나 이것은 아니잖아 하면서 아무런 표현도 하지 않을 수는 없습니다. 예를 들어서 '영원'이라는 말도 그렇지요. 이것은 시간적인 길이는 아닙니다만, 그 이상 적극적으로는 실제로 아무 것도 상상할 수 없어요. 하늘에 대해서 상상할 수는 없습니다. 이런 것에 대해서는 역시 어떤 상징

의 도움을 빌리지 않을 수 없습니다. 따라서 만약 현대에 '스카이 홈' 혹은 '어스 홈'이라는 심벌(symbol)이 쓸모가 없고 '노 홈'이라고 하는 편이 더 좋다고 한다면 그것도 좋을지 모릅니다. 다만 그 심벌이 무엇을 말하고자 하는가는 중요하다고 생각합니다. 우리는 현대에 어울리는 알기 쉬운 상징을 사용해야 한다고 생각합니다.

후지모토: 정말 감사합니다. 그러면 남은 시간에 참가하신 선생님들께서 질문해 주시면 감사하겠습니다. 이 세션에는 시가라키 선생님과 오미네 선생님이 용무가 생기셔서 자리를 비우신데 대해서 양해해주시기 바랍니다.

구원 속의 지혜

오프너: 이 모임의 전체 테마는 "종교에 있어서의 구제와 자각"입니다만, 지금 모모세 선생님의 말씀을 들으면서 생각해 보았습니다. 원래 붓다라는 말의 의미는 깨달음을 얻었다든가, 눈을 떴다는 의미라고 생각합니다만, 정토교에서는 깨달음이라든지, "구원 속에서 지혜를 얻었다"라는 식의 생각이 있습니까? 기독교에서도 예를 들어 사도 바울이 다마스커스로 가다가 회심한 체험이 있는데, 그것도 깨달음을 얻었다고 할 수 있습니까? 구원과 깨달음, 혹은 지혜를 얻었다든가, 새로운 빛을 얻었다든가, 그러한 것에 대해 여쭙고 싶습니다. 바울이 "깨달음을 얻었다"고 말할 수 있는지요?

모모세: 어떤 의미로는 그렇게 말해도 괜찮다고 생각합니다. 바울의 체험에 대해서는 다양하게 논해지고 있지요. 그것은 도대체 어떤 것이었는

가 하고 말입니다. 제 나름대로 이런 것이 아니었겠는가 하고 결론적으로 말씀드릴 수 있다면, 그것은 부활 체험입니다. 바울은 신의 계시를 받아서 예수의 부활을 이해한 것입니다. 고린도전서 15장을 조금 전 인용했습니다만, 신이 예수를 죽은 자 가운데서 부활시킨다고 하는 새로운 창조의 행위를 이루셨다는 통찰을 얻었던 것입니다. 깨달음이라고 한다면 깨달음이지요. 그러나 그 깨달음은 어떤 특징이 있어서 부활체험이라고 불리는 것이지요. 그 특징이 무엇인가 말씀드리면 복음을 선교하여 교회를 만드는 기초가 되는 체험이었습니다. 그러므로 노력만 하면 다른 사람 그 누구라도 얻을 수 있는 그런 깨달음이라는 것과는 다르다고 생각합니다. 바울을 모방하면서 열심히 수행을 쌓으면 얻을 수 있는가 하면 그렇지 않습니다. 적어도 바울은 그렇게는 생각하지 않았습니다. 바울 자신에게도 두 번 다시 반복되지 않는, 단 한번뿐인 신의 계시라는 식으로 말합니다. 계시와 깨달음—깨달음이라고 해도 괜찮겠습니다만—, 이러한 것을 구별한 후에 그렇게 말해야 한다고 생각합니다.

정토교의 '깨달음'

오프너: 정토불교에서는 '깨달음'이라는 표현을 사용합니까?

테라가와: 신란이 〈교행신증〉(敎行信證)이라고 할 때의 '증'(證)인데요, 그것을 '깨달음'(悟)이라고 읽는다면 어떤 의미에서는 사용한다고 할 수 있습니다. 이것은 "깨달음을 얻었다"라는 것보다는 조금 유연한 표현으로서 "깨달음에 접하고 있다"라고 할 수 있다고 생각합니다. 깨달음에 접한다는 경우—신란의 경우는 깨달음에 접한다는 체험이 신심(信心)입니다— 신란의 이해에 따르면 여래의 지혜의 작용에 접해서 인간의 허망과 미혹이 부

수어진다는 체험이 곧 깨달음입니다. 그러한 의미에서는 "깨달음을 얻었다"가 아니라 "깨달음에 접해 간다"는 식으로 충분히 말할 수 있겠지요. 그것이 없으면 구제라고 하더라도 불교의 구제는 될 수 없습니다. 그러므로 진리에 의해서 구원되는 것입니다. 그러므로 대비(大悲)도 진실한 것의 작용과 다르지 않다고 봅니다.

대지대비(大智大悲)

후지모토: 역시 지금 선생님이 말씀하셨던 그대로라고 생각합니다만, '대지대비'라고 하지요. 아미타 여래의 대자비 그리고 대지혜라고도 합니다. 이 두 가지 면이 역시 정토교에서 중요하다고 생각합니다. 범부라는 측면에서 문제로 삼는 경우, 예를 들어 호넨은 "성도문은 지혜를 다한 곳에서 생사를 떠나고, 정토문은 어리석음[愚癡]에 돌아가서 극락에 태어난다"고 말합니다. 이 경우는 인간 측의 지혜를 부정하고 어리석음으로 돌아간다는 태도에서 호넨은 정토문을 이해했다고 생각합니다. 부처의 작용의 특성을 말하는 경우에 지혜와 자비라고 한다고 생각합니다.

밀의종교(密儀宗敎)

고쿠부: 좀 다른 이야기입니다만, 육체는 영혼의 묘지라고들 합니다. 그리스인들은 일단 육체로부터 해방된 것이 다시 돌아온다고는 생각하지 않았던 것이 아닐까 하고 생각합니다.

모모세: 그러한 식으로 바울이 말한 것은 아닐까하고 오해한 것입니다, 그리스인들이 말이죠.

고쿠부: 뭔가 디오니소스의 신앙과 부활 사이의 관계가….

야기: 디오니소스 신화로부터 부활 신앙이 생긴 것이 아니고, 부활신앙이 생기고 난 후 그것이 신학적인 형태를 취할 때에 디오니소스 신화를 포함한 당시의 밀의종교가 모종의 매개가 되었음은 일반적으로 인정되고 있습니다. 디오니소스뿐만 아니라 헬레니즘 세계에 여러 가지 형태의 밀의 종교가 있었지요. 특히 지중해 연안에 말입니다. 이시스, 오시리스까지 미치는 것입니다만, 죽었다가 다시 살아난 신의 아들이라는 것도 있어서 디오니소스는 그 한 형태입니다. 신의 아들이 죽고 다시 살아난다. 신자들은 제사를 통해서 의식적(儀式的)으로 반복함으로서 죽었다가 다시 살아난 신의 아들의 죽음과 재생을 맡는다고 합니다. 그러한 형태로 널리 찾아볼 수 있는 것이었기 때문에 "밀의 종교는 기독교가 특히 헬레니즘적인 형태를 취하는데 있어서 어떤 매개의 역할을 하지 않았을까"라고 대개 인정되고 있습니다. 다만 그것이 부활 신앙의 근거였다고는 증명할 수 없고, 아마도 그렇지는 않으리라고 생각합니다.

신비주의

고쿠부: 그 다음에 "그리스도가 나에게서 산다"고 한 바울에 대해서 입니다만, 이것은 신인합일(神人合一)이라는 일종의 우니오 미스티카(unio mystica 신비적 합일)인가요? 그렇게 이해해도 괜찮을까요?

야기: 네. 기독교 신비주의라고들 합니다. 그런 것이 바울에게 있습니다. 알버트 슈바이처는 "우리가 그리스도 안에 있다"라는 말을 더 중시했습니다만, "그리스도가 우리 안에 있다"는 말도 있습니다. 이 둘은 조금 의

미가 다릅니다. 어쨌든 이것을 기독교 신비주의라고 합니다.

고쿠부: 그렇다면 일반적으로 예를 들어 아트만과 브라흐만의 일치라고 하는 그러한 생각입니까?

야기: 그렇습니다. 다만 어디에서 그 일치가 생기는가, 어디서 그런 일치가 확인될 수 있는가 라는 점이 브라흐만과 아트만의 일치라는 경우와는 다르다고 저는 생각합니다.

고쿠부: 플로티누스도 일자(一者)와의 합일에 대해서 말했지요.

야기: 그렇다고들 합니다. 그러나 바울에게 신(神)신비주의는 없다고 합니다. 그리스도 신비주의는 있지만 신신비주의는 없다고요. 적어도 표면에는 등장하지 않는 것이 사실이라고 생각합니다.

바울의 부활 이해

모모세: 저는 바울의 부활 이해를 고린도전서 15장을 따라서 생생한 것이라고 강조해 두고 싶습니다. 유대적인 생각에서 말하자면 역사란 하나의 방향성을 가지고 있고, 역사상의 어느 시점에서 죽은 사람은 "죽은 자들의 나라"에서 기다리고 있다고 보았습니다. 죽은 자들의 나라란 시간도 없고 빛도 없이 정지한 상태로서 그림자와 같은 존재입니다. 그러다가 역사의 종말이 되면 모두가 신 앞에 불려나갑니다. 모든 죽은 자들이 부활하는 것이지요. 이것이 "죽은 자의 부활"인데, 종말에 이루어지는 새로운 창조의 사건으로서 상상되었던 것입니다. 바울도 이 개념을 전제로 해서 이야

기하고 있습니다(고린도전서 15장). 죽은 자의 부활이 있으니까 그리스도의 부활이 있다고 말이지요. 죽은 자의 부활이 그리스도에 의해서 선취되었다고 말하는 것입니다.

종말의 새로운 창조

바울은 여기서 '첫열매'라는 말을 사용합니다. 이것은 "죽은 사람이 다시 살아났다, 다시 숨을 쉬게 되었다"라는 말이라기보다는 오히려 종말에 새로운 창조가 이루어진다는 뜻입니다. 신의 창조의 행위가 역사의 한 복판에서 유일회(唯一回)적으로 일어났다. 그것은 오직 예수 그리스도에게서만 일어난 일로서, 전 인류의 죽은 자의 부활을 선취하고 또 그것을 보증한다. 첫 열매라는 말은 나중에 계속해서 일어나는 일을 보증하는 희망의 징표로서 주어졌다, 계시로서 주어졌다는 뜻입니다. 이렇게 이해된 것은 아닐까요? 이것이 고린도전서 15장 전체의 논리라고 생각합니다. 따라서 단지 자각이라고 하는 것보다는 매우 생생한 유대의 종말론으로부터 출발하고 있습니다.

야기: 확실히 바울은 그렇게 생각하고 있습니다. 다만 고린도후서 5장과 빌립보서 1장에서는 이와는 상당히 다르게 말합니다. 거기서는 신자가 죽으면 바로 그리스도에게로 갑니다. 고린도전서에서는 죽은 신자가 부활하기까지 자고 있습니다. 말씀하셨던 것처럼 유대교의 종말론에 '죽은 자의 창고'라는 관념이 있고, 제4에즈라기에는 이것이 매우 분명하게 등장합니다. 죽으면 죽은 자의 창고에 들어가 있다가 종말 때에 부활합니다. 기독교인도 그렇습니다. 그런데 고린도후서 5장과 빌립보서 1장에서는 죽으면 바로 몸을 벗어나 그리스도 밑으로 간다고 합니다. 이처럼 두 가지 사고

방식이 있습니다. 기독교는 이것을 잘 구분해서 사용하고 있어요. 장례식 때에는 소천(召天)이라고 합니다. 죽은 자의 창고 속에서 자고 있기는 싫은 것입니다.

모모세: 그것은 전혀 모순이 아니지 않습니까? 우리는 적어도 기독교의 교의학에서 그렇게 이해하고 있습니다만, 개인의 죽음에 대해서 말한다면, 어느 시점에서 죽은 사람에게는 시간이 없는 것이니까요, 죽음의 순간이라는 것은….

야기: 본인에게는 없지만, 밖에서 보면….

죽음이 개인의 종말

모모세: 그러므로 이렇게 말해도 괜찮을 것 같습니다. 죽음의 순간이 그 사람에게는 종말이라고 말이죠.

야기: 죽었기 때문에 "그 사람에게는"라고도 할 수 없지 않겠습니까?

모모세: 그런 식으로 말할 수밖에 없지 않을까요?

야기: 그렇게 되면, 조금 전에 제기되었던 것처럼, 이 세상에서의 몸과 부활의 몸 사이의 동일성의 근거가 어디에 있는가라는 문제가 다시 대두됩니다. 뭐, 그것은 그렇다고 하지요. 어쨌든 바울이 말하는 것은 지금 곧이라는 것입니다. 종말 이전에 그리스도에게로 간다고 합니다. 해당 본문을 참조해보시면 아실 수 있으리라 생각합니다. 그것은 곧 요한적인 사고

방식의 계통인데, 구원사(救援史)적인 생각과는 다르지요. 시간이 지나면서 매우 명쾌하게 밝혀집니다만, 어쨌든 신약성서는 여러 가지 사고방식이 공존하고 있기에 이런 일들이 있을 수 있는 것입니다.

단절감

테라가와: 세계 이해라든지, 죽는다든가 산다든가 하는 말에 의미를 부여하게 되면 기독교와 우리들 사이에 상당한 거리를 느끼게 되는군요. 뭐라고 표현할 수는 없지만 말입니다. 이에 대해서는 "아, 그렇습니까"라고 말할 수밖에 없군요.

야기: 기독교도, 아 그렇습니까가 아니고, 확실히 그렇다고 할 만한 곳을….

테라가와: 이런 것들이 도대체 무슨 말인지, 저희가 알아들을 수 있는 내용이 있다면….

야기: 저도 그것을 말하고 있는 것입니다. 부활이라든지, 영의 몸이라든지 하는 말이 도대체 무슨 말인지 우리에게는 이미 알 수 없는 것이 되어버렸다는 말씀입니다. 이것이 제가 갖고 있는 문제입니다. 이런 여러 가지 말이 그 시대에 등장하지 않을 수 없었던 공통의 고향이 있을 것임에 틀림없습니다. 그것이 "그리스도가 내 안에서 살고 있다"라는 말이라고 생각하고, 또 그에 대해서 말씀드리고 있는 것입니다. 그것을 당시의 사고방식으로 전개하면 부활이라든지 영화(靈化)라는 말이 됩니다. 그러니까 모모세 선생님도 분명히 말씀하셨듯이, 당시의 사고방식을 그대로 현재로 가져오

는 것은 무리이지요. 다만 어느 정도로 무리인가 하는 것에 대해서 모모세 선생님과 저 사이에는 거리가 있다고 여겨집니다.

교회의 자기의식

브라후트: 모모세 선생님께 질문 드리고 싶습니다. 교회의 자기의식이라는 것인데요. 자기 자신이 목적이라든지 절대적인 것이 아니고 신의 나라를 위한 매개와 도구라는 것이 교회가 지녀야 할 올바른 자기의식이라고 저는 생각합니다. 하지만 비교적 최근까지 그러한 자기의식은 별로 없었다고 하는 사실도 동시에 말하지 않으면 안 됩니다. 특히 타종교에 대해서 자신이야말로 절대적이라는 태도를 취해 왔다는 것을 이런 장소에서는 솔직히 말해도 괜찮다, 저는 그 말을 덧붙이는 편이 좋다고 생각합니다. 확실히 요즈음 그 자기의식은 다행히 살아 있지만….

인간은 세계를 개선할 수 있는가?

그리고 하나의 질문입니다. "(신자의) 세계에 대한 사명에 새롭게 눈 뜬다"고 선생님은 말씀하셨습니다. 저는 교회사를 잘 모릅니다만, 사회적인 관심, 기독교인으로서 세계의 개선이라든지 사회의 개선을 위해서 싸우지 않으면 안 된다는 의식이 역사 속에서는 어느 정도 있었습니까? 저는 별로 없었다고 생각합니다. 인간이 세계를 개선할 수 있다는 생각은 예전에는 없었던 것은 아닌가 합니다. 어디로부터 비롯되었는지는 잘 모르겠지만, 이 새로운 자기의식—올바른 자기의식이라고 생각합니다—은 비교적 최근의 것은 아닐까요?

모모세: 예전처럼 자연 속에서 신을 찾아내기 보다는 오히려 인간이 자연을 바꾸어 버리는 오늘날의 자연과학과 기술의 시대에서 의식도 크게 바뀐 것은 틀림없는 사실이라고 생각합니다. 그러므로 또 사명이라고 특별하게 주장하는 것은 아닐까 합니다. 그렇지만 이미 예수의 신의 나라라는 복음 속에 그 맹아가 있었습니다. 그것이 현대와 같은 사회적, 문화적인 상황 속에서 다시금 눈을 뜬 것은 아닐까 생각합니다. 전혀 없었다고는 생각되지 않습니다….

브라후트: 그대로는 아니었지만, 씨앗이라는 형태로 그리스도의 메시지 안에 있었다는 말씀이시군요. 거기에는 저도 찬성입니다.

모모세: 전혀 없었다고는 생각되지 않아요. 중세에도 별로 눈에는 띄지는 않았지만 여러 사람들이 자각하고 있었다고 생각합니다. 예를 들어 베네딕트 수도회의 수도자들이 열심히 암흑 시대의 경제, 문화를 지탱해 준 것이나, 혹은 프란시스코회의 운동이라든지 하는 것 말입니다. 역시 그러한 의식이 전혀 없었다고는 할 수 없다고 생각합니다.

세계와 사회

브라후트: 그것은 매우 미묘한 일입니다. 그러한 개인적인 것 말고 구원에는 무언가가 더 있습니다. 확실히 그것은 기독교 안에 있습니다. 다만 그런 말이 어떤 것인지 저는 아직 잘 모르겠어요. 한편으로는 '세계'라고 하고, 다른 한편에서는 '사회'라고 하지요. 그것은 같은 것은 아니라고 생각합니다. 그 두 가지가 어떤 식으로 연결되느냐는 문제가 남아 있습니다. 사회라고 하면 역시 구약 성서에서처럼 정의, 인간과 인간의 관계가 중심

이 되겠지요. 세계라고 하면 사회와는 조금 다른 관점에서 말해진다고 느끼기도 합니다. 많은 경우 같은 의미로 사용되지만, '세계'는 역시 우주론적인 범주이지요. 다른 하나는 사회적 범주이고요. 거기에 대해서 무언가 선생님께서 생각하고 계시는 것이 있다면….

모모세: 그것은 인간을 어떻게 이해하는가에 관련된 문제이겠지요. 예를 들어서 인간을 세계의 물질성과 떼어내어서 단지 주체로서만 이해한다면, 세계란 그 주체가 살고 있는 무대에 지나지 않을 것입니다. 별로 중요하지 않을지도 모르지요. 그저 무대이기 때문에. 그러나 만약 인간 자체가 세계의 일부라고 이해한다면 그리고 세계야말로 인간의 실존을 만드는 구성적인 것이라고 생각한다면, 인간의 구원을 생각할 때 세계의 구원을 생각하지 않으면 안 되겠지요. 에콜로지와 같은 문제도 대두될 것입니다. 방금 전에 운노 선생님이 말씀하신 자연 파괴의 문제도 현대의 기독교가 열심히 대처하려는 것 중의 하나입니다. 왜냐하면 자연과의 조화 없이는 인간의 구원도 없다는 것을 의식하고 있기 때문입니다. 따라서 사회란 단지 인간끼리의 교제에 불과하다고 할 수는 없다고 생각합니다.

신체성과 몸

후지모토: 선생님의 발표에 처음에 조감도(鳥瞰圖) 같은 설명이 있었는데, '신체성'이라는 말을 사용하셨어요. 그런데 후반부에는 '몸'이라고 표현하셨던 것 같습니다. '신체성'과 '몸'은 어떤 의미를 가지고 있습니까? 방금 전에 등장했던 "왕생이라는 발상과 조금은 관련되지 않을까"라는 생각이 듭니다.

모모세: 지적하신대로 제가 그 말들을 대단히 애매모호하게 사용한 것 같습니다. '신체성'이라면 상당히 한정된 개념이라고 생각합니다. 예를 들어 번뇌나 욕망을 가진 인간의 몸이라고 하는데, 바울이 '몸'이라고 했을 때에는 좀 더 포괄적인 의미가 있지 않나 싶습니다. 그래서 보다 넓게 이해할 수 있다는 생각도 듭니다. 그러한 이유에서 발표의 후반부에서는 몸에 대해서 논의하고자 하였습니다. 물론 신체성도 포함해 '몸'이라는 개념을 사용했습니다.

신의 나라와 정토

후지모토: 저는 아마추어여서 잘 몰라서 드리는 초보적인 질문입니다만, "신의 나라와 정토를 만약 나란히 놓고 생각하면 어떻게 될 것인가"라는 질문입니다. "신의 나라가 도래했다"라는 표현이 가능하겠지요? 그리고 한 가지 더 질문을 드리면, 후반에 '지상의 삶'과 '천상의 삶'이라는 말이 있었습니다. 이 '천상의 삶'과 신의 나라는 어떻게 연관됩니까?

모모세: 모두 성서의 개념이므로 그 문맥에서가 아니면 당연히 오해될 수 있다고 생각합니다. 예수가 말한 '신의 나라'는 단지 저 세상의 것이 아닙니다. '신의 나라'란 신의 지배인데, 신이 모든 것의 기준이 되고, 모든 것에 대해서 모든 것이 되는, 그런 리얼리티를 말한 것입니다. 따라서 신의 나라는 적어도 이 지상 한 복판에서 이미 시작됩니다. 그렇기 때문에 신의 나라가 '도래했다'라고는 말하지 않았습니다. '가까워졌다'고 했지요. 물론 "너희들 안에 있다"라는 말도 있습니다. 요컨대 맹아(萌芽)로서 이미 시작되어 있다고 생각했던 것입니다. 이미 예수를 통해서 신의 나라는 시작되었습니다. 그것은 예수의 여러 비유 속에서 등장합니다. 지상에 심어진 씨

처럼 점점 커지고 있고, 지금 자라고 있습니다만, 우리들은 아직 그 완성을 보지 못하고 있다고 합니다. 그 완성된 상태를 어쩌면 정토와 비교할 수 있을지도 모르겠습니다. '하늘'이라는 말을 사용하고 있는데, 그것은 지상의 것에서 이미 준비되고 있는 것이 완성된 상태를 가리킵니다. 그러므로 방금 전에 '천상의 운운'이라고 했을 때 그 하늘이란 "신의 나라의 완성된 모습"이라는 말로 바꾸어도 무방할지도 모릅니다.

이 세상에 불국토(佛國土)를 성취하다

후지모토: 지금 그 말씀을 들으면서 용수(龍樹)의 『대지도론』(大智度論)에 나오는 '정불국토 성취중생'(淨佛國土 成就衆生)이라는 말이 생각났습니다. "부처의 국토를 깨끗하게 하여 중생을 성취(구제)한다"는 뜻이지요. 호넨의 제자의 제자인 요시타다(良忠)가 이 말을 대단히 중시했습니다. 이는 이 세상에 부처의 국토를 성취해간다는 발상으로 연결됩니다. 그것은 호넨이 말하는 타력의 정토교로부터 대두되는 논의인데, 호넨 문하에서 정토교를 그처럼 파악하려는 경향성이 있었다는 사실은 주목해 보아야 하리라고 생각합니다.

신의 나라는 언제나 프로세스

이야기를 원래의 논제로 되돌려서 죄송합니다만, 그렇다면 정토는 완성된 땅이지만 신의 나라는 언제나 프로세스여서 그러한 다이나믹한 상태를 나타낸다고 이해하면 되겠습니까?

모모세: 글쎄요. 기독교에서 신의 나라란 아직 보증으로서 주어져 있는

데 지나지 않지요. 미래에 완성될 것을 기다린다는 말입니다.

후지모토: 그 경우 미래를 기다린다는 것은 사후(死後)에 약속된 것이라고 할 수 있습니까? 왕생정토(往生淨土)라는 말이 있듯이 말입니다.

모모세: 사후라고 하면 또 시간적인 것으로 생각해 버리기 때문에, 방금 전의 야기 선생님께서 하신 말씀에 따른다면, 각 개인에게 죽음은 실존적인 종말이라고 여겨도 무방하리라고 생각합니다. 만일 사후라는 말을 사용한다면 그러한 식으로 이해하지 않으면 안 되겠지요.

고쿠부: 모모세 선생님이 말씀하시는 '신의 나라'란 희망적인 것입니다. 지금부터 우리를 그곳으로 데려가 주시기를 바란다는 의미이니까요. 인간 쪽에서 보면 그렇습니다. 하지만 신 쪽에서 본다면 '신의 백성'이란 이미 훌륭하게 완성되고 성취된 것은 아닐까요?

모모세: 그것은 그렇지 않다고 생각합니다. 확실히 천국이나 지옥에 대해서 민간에서 전해오는 말로 한다면 파라다이스로서의 천국이라는 것이 있어서 사람이 선한 일을 하면 거기에 들어간다든가, 죽은 후에 그곳에 들어간다는 등의 이미지가 있습니다. 하지만 그것은 예수가 말한 신의 나라와는 다릅니다. 자주 오해되고 있지만 말입니다. 마태복음은 확실히 '천국'이라고 말합니다만, 그것은 천국이 아니고 '신의 나라'입니다. 따라서 이미 다 갖추어져 있는 곳에 단지 수동적으로 들어가기만 한다는 것은 예수의 복음이 아니라고 생각합니다.

고쿠부: 신 쪽에서 보면 이미 다 완성되어 있다고도….

모모세: 신 쪽에서 보면 어떻게 될지는 저희들로서는 상상조차 할 수 없겠지요.

타신앙의 구원

브라후트: 운노 선생님에게 몇 가지 질문 드리고 싶습니다. 하나는, 방금 전에 "그리스도의 부활을 믿지 않는 사람들은 어떻게 되는가" 하는 이야기가 있었습니다. 어제 저는 그 질문을 정토교에 대해서도 했습니다. 예를 들어서 저는 정토교의 눈으로 보아서 구원받을 가능성이 있을까요? 조금 더 덧붙인다면, 구원은 몇 번 윤회하고 나서 이루어집니까? 이것은 조금은 농담처럼 들릴지도 모릅니다만, 역시 "모든 종교의 문제가 아닌지, 정토교에 있어서도 문제가 아닌가"라는 질문을 드리고 싶습니다.

그리고 또 한 가지는 선생님은 동양의 종교에서는 영혼뿐만 아니라 몸도 구체적으로 소중히 한다고 말씀하셨습니다. 확실히 그러한 예가 많이 있고, 모모세 선생님도 그렇다고 인정하셨습니다. 다만 진종에서는 그렇지 않은 것은 아닌가라는 느낌을 받기도 합니다. 선이나 요가의 경우는 그렇다고 할 수 있어도, 정토교의 경우는 별로 그러한 느낌은 들지 않는데, 그 점은 어떻습니까?

그리고 '노 홈'(No Home)이라는 말에 대해서 입니다. 거기서 장소(場所)라든지 선이나 절대무가 언급되었습니다. 그 점에서도 정토교는 완전히 다르지 않은가 여겨지는데, 이것도 저의 작은 의문점입니다.

절대무와 정토교

운노: 매우 개인적인 견해로 대답을 드립니다. 우선 세 번째의 '노 홈'인

절대무에 대해서 정토교의 입장은 무엇인가라는 질문이겠지요. 제 생각에 정토 역시 절대무입니다. 다만 나무아미타불을 염하는 가운데 정토가 있다는 것입니다. 하나의 실화를 들어서 말씀드리면 제 뜻을 이해해 주시리라 믿습니다. 저의 할머니는 신심이 매우 깊은 염불자이셨습니다. 86세로 돌아가실 때까지 큐슈에 살고 계셨습니다. 저는 간병하고 있던 숙모에게 할머니가 마지막으로 남기시는 말들, 일상적인 회화에서 종교적인 것이 나오면 메모해 달라고 부탁했습니다. 숙모는 여러 가지 것들을 써서 제게 보내주었습니다. 그 중의 하나인데요, 숙모가 할머니를 위로하는 의미로 할머니는 돌아가시면 할아버지나 세상을 떠난 친구나 언니들을 다 정토에서 만날 수 있으니 좋으시겠지만, 저는 외톨이로 남겨질 터이니 쓸쓸하다고 말했다고 합니다. 할머니가 돌아가시기 2주일 전이었다고 해요. 그랬더니 할머니가 이렇게 말씀하셨답니다. "정토라니 그런 것은 전혀 없어"라고 말입니다. 그러나 그리고 나서 바로 "나무아미타불, 나무아미타불"이라고 외우셨다는 거예요. 저는 정토란 이런 '노 홈'의 계보라고 생각합니다.

수행

두 번째는, 선생님께서 말씀하신 대로, 정토교에는 예를 들어 선이나 천태종, 진언종(眞言宗)처럼 육체를 바탕으로 하는 수행은 없습니다. 왜냐하면 다른 성도문의 불교 종파는 모두 출가를 위한 것이고, 출가자는 24시간 깨달음을 찾아서 수행하기 때문입니다. 그 중에 몸과 마음의 수행을 하는 여지도 있고, 그것을 강하게 추진한다고 생각합니다. 정토교는 재가불교(在家佛敎)입니다. 재가란 아침부터 밤까지 일을 하고, 가정을 가지므로, 그럴 시간이 없습니다. 그러나 마음과 몸은 항상 하나이기 때문에 마음에 안심감을 얻음으로써 정토교에서도 '심신유연'(心身柔軟), 즉 마음과 몸이

유연해진다고 하는데, 실제로 그렇다고 생각합니다. 몸을 강조하지는 않지만, 역시 구원이란 마음의 문제만이 아니어서 몸도 하나의 적극적인 기능을 한다고 생각합니다. 아미타불의 본원 중에도 '촉광유연'(觸光柔軟, 빛에 접함으로서 마음이 유연해진다)이라고 합니다.

그리고 첫 번째 질문에 관해서 입니다만, 물론 브라후트 선생님은 번뇌가 깊으시니까 반드시 구원을 받으실 겁니다. (웃음소리)

염불하지 않는 사람의 구원

브라후트: 정말 감사합니다. 질문을 하나 더 드리자면, 정토교 안에서 미신자라든지, 염불하지 않는 사람의 구원에 관해서 무언가 문제 제기가 있습니까?

테라가와: 지금이라는 시점에서 말하면, 염불하지 않는 그 사람에게 정토는 없습니다. 즉 구원은 없습니다. 그러나 '이금당왕생'(已今當往生)이라는 말이 있습니다. 이(已)는 과거이고 당(當)은 미래입니다. 지금 염불에 인연을 맺지 않아도 언젠가는 맺는 일도 있을 것이라는 신뢰가 거기에 있습니다.

브라후트: 역시 윤회라는 사고방식입니까?

테라카와: 유전(流轉)이지요. "지금이라는 시점에서는 구원받았다고는 할 수 없지만, 그러나 언젠가 그러한 때도 올 것이다"라는 긴 시야입니다. 염불이나 구원에 대해서 말씀드리면, 역시 때가 오지 않으면… (안됩니다). 이런 말이 있습니다, "미래에 때가 다하면"이라고 하지요. 구원에 눈을 뜰

때가 올 때까지, 언제까지라도 기다리자는 말입니다.

야기: 불교의 시간은 길기에 그런 말이 있겠지요. 왠지 마음이 쓸쓸한 이야기가 되어버렸군요.

테라가와: 인간의 삶을 생각할 때 지금이라는 시간만으로는 파악할 수 없는 삶의 깊이가 있지요. '뭐, 언젠가는' 하는 정도로, 너무 신경질적이 되지 말라는 그런 느낌이 드는군요. 그러나 호넨이 "신속하게 생사를 떠나려고 하지 않으면"이라고 하듯이, 저는 지금 구원받지 않으면 아무래도 안 된다고 말합니다. 이것은 구도, 즉 구원을 찾는 사람의 임박한 요구입니다. 그것은 매우 소중합니다. 그러나 모든 사람에 대해서 말한다고 하면, 역시 미래에 때가 다하는 시간이 필요할지도 모르겠습니다. 끈기 겨루기와 같은 것이군요.

무연(無緣)의 대비(大悲)

후지모토: '무연의 대비'라는 말이 있습니다만, 무슨 의미입니까?

테라가와: 무연의 대비는 이런 것이 아닐런지요? 지금은 인연을 맺을 수 없어도 언젠가는 반드시 맺을 것이라는 기대를 버리지 않는다. 좋은 말이지요. 아무래도 안 되는 사람을 구하자고 하는 것이니까요.

브라후트: 언젠가는 인연이 생긴다는 뜻입니까?

테라가와: 그렇습니다.

브라후트: 연이 없으면 역시 안 되겠네요.

테라가와: 연이 맺어지지 않으면 말이지요. 다만 인연이 맺어지기까지는 시간이 걸리는 경우가 자주 있기 때문에, 긴 호흡으로 인간을 본다는 말입니다. 그러나 우리의 인생에 유전이 있다면, 그 안에 산다는 것은 대단한 괴로움이 아니겠습니까? 사는 것에 괴로움을 느낀다면, 그것이 인연을 맺는 때를 끌어오게 될 것입니다. 기독교처럼 불교도 인도에서 전개된 후 파미르고원을 넘어서 실크로드를 따라서 중국으로 전해졌습니다. 하지만 모든 사람을 제도(濟度)하는 것은 쉽지 않지요. 여기에는 조금 시간이 걸린다, 이런 느낌이 나는 말이 아닐런지요? (웃음소리) 언젠가 제도한다고 하는 희망을 안 버리는 것입니다.

일본인과 윤회

브라후트: 그런 생각의 배후에는 윤회의 사상이 있습니다. 그래서 제가 궁금해 하는 것은 "대개의 일본인들이 정말로 윤회를 믿고 있는가, 믿고 있다면 어느 정도로 믿고 있는가" 하는 물음입니다. 예로부터 그러한 사상적 배경이 있었으니 왠지 모르지만 윤회가 있다고 느낀다, 이런 것일까요?

테라가와: 윤회란 인도 이래의 생명관입니다. 현재도 인도인은 "윤회에 손발이 자라나 있다"고 하듯이, 윤회라는 생명관을 그대로 가지고 있습니다. 하지만 신란의 경우는 윤회라는 말을 피합니다. 이미 몇 번 말씀드린 대로, 신란은 유전(流轉)이라는 말을 사용합니다. 중국에서 육도(六道)에 윤회한다고 하듯이, 윤회라는 말에는 매우 실체적인 세계가 상정되기 때문에 신란은 그것을 피하려 했다고 생각합니다.

야기: 어디가 다릅니까, 윤회와 유전은?

테라가와: 육도란 지옥(地獄), 아귀(餓鬼), 축생(畜生), 수라(修羅), 인(人), 천(天)이지요. 이것은 생명이 있을 수 있는 세계를 나타냅니다. 이것이 윤회의 세계입니다. 유전은 축생이라는 세계, 인간이라는 세계, 하늘의 세계 등등, 특정의 실체적인 세계를 상상하지 않습니다. 문자 그대로 삶이, 우리의 생존이 근거를 가지고 있지 않다는 뜻이지요. 생의 무근거성이라고 할까요, 하이데거의 존재 이해에 가까운 듯한 느낌이 듭니다.

야기: 그렇다면 다시 태어난다는 것과는 다른 것이군요.

테라가와: 다릅니다.

운노: 유전은 '미혹'과 동의어로 사용합니다.

허망성의 타파

테라가와: 그렇습니다. 조금 딱딱한 말로 하자면 '허망'이라는 말을 불교는 매우 날카롭게 사용합니다. 존재 전체가 허위 속에 있다는 것이 미혹이라는 말로 표현되는 삶의 존재방식이라고 생각합니다. 이것이 실은 불교의 경우 고뇌보다 무거운 문제성입니다.

야기: 허망성에 나무아미타불로.

테라가와: 허망을 부수는 것입니다. 어제도 지혜란 말이 화제가 되었습

니다만, 역시 허위성을 부수는 것은 지혜가 아니면 안 됩니다. 이것은 지극히 자연스럽고, 또 지극히 알기 쉽다고 생각합니다.

야기: 허망이나 미혹은 절대적인 제약이 아니라 부셔질 수 있는 것입니까?

테라가와: 그렇습니다. 부순다고 하기 보다는 바꾸는 것입니다.

역사관의 차이

모모세: 근본적인 차이가 뚜렷해진 것 같습니다. 역사관이라고 할까요, 성서의 역사관과 불교의 배후에 있는 유전이라는 생각은 상당히 다른 패러다임이 아닐까 합니다.

야기: 역사성이라는 점은 매우 다르다고 생각합니다. 그것은 모모세 선생님이 여기에 쓰셨던 대로라고 생각합니다. 그래서 저는 구제사라는 관점에서 비교해보면 전혀 다르다고 어제 말씀드렸던 것입니다. 그것이 좋은지 나쁜지는 별도의 문제이지만, 공동체와 역사의 방향성이라는 점에서 큰 차이가 나는 것은 사실입니다.

후지모토: 정말 긴 시간 선생님들께서도 지치셨으리라 생각합니다. 시간이 다 되었으므로 일단 이것으로 마치겠습니다. (박수)

제 5 장

신란에게 있어서 구제의 의미

테라가와 토시아키(寺川俊昭)

신란이 밝힌 불교, 이를 신란 자신의 명명에 따라서 정토진종이라 부르고 있다. 그것과 함께 호넨이 비상한 정열로 일으킨 불교, 이것이 그 뒤의 역사에서 정토종이라 불리고 있는 것이다. 이 정토종과 정토진종 둘이 일본 정토교의 주된 전통을 형성해 온 것은 말할 것도 없다. 그래서 여기서는 정토진종에서의 구제, 아니 그렇게 말하기보다 그 출발점에 있는 신란에 있어서 구제라는 것이 어떠한 것으로 이해되어 왔는가 하는 점에 이 발표의 주안점을 두고자 한다.

　　현대종교에서는 '구제'라고 하는 말이 종종 사용된다. 만약 그것과 가장 가까운 언어를 신란의 용어에서 찾아본다면 '섭취불사'(攝取不捨)라는 말이 가장 가까우리라.

　　호넨은 정토종으로서 불교를 흥륭해 가는 데 석가모니의 가르침을 그 의지처로 내세웠다. 그것을 호넨은 '삼경일론'(三經一論)이라고 말하였다. 삼경은 정토에 왕생하는 길을 설하는 경, 즉 『대무량수경(불설무량수경)』이라고 불리는 경전, 작은 무량수경이라 불리는 『불설아미타경』 그리고 무량수불을 관찰한다는 뜻을 제목으로 내건 『관무량수경』이다. 이 세 가지가 호넨에 의해서 '정토의 삼부경'으로 선택되었다. 그리고 '일론'이라고 하는 것은, 유가(瑜伽) 교학의 기초적 부분을 형성한 세친(世親)이 지은 『무량수경우파제사원생게』(無量壽經優婆提舍願生偈)를 가리키는데, 종종 '정토론'이라 불리고 있다. 그리하여 정토에 왕생하는 길을 가리키는 세 경전과 『정토론』을 합하여, 호넨은 정토종이 의지하는 가르침으로 높이 받들었다. 그런데 저『관경』에 '섭취불사'[1]라는 용어가 말해지고 있다. 구제라고 하는 현대의 언어가 나타내는 의미 내용과 거의 유사한 것을 중국 정토교나 일본 정토교에서 찾아본다면 곧 이 말이 될 것이다.

그런데『탄이초』는 앞머리의 한 문장에서 "염불하고 싶다고 하는 마음"[2]이라고 해서 인간에게 일심으로 귀명하려는 마음이 일어나는 때 곧바로 인간은 여래께서 섭취불사해 주시는 은혜 가운데 있게 되는 것이라고 서술하고 있다. 신심이 인간에게 가져다주는 은혜를 '섭취'로서 이해하고 말하는 곳에, 실은『관무량수경』의 전통이 있는 것이다. 또 섭취를 신심의 결과 얻게 된 이익이라며 소중히 하는 곳에, 구제교인 정토교의 면목이 있다고 이해되어 왔던 것이다. 오히려 이 섭취를 감안하면서 '여래의 구제'를 말하는 것이, 보통의 불교와 구별되는 정토교 독자의 적극성으로 이해되었다고 볼 수 있지 않을까.

신란도 또한 섭취를 가지고 여래의 구제를 말하고 있는 것이지만, 우선 말해 두고 싶은 것이 있다. 그것은 섭취라는 말로 표현되는 '구제'를 신란은 거의라고 해도 좋을 정도로 사용하지 않고 있다는 점이다. 오히려 한 가지, 구제와 동의어로서 '도움 받다'라고 하는 말에 대해서도, 예컨대『탄이초』제1장 앞머리의 "미타의 불가사의한 서원에 도움을 받아서"라고 말하고 있지만, 그 역시 아마도 신란의 독창은 아닐 것이다. 그보다는 오히려 제2장에서 전해지는 호넨의 가르침, 즉 "다만 염불하여 미타에게 도움을 받도록 하라"[3]는 데에서 유래하는 것이라 생각해야 하

---

1 "염불하는 중생을 거두어 들여서 버리지 않는다(念佛衆生, 攝取不捨)." 대정장 12, 343b.
2 『탄이초』제1장의 첫 구절이다. "아미타불의 지극히 불가사의한 원에 도움을 받아서 극락에 왕생하는 것이 가능하다고 믿고서, 염불하고 싶다고 하는 마음이 자신 속에 싹트기 시작할 때, 곧 섭취불사의 이익에 (몸을) 맡기게 되리라." (역주)
3 염불을 하는 것이 정토에 왕생할 원인이 되는 것인지, 혹은 역으로 지옥에 떨어질 원인이

지 않을까. 이렇게 생각하면, 이른바 정토교가 구제교라고 하는 통념화된 이해나 정확히 구제라고 하는 사건에 대하여 신란은 통념과는 약간 다른 독자의 이해방식, 혹은 미묘하게 독특한 주장을 갖고 있었던 것은 아닐까 싶다. 이 점을 먼저 문제로서 제기해 두고자 한다.

종교에 있어서는 대단히 중요한 의미를 갖는 사건, 어떤 의미에서는 본질적이라 할까, 종교에서 가장 중요한 내용이라고 해도 좋을 구제라는 사건을 신란 그 자신이 어떠한 형태로 체험하고, 그것을 또 어떻게 표현하고 있는 것일까? 지금부터 생각해 보기로 하자.

신란은 90년이라는 대단히 긴 인생을 살았던 사람이다. 그 긴 인생에서 결정적인 의미를 갖는 사건을 체험했다고 생각되는 때가 있다. 그것은 이른바 호넨의 말씀과 만날 수 있었던 29세 때의 회심(回心)이었다. 이 만남을 잘 살펴보게 되면, 역시 우연한 만남이다. 그러나 우연한 만남이었다고 하더라도, 만나고 보면 만나야 할 만남이어서 만난 것이었다. 이렇게 말할 수 있는 그 무엇이 강하게 느껴지는 만남이었다. 이 두 가지 사건을 하나로 해서 신란은 '만남'이라고 하는 말을 기본적인 용어로 쓰고 있지만, 이 호넨의 말씀과의 만남에 대하여 신란은 인간에게 진리의 세계를 환기시키는 의미 작용을 갖는 언어, 즉 가르침을 만났던 것이라 할 수 있다. 그렇지만 그의 저술에서는 그렇게 말하지 않고, 이 만남에서는 무엇을 얻었던가, 이 만남에서는 어떠한 체험, 어떠한 자각이 열렸던가[4]를 말하는 것이다. 그것이 "잡행을 버리고 본원에 돌아간다"는, 『교행신증』의 결론 부분에서 서술되는 저 유명한 자각인 것이다.

될 지는 신란 스스로 알지 못한다고 했다. "다만 염불하여 미타에게 도움을 받으라"는 스승 호넨의 가르침을 믿을 뿐이라고 이야기하고 있다. (역주)

[4] 신란이 실제로 스승 호넨에게서 얻은 '만남'은 언어적/교종적 차원의 것인데, 그의 저술에서는 그렇게 언어적/교종적 차원에서 말하지 않았다는 것이다. 오히려 그것을 언어를 초월한 자각적/선종적 차원에서의 '만남'의 체험으로 말하고 있다는 의미이다. (역주)

중국에서부터 정토교의 역사에서 대단히 중요하게 말해져 오는 회심이라는 사건을 신란은『교행신증』에서 "잡행을 버리고 본원으로 돌아간다"고 말하고 있다. 결국 회심이라고 하는 것은, 자력의 마음을 내다 버리는 것이다. 이것이 신란에 있어서 회심의 파악이다. 회심이라고 하는 것은 바꾸어 말하면, 구제에 맡긴다고 하는 체험이라고 생각된다. 이를 호넨에게서 찾아보면 43세 때 선도의 "일심으로 오롯이 미타의 명호를 (중략) 저 부처님의 원을 따르기 때문이다"[5]라고 하는 말씀을 만나서 회심을 이루었던 것이지만, 호넨 스스로는 이 회심을 "즉시 다른 행을 버리고서 염불로 돌아오다"라고 말하고 있다. 그 호넨에 의해서 염불의 믿음에 입각한 제자들의, 똑같은 체험의 고백을 살펴보면 그것은 거의 예외 없이 "염불로 돌아갔다"라고 말하는 것이다. 그런데 그 많은 호넨 문하의 염불자들 중에서 유독 신란만은 자기의 체험을 "염불로 돌아간다"고 말하지 않고, "본원으로 돌아간다"고 말했던 것이다. 이는 도대체 무엇을 의미하고 있는 것일까?

　　29세 때 호넨의 말씀과 만났던 그때, 신란이 가졌던 체험은 아마도 호넨의 그것처럼 "염불로 돌아갔다"고, 자각해야 할 사건을 체험했던 것이다. 즉 "본원으로 돌아간다"고 서술한 그 본원은, 호넨의 가르침과 만나서 열렸던 자각이기 때문에 당연히 '선택의 본원'이라고 이해되어야 한다. 그리고 이것은 한 마디로 '나무아미타불'이라고 여래의 이름을 일컬어서 정토에 태어나고자 하는 내용의 본원이기 때문에, 당연히 거기로 돌아갔다고 하는 것은 염불하는 몸이 되었다. 이러한 사건이 신란에

---

5 선도의『관무량수경소』제4권에 나오는 내용이다. 온전히 번역하면 다음과 같다. "일심으로 오롯이 아미타불의 명호를 염하되, 가든지 머물든지, 앉든지 자든지, 그 염하는 시간의 길고 짧음을 문제 삼지 않고 생각생각 버리지 않는 것은 곧 정정취(正定聚)의 업이니, 저 부처님의 원을 따르기 때문이다." (역주)

게 일어났다고 말하는 것이다. 바꾸어 말하면, 신란은 이 때 호넨의 가르침을 만나서 염불하는 자, 즉 신란의 언어로 말하면 '염불자'로서 불교의 생명 중에서 새롭게 되살아났다. 회심은 이렇게 말해도 좋은 사건이라고 생각된다.

그러므로 흔히 말해지는 것처럼 호넨의 입장을 '염불을 근본으로 삼는다'라고 파악하고, 신란의 입장을 '신심을 근본으로 삼는다'라고 파악하는 것은 적절하지 않다고 생각한다. 왜냐하면 신란의 불교인으로서의 출발점이 여기에 있기 때문이다. 신란은 최후까지 염불자로서 살았기 때문에 염불을 떠나서 신심으로 살았던 사람이라 볼 수는 없다. 그런데 그 신란이 걸었던 인생을 살펴보면, 29세 때 호넨과의 만남을 이루었고, 35세 때 호넨의 불교운동에 대한 가혹한 탄압인 '죠겐(承元)의 법난'을 당하게 된다. 이때 호넨은 시코쿠로, 신란은 에치고(越後, 현 니가타현)로 유배를 간다. 그 사이, 즉 29세에서 35세까지 햇수로 7년 동안 신란은 호넨 밑에서 정토교, 주로 중국 정토교의 선도(善導)의 사상(『관무량수경』을 중심으로 한)을 배웠던 것이다. 선도의 정토교를 배우게 되면서 선도의 염불왕생의 가르침 중에 유명한 '이하백도(二河白道)의 비유'[6]에서, '격려(發遣)·초청(招喚)'이라는 것이 말해지고 있음을 알게 된다. 격려는 당신 스스로 구도심을 갖고 용기를 갖고 살아가라, 이렇게 격려하는 것

---

6 선도의 『관무량수경소』 제4권에 나오는 비유이다. 간략히 요약하면 다음과 같다. 어떤 사람이 서쪽으로 가려고 할 때, 그 중간에 두 가지 강(二河)이 있는 것을 보게 된다. 하나는 불의 강(火河)인데 남쪽에 있고, 하나는 물의 강(水河)인데 북쪽에 있다. 다행히 그 중간에 하얀 길(白道)인데, 극히 협소하다. 동쪽 언덕에서 어떤 사람이 권유하기를, "그대는 다만 결정한 대로, 이 길을 따라서 가라. 반드시 죽을 일은 없으리라. 만약 멈추면 곧 죽을 것이다"라고 하였으며, 서쪽 언덕에서 어떤 사람이 "그대는 일심으로 올바로 염하면서 곧바로 오라. 내가 능히 그대를 보호하리라"라고 하였다. 이 비유에서 동쪽 언덕의 사람은 석가모니를 비유한 것이고, 서쪽 언덕의 사람은 아미타불을 비유한 것이다. 물은 탐욕을, 불은 분노를 비유하며, 백도는 선한 마음을 비유하는 것이다. (역주)

을 말한다. 또 초청이라는 것은 윤회의 세계에서 고뇌하는 자에 대하여 눈을 뜨라면서 주의를 환기하는 요청을 의미한다. 그런데 선도는 이러한 격려라고 하는 말로 어떠한 가르침을 나타내려고 했던 것일까? 우리들에게 구제의 길을 열어주는 것은 무엇인가? 그것은 무엇보다도 우선 석가모니 부처님의 가르침이다, 이렇게 설하는 것이다. 선도는 석가모니 부처님의 가르침을 당신에게 싹튼 구도심을 용기를 갖고서 살려 나가라고 뒤에서 격려해 주시는 소리로 이해하였다. 고뇌하는 자는 나에게 오라고, 앞에서 부르는 것이 아니라 그대에게 싹튼 구도심을 용기를 갖고서 살아가라며, 뒤에서 격려해 주시는 소리이다. 이렇게 이해했다.

반면에 본원은 구도심에 눈뜬 사람을 곧바로 정토로 돌아오라고 부르는 소리라고 비유로써 말하고 있는 것이다. 그리고 선도는 '이하백도의 비유' 중에서 가르침도 소리로서 들리고, 본원도 소리로서 들렸다고 말하고 있는 것이다.

신란은 선도의 이러한 이해에서 크게 계발되었던 것으로 생각된다. 그것은 신란이 신체를 갖고서 만났던 것, 즉 신란이 귀로 들었던 것은 호넨이 가르치는 언어였지만, 그 호넨의 가르침을 만나서 구원을 받았던 것도 사실이다.[7] 그러나 사실이라 하더라도, 호넨의 가르침을 만났던, 즉 격려의 가르침을 만났다고 하는 것은, 실은 아미타불로부터 초청하는 본원을 만났다고 하는 것에 다름 아닌 것이다.

결국 『탄이초』가 전하는 것처럼, 호넨의 "다만 염불하여 미타에게서 도움을 받아라"고 하는 말을 들었을 때, 신란은 대단한 감동을 받았음에 틀림이 없는 것이다. 스스로 구도심을 일으킨 이래, 참으로 듣고 싶었던 것은 이 한 마디였다. 이렇게 감동을 가졌음에 틀림이 없다. 그리고 그

---

7 언어적/교종적 차원과 초언어적/선종적 차원 모두 존재했다고 필자는 보고 있다. (역주)

한 마디를 만남으로 신란은 청년기로부터 장년기 사이에 겪었던 괴로운 방황으로부터 마침내 구원받았던 것이다.

그런데 호넨의 가르침에 온몸으로 감동했던 그 때 신란의 내면에서 울리는 또 다른 소리가 있었다. 비유적 표현으로 말한다면, 그것은 본원이 부르는 소리라고 깨달았던 것이다. 이렇게 신란은 실은 호넨의 가르침을 만나서 구원되었던 것이지만, 『교행신증』에서는 그렇게 말하지 않고, "본원에 눈을 떴다", "본원에 의해서 구제받았다" 이렇게 자각하고 있었던 것으로 묘사한다. 이렇게 보는 것이 신란의 회심을 가장 정확히 이해하는 것이 아닐까 싶다. 이렇게 자각이 깊어져 갔던 것은 대략 32, 33세경이었을 것으로 생각된다. 이렇게 해서 선도의 가르침을 배움으로써 신란은 염불자의 몸이 되었던 결정적인 체험의 의미를 오히려 "본원으로 돌아가다"라고 자각하고 있었던 것 같다.

뿐만 아니라 선도는 "저 부처님의 원력을 의지하면 결정코 왕생할 수 있다"라고 하는 말로써 본원을 만났던 그 사건의 보다 자각적인 의미를 말하고 있다. 아미타여래의 본원의 힘이 나의 삶의 전체를 살리고 있다. 그러한 아미타여래의 본원의 힘, 본원의 작용이 나의 삶의 전체를 살리고 있다. 신란의 독법(讀法)에 따른다면, "저 부처님의 원력에 의지하여 결정코 왕생을 얻는다." "'왕생하는 것을 얻는' 것이 아니라, 왕생을 얻는다." 결국 아미타여래의 본원의 힘이 내 삶의 전체를 살리고 있다. 그러한 삶의 방식을 얻었을 때, "그 생명이 살아가는 인생의 의미가 왕생이다"라고 신란은 파악하고 있었음에 틀림없다.

이제까지 회심을 조금 살펴보았지만, 신란은 회심을 "자력의 마음을 내다 버리는" 것으로 파악했다. 그런데 회심이라는 말 자체는 지극히 정토교적 울림을 갖는 말이지만, 불교에는 똑같은 체험을 표현하는 말이 그 출발부터 쭉 있었을 터이다. 정토교가 회심이라고 하는 말로 표현한 그 체험을 어떠한 언어로 말해왔을까? 불교의 역사 속에서 찾아본다면, 곧 '전의'(轉依)라는 말이 생각난다. 전의라고 하는 것은 '의지(依止)의 전환'을 말하는데, '의지'라는 것은 입각지라고 하는 의미의 말이다. 결국 생신(生身)으로 살아가고 있는 이 삶이 어디에 입각하고 있는가? 이렇게 물어가는 것이다. 이때 자아에 대한 고집, 즉 아집에 입각하여 살아가고 있는 것이 유전(流轉)[8]의 생, 유전 중에 있는 생이다. 그런데 지금 신란은 "저 부처님의 원력에 의지하여"라고 하면서, 이 유전하는 생이 의지하고 있는 자력의 마음을 버리라고 말하고 있는 것이기 때문에, 그럼으로써 본원력에 의지하는 삶을 얻었다는 것이 이러한 '의미의 전환', '생의 질적인 전환'을 이루었던 것이라고 이해된다. 이것이 "저 부처님의 원력에 의지하여"라고 말해지는 것의 의미이다.

"당신은 무엇에 의지하여 살고 있는가?" 이렇게 진지하게 물었을 때, 거의 모든 사람들이 한 사람의 예외도 없이 인간이 피할 수 없는 대단히 뿌리 깊은, 게다가 거무죽죽한 아집을 갖고 살아가고 있는 것으로 말하지 않을 수 없을 터이다. 그것이 곧 유전하는 삶, 혹은 허망한 삶이라 할 수 있으리라. 그것이 부서지고 뒤집혀서, "여래의 본원력에 의지하여 산다", "그러한 삶을 새롭게 획득했다" 이것이 회심이라고 하는 사건에 다름 아니다.

이것이 인간에 있어서 불도의 출발인 것이다. 그리고 이 본원력에 의탁하여, 즉 본원력에 의해서 살아지는 삶이, 살아가고 있는 걸음걸이가 왕생이라고 신란은 이해했던 것이다. 그래서 죽는다는 것은 정토로 왕생하는 삶이 하나의 끝을 갖는 시간이라는 말이다.

그런데 정토교의 기본적 이해에서 본원력은, 호넨이 저『선택집』에

---

8 윤회와 같은 의미이다. (역주)

서 대단히 강조하고 있었던 것과 같이, 여래의 생명이라고 해야 할 '대비심'(大悲心)의 작용이다. 바꾸어 말하면, 본원의 힘이 살렸던 삶이라고 말하는 것은, 여래의 대비 중에서 살고 있다는 것에 눈뜬 삶, 즉 대비 중에 있음을, 대비 안의 존재임을 눈뜬 것에 다름 아니다. 이와 같이 회심을 파악하는 것도 가능한 것이다. 보통 '구제'라고 하는 것은 이러한 삶을 획득했던 것이라고 이해해서 좋을 것이라 생각된다.

그 뒤 에치고(越後)로 유배된 신란은 그곳에서도 사색을 끈질기게 계속해 갔다. 또 다른 의미에서 고뇌에 가득 찬 7년, 즉 35세에서 42세까지 보내게 되지만, 오히려 신란의 종교적 자각은 더욱 더 깊이와 넓이를 더해 간다. 결국 "인간이란 무엇인가"라는 인간 이해를 고뇌하고 있었던 것으로 생각할 수 있다. 신란은 유배지 에치고에서 비로소 '시골 사람들'을 만나고 있는 것이다. 『대경(大經)』이 설하는 '군맹(群萌)—잡초와 같이 이 세상의 진흙을 뒤집어쓰고 살아갈 수밖에 어찌할 수 없는 사람들—과의 만남에 의해서, 신란은 정신 생활에 날뛰고 있는 명중(冥衆, 신들, 귀신, 악령)의 속박으로부터 '시골사람들'을 해방하는 것, 즉 어두운 힘에 겁먹고 얽매여서 살아가는 인간 전체를 구하는 것이야말로 대비임을 깨달았던 것이다. 이렇게 불교를 다시 생각해 보는 눈을 가지게 되었다. 그래서 신란은 군맹을 구제하고자 하는 원을 설한 『대경』에서 새로운 배움을 진척시키고 있었다. 그리고 이러한 노력을 통해서, 신란에게 정토의 불교는 대승으로서 확실히 자리매김되었던 것이다. 그리고 이 에치고 시대를 마칠 무렵이라고 생각되는 어느 시기에 그때까지 쓰던 젠신(善信)이라는 이름을 신란(親鸞)으로 고치게 된다.

신란이 호넨의 가르침을 만났다고 하는 것은 보다 깊은 의미에서 본원을 자각하고 그곳으로 돌아간 사건이다. 하지만 본원에 돌아갔다는 것은 어떠한 것일까? 이에 대하여 앞서 살펴본 "저 부처님의 원력에 의지하여 결정코 왕생할 수 있다"는 선도의 말은 물론이고, 보다 적극적으로 그것을 가르치고 있는 다음과 같은 말을 신란은 또 만났던 것이다.

부처님의 본원력을 관찰하고
헛되이 보내지 않는 자는
속히 큰 공덕의 보배 바다를
가득 채울 수 있다.9

이를 신란은 다음과 같이 읽는다. 결국 "부처님의 본원력을 관찰함에 있어서 헛되이 보내는 사람이 없으며, 속히 공덕의 큰 보배 바다를 만족시킨다." 이 말은 세친이 『정토론』 중에서 여래의 본원력이 중생을 구하는 작용에 대하여 말한 것이다. 아마도 40세 전후 무렵 신란은 이 말을 만났으며, 그것에 의해서 혼신의 힘으로 스스로의 불교 이해를 자각하고 확실히 하기 위한 사색을 계속했던 것으로 생각된다. 더욱이 이 말은 신란으로 하여금 "본원으로 구제되었다"고 하는 데 머물지 않고, 불도의 근본에 대한 자각을 얻었다는 자신을 갖도록 하는 근거가 되었던 가르침이었다.

신란은 "본원으로 돌아갔다", 혹은 "저 부처님의 원력에 의지하여"라는 형태로 체험해 간 "부처의 본원력이 어떠한 작용을 하느냐"라는 물음에 대하여, 본원력을 만난 사람은 헛되이 유전하는 일, 즉 다른 말로 하면 "인간의 생의 가장 비참한 존재방식을 초월해 간다"라고 답한다. 그러한 작용을 하는 것으로 본원력을 파악했던 것이다.

왜 본원력을 만나면 헛되이 지나가는 삶, 즉 유전하는 삶의 비참한

---

9 "觀佛本願力, 遇無空過者, 能令速滿足, 功德大寶海." 대정장 26, 231a.

존재방식을 돌파할 수 있을까? 그것은 본원력을 만난 사람에게는 여래의 공덕이 재빨리 차서 넘치기 때문이라고 신란은 읽었던 것이다. 이 여래의 공덕은 인간의 이해를 초월한 넓이와 깊이를 갖고 있기 때문에, 큰 바다의 비유로 나타낼 수 있는 것이다. 그러면 저 여래의 공덕이라는 것은 어떠한 것일까?『대경』에서는 여래의 지혜 바다는 깊고 넓어서 끝이 없다고 말하고 있다. 그러한 비유로 나타내는 여래의 공덕은 여래의 지혜로 깨달은 내용이며, 위 없이 높은 열반의 작용이다. 그렇다면 여래의 지혜의 세계, 즉 위 없이 높은 열반의 공덕은 본원력을 만났던 사람의 몸에 곧바로 넘칠 만큼 생생하게 작용하는 것이다. 신란은 세친의 언어로부터 이러한 큰 자각을 배웠던 것이다. 여기에서 불교를 이해하는 신란의 비상한 독창성을 볼 수 있는 것이다. 하지만, 다 알다시피, 위 없이 높은 열반의 작용에 접촉해 간다는 것은 이른바 구제라고 하는 이미지에는 어울리지 않는 어색함이 있다.[10] 이 '열반'이라는 말은 산스크리트로는 '니르바나'(nirvāṇa)인데, 신란은 이를 청정한 작용과 진실한 작용이라고 하는 두 가지 의미로 파악하고 있다. 따라서 신란이 진실이라 말하고 있는 것은 위 없는 열반, 위대한 열반의 작용을 의미하는 것이다.

선도의 '저 부처님의 원력에 의지하는' 가르침에 의하여, 신란은 구제를 우리 삶이 여래의 본원력으로 살아가고 있음을 자각하는 일이라고 이해했던 것이다. 그런데 이를 보다 깊은 세친의 언어로 살펴보면, 위 없는 열반의 작용을 진실의 공덕이라는 언어로 표현한다면, 그러한 진실한 공덕에 의지하는 삶이 본원으로 돌아가는 것에 의해서 얻어진다고 하는 것이 될 터이다. 비로소 본원을 깨달은 체험을 회심이라고 말한다

---

10 위 없이 높은 열반으로 간다고 한다는 것은 자력(自力)의 불교이기에, 정토교의 타력(他力) 불교의 이미지와 어울리지 않는다는 이야기이다. 이 글의 필자가 쓰는 '자각'이라는 말 역시 그러한 자력 불교의 대표적 이미지일 것이다. (역주)

면, 그때 자기의 몸에 무엇이 일어났던가? 이를 신란은 선배 불교인들의 언어에 의해서, 이상 서술한 바와 같이 살펴보고 자각적으로 이해했던 것이다. 그렇게 진실공덕에 의해서 살아진다고 자각하는 것이 '정정취'(正定聚)[11]라고 하는 말로 표현되는 삶의 존재방식이다. 본원력으로 살아간다고 하는 자각에 입각하여, 거기서 살려지는 생의 의미는 다름 아닌 왕생인 것이다. 그런데 지금까지 살펴본 바를 보다 근원적으로 생각해 보면, 여래의 위 없이 높은 열반의 공덕에 의해서 살려지는 생을 정정취라고 하였다. 따라서 신란은 왕생은 정정취의 삶을 얻은 사람으로 살아가는 것으로 적극적으로[12] 이해했던 것이다.

그러므로 신란의 이해를 따르면, 지금 서술했던 것과 같은 정정취, 곧 반드시 위 없는 열반이나 깨달음에 이르는 것이 가능한 몸이 되었다는 확신을 갖고서 살아가게 되는 삶을 한 걸음 한 걸음 살아가는 것, 그러한 삶의 의미를 정토에 왕생하는 것이라 말하게 된다. 왕생의 의미가 충분히 변해왔음을 느낄 수 있다.[13] 그래서 이러한 입장을 취하게 되면, '본원으로 돌아간다'는 자각을 얻은 신란의 입장은 단순히 구제라고 하기 보다는 오히려 깨달음에 접근해 온 것이 아닐까 생각된다. 위에서 서술한 바와 같이, 신란의 경우에 본원력을 만났다는 것은 스스로가 염불하는 몸이 되었다는 것이다. 그것이야말로 신란의 출발점이다. 그렇기에 정정취의 몸이 되는 것을 염불이라든가 명호의 작용이라고 이해하고 있는 것이다. 물론 신심이 실현하는 삶의 존재방식이라고 이해해서 좋을 것이다.

---

11 부처가 될 수 있는 근기의 사람들을 말한다. (역주)
12 '적극적'이라는 말을 쓴 것은, 그것을 내세에서가 아니라 현세에서 이룰 수 있다고 보았기 때문이다. (역주)
13 타력이 아니라 자력에 접근해 왔다는 의미이다. (역주)

신란은 결국 명호에 '부사의'라고 하는 말을 붙여서 '명호부사의'14라는 말을 조어(造語)하였다. 이러한 말에는 복잡한 의미가 있지만, 그 하나의 의미로서 명호로 돌아간 몸에 여래의 진실한 공덕이 넘치게 된다는 자각을 응축적으로 나타내고 있는 것으로 이해해야 할 것 같다. 그러므로 신란은 명호를 '진리의 한 마디', '진리를 나타내는 단적인 말'과 같이 표현하고 있는 것이다.

다시 생각해 보면, 불교에서는 '가없는 생사의 바다'를 말하는데, 그것이 인간을 보고 이해할 때의 기본적인 말이다. 이러한 생사의 바다에 떠도는 것처럼 살아가는 인간이 유전 속에서 괴로워하면서 살아가고 있다. 그것도 끝이 없기 때문에 시작도 끝도 생각할 수 없다. 이러한 유전 가운데서 끝이 없는 미혹 중에서 인간은 살고 있다. 그러한 인간은 말을 갖고 있지만, 인간이 갖고 있는 거의 모든 말은 미혹 중에서 태어나고, 인간의 미혹을 점점 더 깊게 해가는 것은 아닐까. 그러한 무수한 말 중에 여래의 명호를 나타내는 한 마디가 있다. 그것을 인도에서는 '나모 아미타바야'(namo amitabhāya)라고 하였다. 즉 끝이 없는 빛에 귀명(歸命)15한다는 의미의 말이다. 이것이 『관무량수경』에서 '나무아미타불'이라고 하는 말로 표현되었던 것이다. 그리고 『정토론』에서는, 이 명호를 '귀명진시방무애광여래'(歸命盡十方無碍光如來)16라고 하는 말로 나타내면서 '나무아미타불'이라는 말의 의미를 명확히 표현했던 것이다. 그 말이, 즉

---

14 『탄이초』제11장에서는 명호부사의와 서원부사의(誓願不思議)가 곧 하나임을 말하는 내용이 있다. (역주)

15 '나모'는 '귀의(歸依)라고도 '귀명'이라고도 번역되었다. 그런데 신란은 귀명을 선택한다. 다만, 그때 명(命)은 목숨의 뜻이 아니라 명령의 뜻으로 본다. 즉 아미타불의 본원이 부르는 명령에 응하여 따르는 것, 그 본원으로 돌아가는 것이 곧 '나모'의 뜻이라고 본 것이다. 이는 『교행신증』제2권에서 설해진 것이다. (역주)

16 대정장 26, 230c. "나무아미타불"은 육자명호, "귀명진시방무애광여래"는 십자명호라고 말한다. (역주)

여래의 명호가 끝이 없는 생사의 바다 중에서 유전하는 인간이 갖는 말 속에 주어졌던 것이다.

이 '나무아미타불'이라는 말은 바로 이해되기는커녕 오히려 오해의 늪에 빠지기 쉬운 말이다. 그러나 제대로 진실의 가르침을 만났던 사람은 명호의 의미를 정확히 파악함으로써 본원이 부르는 소리를 듣고서 유전하는 인간을 정토로 돌아가는 길로 나아가게 되며, 혹은 위없는 열반으로 돌아가는 길로 나아가게 된다. 이러한 작용은 인간의 역사를 통해서 지속된 것이었다.

따라서 불교의 역사라고 하는 것은 유전하는 중생의 수많은 언어 속에 명호가 뒤섞이면서도, 유전하는 인간을 불교의 진리의 세계로 불러오는 작용을 계속해 온 역사에 다름 아니다. 이와 같이 신란은 관찰하였으며, 바로 그 점을 '명호부사의'라는 말로 표현하였던 것이다.

결국 신란의 구제관은 단적으로는 '섭취하여 버리지 않는 이익'으로서 구제를 이해하는 삶의 존재방식이었다. 그렇기에 신란은 정토교의 전통에 의지하면서도 오히려 정토교보다 대승불교의 근본정신 위에 서고자 하였다. 그럼으로써 다시금 정토교를 재발견한 불교인이었다고 생각하는 쪽이 진실에 가까운 것이 아닐까[17] 라고 생각한다. '구제'에 대해서도, 정토교에 특징적인, 여래의 본원에서 구제되는, 혹은 여래의 대비로 살아간다고 하는 이해에만 입각한 것이 아니라, 오히려 "대승 정정취의 무리에 들어간다"는 것에서 구제의 적극성을 자각하고 있었던 것이다. 나는 이와 같이 신란을 이해하고 있다.

---

17 필자의 신란 이해는 타력문의 신란으로만 보지 않고, 자력문 내지 자각의 대승불교를 확립한 것으로도 본다. 그럼으로써 신란은 정토교를 재발견했다는 것이다. (역주)

코 멘 트 와 토 론

코멘트: 클라크 오프너(Clark Offner)

사회: 타이테츠 운노

고쿠부 정토진종의 교학에서는 불교를 다음과 같이 나눔에 의해서, 불교 안에서 스스로의 위치를 자리매김하고 있습니다. 곧 난행도와 이행도, 성도문과 정토문, 자력문과 타력문으로 나누고, 그 중에서 후자를 연결하는 선[18] 위에서 3경1론(『대무량수경』,『관무량수경』,『아미타경』,『정토론』)에 기반하여 성립하고 있음을 논증하고 있는 것입니다. 말하자면, 정토진종은 '깨달음'의 종교가 아니라, '구제'의 종교라는 것을 주장합니다. 그런 까닭에 구제는 뭔가라고 하는 것이 원초적으로는 궁극적인 문제가 되는 것입니다.

그런데 앞에서 든 불교의 구별은 "불교가 인간을 어떻게 이해하고 있느냐" 하는 인간관에 따라서 나누어진 것입니다. 예를 들면, 후자의 계열에 속한다고 생각되는 정토진종에서는 인간을 '무상(無常)의 바람을 쏘이고, 그 극한에서는 죽음을 등에 업고, 번뇌에 비틀거리면서 살고 있는 자'로서 파악하고 있습니다. 말하자면, 인간은 '구제되지 않으면 아니 되는 존재'인 것입니다. 그리고 구제의 은혜는 신심에 의해서 초래된다고 합니다. 정토진종에서는 이 은혜를 '섭취'로서 이해하고, 신심이 가져오는 이익으로 중요시하고 있습니다. 말하자면, 여기에 정토진종의

---

[18] 이행도-정토문-타력문의 선 위에 정토진종을 자리매김하고 있다는 이야기다. (역주)

구제교(救濟敎)적인 특징이 있다고 말할 수 있습니다. 이렇게 섭취불사(攝取不捨)를 이해하는 것은, 『관경』제9 진신관(眞身觀)의 저 유명한 가르침에 근거하는 것이라는 것은 말할 것도 없습니다. "하나하나의 광명이 널리 시방세계를 비추어주시니, 염불하는 중생이 있다면 섭취하여 버리지 않겠다."[19] 이에 관한 선도의 경문 해석은 실로 훌륭한 것입니다. 그는 세 가지 연(三緣: 親緣, 近緣, 增上緣)을 갖고서, 이 경문을 풀이합니다. 테라가와(寺川) 선생은 그것을 다음과 같이 요약해 주십니다.

> 그 요점은 염불에서 여래와 중생이 서로 감응하고, 깊은 인연으로 이어져 있게 된다.
> 이러한 사실을, 여래는 염불하는 자를 그의 두루 비춰주시는 광명으로 섭취하여 버리지 않는다고 말씀하는 것이리라.

신란도 또한 이 선도의 전통에 서서 여래의 구제를 섭취로서 말하고 있습니다. 즉 염불에서 나와 떠날 수 없는 여래를 느끼고, 여래와 소통(感應道交)[20]하는 것입니다. 여기에서 신란의 섭취불사, 즉 구제의 종교적 의미가 깊이 존재하는 것입니다.

또 테라가와 선생은 선도로부터 나온 전통을 다음과 같이 이해하고 있습니다.

> 호넨 역시 선도의 전통에 서서, 아미타불과 중생이 감응하는 염불삼매가 대단히 중요한 의미를 갖고 있음을 발견하고, 이러한 체험에서 여래

---

19 대정장 12, 343b. (역주)
20 '감'은 중생이 여래로부터 느끼는 것을 말하고, '응'은 여래가 중생의 요청에 응답하는 것을 말한다. '감'과 '응' 사이에 길이 열려서 서로 교환되는 것을 감응도교라고 한다. (역주)

께서 섭취해 주시는 현증(現證)[21]을 보고자 했던 것은 아니었던가.

그러나 선생은, 신란은 이 섭취불사라는 말을 중대한 의미를 갖는 것으로 전하고는 있지만, 그것을 해석한 선도의 삼연 해석(三緣釋)은 계승하지 않는다고 말합니다. 선생은 또 다음과 같이 설명을 부가하고 있습니다.

신란이 섭취불사의 이익으로서 그의 저술 속에서 반복해서 말하는 것은 거두어 들여서 버리지 않으시기에 금강(金剛)과 같은 신심이 결정되고, 또 섭취해 주시기에 정정취의 지위에 머문다고 하는 것이었다. 현생에서 정정취를 얻는다고 하는 것이 곧바로 신란이 이해한 적극적인 왕생관이다. 신란의 시대에 밝혀놓았던 섭취불사의 이익은 단적으로 말하면 정정취의 위에서 결정된다고 하는 것이다.

다시 선생은 그것을 다음과 같이 강조함에 의하여, 그 신란적인 의미를 분명히 하고 있습니다.

여래께서 대비로 섭취해 주시는 중에… 다만 이것만으로는 충분하지 않을 것이다. 현생에서 불퇴전의 지위에 선다는 것이 가능하다는 것, 그것이 섭취불사의 이익의 가장 적극적인 의미이다. 이 섭취라고 하는 말에 의해서 정토진종에서 구제를 나타낸다고 한다면, 그 내용은 현생에 불퇴전에 이르는 것 이외에는 아무 것도 아니다. 즉 현생에 정정취의 지위에 이르는 것이 결정된다고 하는 것이다.

---

21 직접적인 증명, 직접적인 증득이라는 뜻이다. (역주)

이러한 이해는 『대경』에서 말하는 원(願) 성취의 사상에 입각하여, '구제'를 의미하는 『관경』의 '섭취'를 현생에서 정정취를 얻고(現生正定聚), 현생에서 불퇴전을 얻는(現生不退轉) 것으로 재해석한 것이라고 말할 수 있겠지요.

그런데 대개 타력적 종교에서는 '구제'라고 하는 것이 가장 중요한 중심적인 문제라고 말할 수 있습니다. 타력적 종교인 정토진종에 대해서도 똑같은 것을 말할 수 있겠지요. 그러나 그러한 의미 내용은 다른 타력적인 종교와는 다르다고 하는 것이 테라가와 선생의 해명에 의해서 이상과 같이 분명히 되었다고 말할 수 있겠습니다.

기독교인으로서 테라가와 선생의 설명을 듣고서 금방 떠오르는 것은, 성서의 '구제' 특히 바울서간의 '구제'라는 것이겠지요. 바울은 그 서간에서 종종 **의로 되다**라고 하는 말을 씁니다. '의로 되다'라고 말하는 방식에는, '의로 하는 자'와 '의가 되는 자'가 포함되는 것이겠지요. 즉 '의로 삼는 자'라는 것은 '신'이고, '의로 되는 자'는 인간(중생)이고, 말하자면 '신'은 '구제하는 자'이고, '인간'은 '구제되는 자'겠지요. 다른 말로 하면, '신'은 인간을 천국으로 구원하는 것이고, '인간'은 천국으로 구원되는 것입니다. 바울이 '의가 되다'라고 말할 때에는 천국으로 구원되는 어떤 자격도 없는 인간에게 신이 그 자격을 주는 것, 게다가 현세에서 주는 것을 의미하는 것은 아니겠습니까. 정히 '값어치 없이 준다'는 것입니다. 섭취불사의 은혜라고 말하지 않을 수 없습니다. 기독교인의 신앙에서는 '구제되지 않는 자'가 '구제하는 자'와 관련을 갖는다고 하는 것이 성립하고 있는 것은 아닐까요. 정히, 신란의 말을 빌린다면, '서원부사의' 외에 다름 아닙니다. 이와 같이 생각하면, 기독교와 정토진종은 확실한 친근성(親近性)을 상당 부분 갖고 있다고 말할 수 있는 것은 아닐까요.

운노 여러 가지 어려운 문제가 나왔습니다만, 질문을 요약하면, 우선 최초로 정정취의 개념 규정이 필요하다고 생각합니다. "정정취라고 하는 것은 왕생하는 것이 약속된 상태, 혹은 그 이상의 것인가"라는 문제가 있다고 생각합니다. 그리고 고쿠부 선생의 이해로는 정정취에서는 왕상과 환상이 하나라고 하는 것, 이것도 또한 "왕상이 무엇이고 환상이 무엇인가"라고 하는 개념 규정이 필요한 것은 아닌가 생각됩니다. 더욱이 현생의 열 가지 이익 중에서 "상행대비(常行大悲)[22]는 왕상·환상과의 관계에서 어떠한 위치를 점하고 있는가?" 이러한 코멘트에 대해서 답해주시기 바랍니다.

열반

테라가와(寺川) 정성스럽게 요약해 주셔서 대단히 감사합니다. 운노 선생님이 질문을 세 가지로 정리해 주셨으므로, 순서대로 살펴보겠습니다. 신란의 저작을 통해서 그 사상을 살펴볼 때, 신란이 깊이 관심을 가졌던 그 무엇에 대해서 강렬한 느낌이 오는 부분이 있었습니다. 실은 12년(1978년)에 『탄이초』에 대하여 책을 한 권 냈습니다. 『탄이초』 중에는, 다 아시는 것처럼 "염불을 외고자 생각이 일어나고 마음이 일어날 때, 곧 섭취불사의 이익에 몸을 맡기게 되리"라고 하는, 대단히 중요한 부분이 말해지고 있습니다. 그런데 섭취불사의 이익이라고 말했을 때, 신란은 무엇을 말하고 있는 것일까요? 이것을 살펴보기 위해서 쓴 부분을 복사해서 이번 세미나의 자료로 준비했습니다. 구제를 살펴보기 위하여 쓴 것은 아니기 때문에, 관심이 다소 다른 것은 이해해 주시길 바랍니다.

신란의 불교 이해에서 현저한 것이라고 말씀드렸던 것은, 신란은 호

---

22 현생의 열 가지 이익 중에서 상행대비는 아홉 번째이고, 정정취에 들어가는 것이 열 번째 이다. (역주)

넨의 가르침으로 구원되었으며, 정토로 왕생하는 불도로 연결된 사람이었다는 점입니다. 그러므로 당연히 신란은 왕생이라는 것을 중시하였을 터입니다. 그렇지만 『교행신증』을 비롯하여 신란의 만년의 저작을 보면, 만년이 될수록 왕생에 대해서 말하는 것은 적어집니다. 역으로 증대열반(證大涅槃), 완전한 열반(大般涅槃)에 이른다, 이것을 말하는 언어가 점점 더 늘어가는 것입니다.

78세 때 쓴 책에 『유신초문의(唯信鈔文意)』[23]가 있습니다만, 그 중에 만년의 신란이 자각한 정토진종의 내용이 훌륭하게 말해지고 있습니다. "진종이라는 것은 어떠한 불교인가"라는 것을 우리가 살펴본다고 할 때, 대단히 중요한 의미를 갖고 있는 글입니다.

오직 속박되어 있는 범부, 짐승을 잡고 술을 파는 하천한 사람들이라도 무애광불(無碍光佛)의 불가사의한 본원과 광대한 지혜의 명호를 신요(信樂)한다면, 번뇌를 갖추고 있더라도 위없는 대열반에 이르게 되리라.

한마디로 '대반열반도(大般涅槃道)', 곧 대열반을 완성해 가는 길을 말하고 있는 것으로 이해할 수 있겠지요. 이것이 무엇보다도 확실한, 신란 자신이 말하는 진종의 대강(大綱)이라고 할 수 있는 말씀인 것입니다. 이로써 알 수 있는 것처럼 '왕생'이 없지요. 왕생이 아니라, 대반열반의 길을 말하고 있는 것입니다. 결국 신란의 불교를 이해하는 키워드의 하나, 가장 중요한 말의 하나가 '열반'인 것입니다. 열반은 석가모니 부처님 이래로 불교 그 자체가 줄곧 구해마지 않았던 것입니다.

---

23 『유신초』는 호넨의 저자 세이가쿠(聖覺, 1167-1235)의 저술이다. 신란은 이 책을 대단히 중시하여 그에 대한 저술 『유신초문의』를 지었다. 신란이 호넨을 만나게 되었던 것은 세이가쿠의 소개가 있었기 때문이라 말한다. (역주)

정정취(正定聚)

　　고쿠부 선생님은 정정취에 대하여, 정토에 왕생하는 것이 결정된 삶의 존재양식이라는 정도로 이해하시고 있음을 말씀해 주셨습니다. 전통적으로는 물론 그렇게 이해하시는 것도 가능합니다만, 신란 자신은 왕생이 결정되었다, 정토에 태어나는 것이 결정되었다는 것이 아니라 위없는 열반을 깨닫는 것이 결정되었다라고 이해하였습니다. 그것이 정정취의 의미입니다. 위없는 열반의 깨달음에 이르는 길에 서있다는 것이, 신란이 파악하고 있는 정토에 왕생하는 것의 적극적인 의미인 것입니다. 신란은 왕생을 말하지 않고, '대반열반의 길에 서있다'고 하는 말로써, 전통적인 정토교에서 말하는 '왕생'을 보다 적극적으로 불도를 자각하는 길로서 말하고 있습니다. 이것이 신란의 적극성이라 말해도 좋은 특성은 아닐까 합니다.

　　또 '성불'이라고 하는 말은 '왕생이 곧 성불이라'는 말로, 신란의 사상을 말할 때 당연한 것처럼 쓰이고 있습니다만, 성불 혹은 부처님이 된다고 하는 언어를 말하는 것은『탄이초』입니다.『교행신증』등의 저작에서는 인용문에는 있지만, 신란 자신의 말로는 거의 사용되지 않았습니다. 그것이 아니라 '대반열반에 이른다'라는 것이 일관되게 말해지고 있습니다. 그것을 일반적으로 성불이라는 언어로 말하고 있을 뿐입니다. 신란이 왜 성불이라고 하는 말을 사용하지 않고, 위없이 높은 열반에 이른다고 하는 말을 쓰고 있는가? 이것은 신란의 불교를 이해하는 데 대단히 중요한 문제입니다. 그것이 신란이 사용하는 정정취의 의미입니다.

회향은 여래의 대비심

또 두 번째, 정정취에서는 왕상과 환상이 하나라고 이해하는 것에 대해서입니다만, 이 역시 큰 문제입니다. 신란이 이른바 구제라고 하는 사건을 표현할 때 쓰는 기본적인 말이 둘 있습니다. 하나는 섭취이고, 또다른 하나는 회향입니다. 왜 회향이 구제와 관련하고 있는가 하면, 이것은 세친의 『정토론』에 다음과 같이 말해지고 있기 때문입니다.

아미타여래는 고뇌하는 모든 중생을 버리지 않으시고 마음으로 항상 원을 세워주시네.
회향을 으뜸으로 삼는 것은 대비심을 성취하기 위해서이다.[24]

회향이라는 것은 고뇌하는 일체 중생에게 전해 주시는 여래의 자비로운 마음, 그 작용을 구체적인 형태로 표현한 것이다. 이렇게 말씀드릴수 있습니다. 모든 고뇌하는 중생을 깊이 불쌍히 여긴다, 이것은 구제에 관한 것이기 때문에, 그것으로 회향이 구제를 나타내는 일이라고, 신란은 이해했던 것입니다.

유전(流轉) 중의 생명

그리고 두 가지 회향에 대해서입니다만, 지금 고쿠부 선생님께서 말씀하신 것은 이른바 통념적인 이해입니다. 그것은 일반적 이해이기에,

---

[24] 『정토론』에서는 예배, 찬탄, 발원, 관찰, 회향의 다섯 가지를 말하고 있는데, 이 문장은 그 다섯 번째 회향에 대한 말씀이다. (역주)

그러한 이해도 있을 수는 있다고 생각합니다. 하지만, 신란의 저술에서 찾아본다면 아무래도 틀립니다. 한 수의 화찬(和讚)25을 생각해 보고 싶습니다.

> 시작도 없는 옛날부터 반복해 온 유전의 괴로움을 버리고
> 위 없이 높은 열반을 기약하면서
> 여래께서 베풀어 주신 두 가지 회향의 은덕에
> 참으로 감사드리고 싶네

이는 신란의 화찬 중에서도 가장 내용이 심오한 것 중의 하나입니다만, 대단히 알기 쉽습니다. 거듭거듭 말씀드린 것처럼, 신란은 우리의 생, 중생의 생을 '유전하고 있는 생'으로 파악했습니다. 더욱이 유전하고 있는 생은 반드시 괴로움을 수반하고 있습니다. 우리들은 이제 그렇게 "시작도 없는 옛날부터 반복해온 괴로움을 버리고서 위없는 열반을 기약하"는 것이므로, 위 없는 열반의 깨달음에 반드시 도달하는 길 위에 서있다. 이것이 정정취입니다. 그러한 몸의 존재양식을 획득한다는 것이, 여래의 두 가지 회향의 은덕이다. 이렇게 말하고 있는 것입니다.

두 가지 회향

두 가지 회향에 대해서입니다만, "왕상이 곧 환상", "왕상과 환상은 하나다" 이렇게 신란은 말하는 것이 아닙니다. 확실히 두 종류로 구별되는 회향이 있다. 그 두 종류 회향의 은덕 ― 중생을 구제하는 여래의 작

---

25 한시의 형식 속에서 한자와 일본어 가나를 섞어서 짓는 불교시의 일종이다. 신란은 화찬을 많이 지었다. (역주)

용을 은덕이라 말씀하십니다. 여래가 중생을 구제한다, 고뇌 속에서 살고 있는 인간을 구하는 그 자비로운 마음의 작용하는 형태가 왕상의 회향과 환상의 회향이라는 두 종류의 회향으로서 작용한다. 그에 의해서 우리들은 신앙을 얻어서 정정취의 몸이 되어 간다, 이렇게 말하고 있는 것입니다.

고쿠부 왕상과 환상이 하나라고 하는 생각은 회향에 두 종류가 있어서 우리에게 작용할 때는 하나이다. "위 없이 높은 열반을 기약한다"고 말하는 그것은 "나에게 있어서는 둘이 아니라 하나라고 생각해야 하지 않겠는가"라는 것입니다.

테라가와 『교행신증』 제1권 '교권'(敎卷)의 앞머리에, 정토진종이라는 것은 어떠한 불교인가에 대하여 "두 가지 회향이 있다. 첫째는 왕상이고, 둘째는 환상이다. 왕상의 회향에 대해서는, 진실한 교행신증이 그것이다"[26]라고 말하고 있습니다. 이것이 『교행신증』이 말하는 두 종류의 회향과 교행신증입니다.

두 종류의 회향은 여래의 은덕

이로써 신란은 무엇을 말하고 있는가 하면, 다소 진종의 교의학(敎義學)에 들어가게 되어서 송구합니다만, 저는 이렇게 생각합니다. 왕상의 회향과 환상의 회향, 이 두 종류의 회향은 여래의 은덕입니다. 여래가 중생을 구제하는 작용, 그것이 왕상의 회향과 환상의 회향이라는 두 종

---

26 대정장 83권, 589b.

류의 형태로 나타납니다. 그 가운데서 여래의 왕상회향의 은덕을 받음으로써 우리들은 교행신증을 획득합니다. 이 교행신증이 인간을 불도를 걸어가게 하는 것입니다. 그 불도가 앞서 말씀드린 대열반을 증득하는 길입니다. 그 어려움을 신란은 말하는 것이 아닙니다. 그가 말하고 있는 것은 우리의 인생, 생에 대해서인 것입니다. 우리의 생이 유전이라는 비참함 가운데 있는가, 아니면 불도라고 할 수 있는 뜻있는 의미를 지니고 살아가고 있는가, 이렇게 구별하는 것입니다. 불도라고 하면 그것은 교행신증을 얻음에 의해서 인생에게 주어진 의미이기 때문에, 인생과는 따로 불도가 있는 것은 아닙니다. 출가해서 산에 은둔하면 불도를 닦을 수 있다고 하는 그런 바보 같은 일이 아니라, 차 마시고 밥 먹는 모든 일상생활이 바로 불도라는 생각으로 살아가는 것이야말로 불도의 구체적인 형태라고 신란은 말했던 것입니다. 진실의 교, 행, 신, 증이 우리의 생에 불도라는 의미를 부여하는 것이라고 말하는 것입니다. 이러한 진실한 교, 행, 신, 증이 중생에게 베푸는 작용을 여래의 왕상회향의 은덕이라 말하는 것입니다.

비승비속(非僧非俗)

브라후트 선생님, 완전히 다른 이야기입니다만, 일단 성(聖)과 속(俗)은 구별해야 하겠습니다만, 아무래도 성은 속으로 돌아가지 않으면 아니 된다는 그런 의미에서는 하나라고 말할 수 있겠지요.

테라가와 성과 속으로 말한다면, 불교의 경우에는 출세간─유전을 초월해 간다─입니다. 이런 것이라면 성입니다. 불도는 물론 출세간이기 때문에, 성스런 것이라는 의미를 갖는 인생은 말할 수 있겠지요.

고쿠부 그렇다면 비승비속이라는 사고는 어떻습니까?

테라가와 비승비속이라고 하는 것은 어떻게 말하면 좋을까요? 진실의 교행신증에 서있었던 신란 자신이, 스스로를 출가라고 하는 것과 같은 것에서 해방시켰습니다.

고쿠부 그렇게 말씀하시는 것은 구제된 신란의 경우에는 벌써 성이라고도 속이라도 말할 수 없는 상태에 있었다는 뜻인지요?

테라가와 신란의 경우에는 '성·속'이라는 사고방식을 적절한 것으로 갖고 있지 않았던 것같이 생각됩니다. 다만 극히 통념적으로 의미라고 한다면, 물론 출세간도이기 때문에, 생사를 벗어나야 할 길이기 때문에, 세속을 깨뜨려 가는 것, 거기에 서있다고 하는 것은 틀림이 없습니다. 그러나 출세간의 길이 출가라고 하는 삶의 방식을 요구했던 전통이 있었습니다만, 신란은 그것을 포기했던 사람이기에 진실한 교행신증을 얻은 불교인으로서 그가 가졌던 신념이 출가라고 하는 존재양식에 어떤 허위를 느끼고 그것을 버렸다. 이러한 것은 아니었을까요.

신란은 출가가 아니다

아시고 계시리라 생각됩니다만, 예컨대 『스님과 그 제자』[27]라고 하는 희곡이 있습니다. 1915년(大正 4년)[28]이었던가요, 구라타 햐쿠조(倉

---

27 우리나라에서는 김장호 옮김으로 1987년 동국역경원에서 출판되었다가, 2016년 수정판이 한걸음더출판사에서 나왔다. (역주)
28 1916년「생명의 강」(生命の川)이라는 잡지에 연재를 했으며, 이듬해 즉 1917년 이와나

田百三)가 지은…. 그는 『탄이초』에 의해서 저 희곡을 썼을 때, 신란을 출가자로 파악했던 것입니다. 희곡이므로 그것은 그것대로 좋습니다만, 신란의 이해로서는 틀리는 것이지요. 신란은 스님이 아니라 비승비속으로 살았던 사람입니다. 보다 구체적인 모습으로 말하면, 중세 초기에 대단히 많았던 사미(沙彌)[29]—처자를 가진 불교인—입니다. 이렇게 사미로서 살았기에, 승려 혹은 성스러운 자라는 존재양식을 곧바로 적용시키기에는 어려운 삶의 방식을 취하고자 했던 것으로 생각됩니다.

상행대비(常行大悲)

운노 그러면 선생님, 환상회향이라는 것은 무엇입니까? 또 상행대비, 이것만 간단히 설명해 주십시오.

테라가와 신심을 얻었다고 한다면, 그에 의해서 그 사람은 참다운 불제자가 됩니다. 신란은 출가라는 전통으로부터 이탈했습니다만, 참된 불제자라고 하는 것을 대단히 중요하게 말합니다. 그렇게 참된 불제자가 살아가는 모습을 말한다, 거기에 상행대비가 있습니다. 이는 신앙을 갖고 살아가는, 그러한 내용으로서 말해지고 있습니다. 혹은 참된 불제자로서의 내실을 만들어 주는 행위, 이것이 상행대비입니다. 그것은 왕상회향에 의해서 주어진 신앙의 자각, 그 자각이 구체적으로 살아있게 되는 형태이므로, 환상과는 직접적인 관계는 없습니다.

미(岩波)서점에서 출판되었다. (역주)

[29] 사미라는 말은 일반적으로는 비구계를 받기 전의 견습승려를 말하는 것이다. 우리나라의 경우에는 사미 역시 결혼할 수 없다. 그러므로 사미의 이러한 용례는 일본 불교의 특수한 모습이라 할 수 있다. (역주)

환상회향

환상회향은 무엇인가? 이것이 문제입니다만, 몇 번이고 말씀드린 것처럼, '가서 돌아오다'라고 하는 것입니다. 두 종류의 회향에 대하여, 이것을 '나'30에 대해서 말하는 것은 틀린다고 생각합니다. 신심을 얻어서 정토에 왕생합니다. 정토에 태어나서 중생을 제도하는 힘을 얻고, 예토에 돌아와서 '마음먹은 대로' 중생을 구제한다는 것이 환상입니다. 정토로 가기까지가 왕상이라고 이해하는 것입니다. 문제는, 어제도 나왔습니다만, 여기에 죽음이 개입됩니다. 그렇게 되면 아무리 생각해도, 환상은 죽고 나서의 일이 되겠지요. 갔다가 돌아온다고 한다면 과연 신란은 '죽어서부터 이 세상으로 돌아온다고 하는 것'을 진지하게 생각하고 있었을까요? 그런데 여러분께서는 그렇게 말씀하신 것이지요. 왕생을 바라서 정토에 태어나고, 정토에서 중생을 구제할 힘을 얻어서 다시 현실세계로 돌아온다. 이것이 왕상과 환상입니다. 왕상이 완성되는 곳에는 죽음이 있다. 그렇게 되면, 환상은 아무리 생각해도 사후의 일이 됩니다. 그런데 불교에서는, 진지하게 그렇게 생각할 수 있을까요? 그것을 희망으로서 갖는 것은 이해할 수 있고, 죽어도 버릴 수는 없는 원이 있다고 하는 것을, 이렇게 환상회향으로 서술한다고 보는 관점도 이해할 수 있습니다. 하지만, 불도로서는 틀린다고 생각합니다.

고쿠부 왕상과 환상을 하나라고 생각하면, 죽음이라는 것은 현실의 죽음이라고 생각할 수 없으며, 우리들은 살아가면서 죽는다고 생각하면, 사후에 돌아온다고 하는 것과 같은 보통의31 사고방식은 아닌 것이

---

30 아미타불이 아니라 중생에 대해서 말하는 것은 틀린다는 의미이다. (역주)
31 필자인 테라가와가 말하는 것과 같은 입장을 고쿠부는 오히려 '보통의' 통념적인 해석이

되지 않을까요. 죽음이라고 하는 의미가 육체의 죽음을 의미하는 것이
라면 다른 이야기가 되겠습니다만, 우리들이 정정취의 지위에 머물게
되었을 때에는 살아가면서 죽음으로써 다시 새롭게 태어난다고 생각할
수는 없는 것일까요?

　　테라가와 그런 식으로 생각하는 것도 있습니다. 저는 그것은 대단히
근대인들이 좋아하는 사고방식이라고 생각합니다. 어제부터 계속 나오
는 이야기가 육체의 죽음이라는 문제입니다. 선생님께서 말씀하시는 것
과 같은, 죽음을 상징적으로, 우리들이 이해할 수 있도록 새롭게 해석하
는, 그러한 상징적 의미에서의 죽음, 환상회향에서는 그것을 말하는 것
이 아닙니다. 기본적으로는 육체의 죽음에 의해서 왕생정토가 완성해
가는 것이라고, 어제부터 반복적으로 말씀드렸습니다.

왕상이 곧 환상인 것은 아니다

　　또한 '왕상이 곧 환상이다'라고 말하는 사람이 있습니다. 그런데 환
상회향에 대해서는, "저 땅에 태어나서 사마타(奢摩他)·비파사나(毘婆舍
那)·방편력(方便力)을 얻어서, 생사의 숲으로 돌아와서 응화신을 나타
내서 교화하는 땅에 이른다"라고 분명히 기록되어 있습니다. 단순히 정
토에 가서 돌아오는 것이 아니라, 여래와 같은 힘을 얻어서 응화신을 내
보인다. 그리고 중생을 이롭게 하는 교화의 활동을 진지하게 행한다. 육
체의 죽음이 아니라, 상징적인 의미에서의 죽음 ― 오래된 자아가 죽고
새로운 자기로 다시 태어난다고 죽음을 이해한다고 하더라도, 신심을

아닌가 라고 말하고 있다. (역주)

얻은 뒤의 생의 존재양식은 응화신은 아니겠지요. 생신(生身)이기 때문입니다. 응화신이라는 것은, 이러한 경우 여래의 작용이 인간의 형태를 취하여 활동하는 것입니다. 우리들은 아무리 자기를 높이 평가한다 하더라도, 번뇌가 가득한 범부 이외의 다른 것이 아닙니다. "나는 응화신이다" 이렇게는 말할 수 없는 것이 불교의 자각입니다. 그러므로 그것은 근대적 해석이 지나치게 기승을 부린 이해라고 생각됩니다. 그러나 통념으로서 많은 분들이 그렇게 말씀하십니다. 그렇지만 아무리 생각해도 그것은 신란이 이해한 것과는 틀린 것이 아닐까합니다. 왕상이 곧 환상이라고 신란은 말하지 않고, 두 종류의 회향이 있다고 말하고 있는 것입니다. 왕상과 환상의 즉일(卽一), 그런 것은 말하고 있지 않습니다.

고쿠부 응화신이 되는 것이 아니라, 바로 그렇기 때문에 광명무량(光明無量)이어서 언제라도 비추어지고 있는 것입니다.

노니는 것처럼

테라가와 응화신이 중생을 이롭게 하는 교화의 작용은 '노니는 것처럼'입니다. 과제라든가 사명(使命)을 해내는 것과 같은 그런 것은 아닙니다. 유유자적하게 노니는 것처럼 중생을 이롭게 하는 교화의 작용을 보입니다. 그것은 인간이 육신을 갖고 있는 한 불가능하다고 신란은 생각했음에 틀림없습니다. 환상회향이라는 것은, 그러면 무엇인가라고 한다면, 정토로부터 돌아와서 중생을 교화하는 그러한 작용인데, 그것을 구체적으로 행하고 있는 것은 석가모니 부처님이고 호넨입니다. 스승이지 나는 아닙니다. 석가모니 부처님이 태어난 것을 "석가모니가 이 세상에 출현하시어"라고 파악하는 것입니다. 호넨에 대해서는 "지혜광(智慧

光)의 힘으로부터, 스승 호넨이 나타나셔서"라고 말하고 있습니다. 신란은 석가모니 부처님 내지 호넨에게서, 정토로부터 이 세상으로 와서 "마음대로 중생을 이익케 한다", 그런 작용을 살려주시는 사람이라는 생각을 했습니다. 이것이 환상회향의 구체적인 형태다. 이렇게 이해해야 할 것은 아닐까요.

고쿠부 그렇다면, "상구보리 하화중생"이라고 말해지는, 위로는 깨달음을 구하고 중생을 교화한다는 것에서, 상구보리는 왕상에 해당하고 하화중생은 환상에 해당된다고 생각하는 것은 어떻습니까?

원작불심(願作佛心)

테라가와 신란의 경우는 진실의 교행신증으로 나타내는, 정정취의 몸으로서 위없이 높은 열반의 길을 살아가는 그러한 발걸음 속에서, 원작불심, 즉 깨달음을 구한다고 하는 의미가 있습니다. 또한 함께 생활하는 중생에게 가르침을 말한다고 하는 측면도 있다고 생각합니다. 그것은 왕상회향의 작용 중에 있는 것이어서, 환상회향이 하화중생이라고 하는 것은 신란의 이해로부터 말씀드리면 조금 경우가 다르다고 생각됩니다.

고쿠부 우리 동료들이 동행이라고 해서 서로 마주보는 것은 어떻습니까?

테라가와 그것은 신심이 살아나는 인생입니다. 여래에게 구제받은 자의 증거로서, 함께 살아가는 사람과 형제라고 하는 관계를 맺는다. 이것이 상행대비입니다. 그러나 그것은 결코 저절로 되는 것은 아니고, 노력에 노력을 더해야 하는 것입니다. 노력이 있다면, 그것은 환상회향은 되지 않는다고 이해하고 있습니다.

운노 대단히 내용이 풍부한 뜻깊은 토론이 되었습니다. 감사합니다. 참으로 공부가 되었습니다. (박수)

제 6 장

종합토론
: 정토교와 기독교의 만남

야기: 브라후트 선생님과도 상의했습니다만, 제6 세션에서는 어떤 하나의 흐름을 만드는 것보다는 자유로운 방향으로 흘러가도록 하고 싶습니다. 지금까지 종교의 구제와 자각이라는 문제에 대해서 불교, 기독교의 이야기를 들었습니다. 특히 저 개인적으로도 이런 세미나에서 불교에 대한 수준 높은 이야기를 들을 수 있었던 것이 정말로 일본에 태어난 보람이라고 생각합니다. 거기에서 호넨과 신란의 일치와 대립, 대립이라기보다는 뉘앙스의 차이겠습니다만, 그런 것이 대두되었습니다. 다만 구제라고 할 경우 어디로부터 구제되는가 하는 문제가 있습니다. 그리고 자각에 대해서도 말씀이 있었습니다. 예를 들어서 타마키 코시로(玉城康四郎) 선생님은 "담마(法)가 나타난다"고 말씀하신 적이 있었는데, 이 문제가 아직 충분히 밝혀지지 않은 것 같습니다. 그래서 다음과 같이 한번 해보면 어떨까 합니다.

　먼저 불교라고 하면 상식적으로 번뇌나 업, 또는 육도윤회─신란은 오히려 유전(流轉)이라고 했다고 합니다─라는 말이 곧 떠오릅니다. 기독교의 경우는 죄와 벌을 상식적으로 생각할 수 있습니다. 이러한 문제를 각각의 입장에서, 예를 들어 번뇌나 업에 대한 호넨의 특징적인 이해는 무엇인가, 혹은 신란의 경우는 어떠했는가에 대해서 먼저 발표자 분들께서 짧게 말씀해 주셨으면 합니다. 논의의 불을 지핀다는 의미에서 제가 사회자로서 먼저 처음 몇 분간 말씀을 드리고, 다음으로 모모세 선생님, 후지모토 선생님, 테라가와 선생님의 순으로 조금씩 이야기해 해 주셨으면 합니다. 그런 뒤에 코멘트를 해주신 선생님들께 코멘트 하실 부분이 있으면 부탁 드리겠습니다. 그러고나서 자유롭게 토론하는 시간을 가졌으면 합니다. 그러면 어디로부터 구제되는가 하는 문제에 대해서 간략히 말씀드리겠습니다.

어디로부터의 구원인가

저는 그저 불교와 기독교의 비교나 대화라고 줄곧 생각해 왔기 때문에 이번에도 그와 같은 이야기를 했습니다. 어쩌면 프로테스탄트 교회는 구제를 어떻게 이해하는가에 대해서 이야기를 해야 했던 것 아닌가 하고 생각합니다. 그런 의미도 포함해서 매우 간단하게 바울의 죄 이해에 대해서 말씀을 드리고자 합니다. 이전부터 문제가 되듯이, 기독교와 불교를 비교하는 경우에 두드러지게 차이나는 점이 있습니다. 그것은 신과 유대 민족과의 관계라는 것입니다. 바울에게도 그와 같은 것이 있습니다. 신 야훼가 이스라엘 백성을 자신의 백성으로서 선택해서 그들과 계약을 맺었다는 말입니다. 계약이란 질서 있는 평화적 공존의 합의입니다. 우리에게는 그다지 낯익은 생각은 아니어서 이해하기가 어렵습니다만, 그러한 합의에 근거해서 신의 백성에게 의무가 발생합니다.

율법과 계약

그것이 율법입니다. 불교의 계(戒)에 해당할 지도 모르겠습니다. 율법은 법률, 도덕 그리고 제사에 대한 규정, 농경(農耕)에 대한 규정 등을 포함한 매우 광범위한 것인데, 그 배후에 신의 권위가 있습니다. 계약관계는 율법을 지킬 것을 요구합니다. 그래서 율법을 지키면 의(義)가 됩니다. 율법을 지키면 왜 의가 되는가 하면, 전통적인 유대교, 또는 바울에 영향을 주고 있는 사고방식에 의하면, 신과 계약을 맺는 관계에서 신이 요구하는 바를 완수하는 것이 의이기 때문입니다. 그러므로 휴머니즘적인 의미에서 도적적인 올바름과는 매우 다릅니다. 그런데 인간이 죄를 범했습니다. 이는 우선 분명하게 율법 위반이지요. 그러니까 죄라고 할 때에는 우선 율법 위반이라는 의미가 있습니다. 그 율법 위반에 대해서 신은 계약에 대한 성실함으로 말미암아 벌을 내립니다. 계약에 대한 신의 성실함이 신으로 하여금 계약을 위반한 자들에게 벌을 주지 않을 수 없게 만드는 것입니다. 계약관계에 있는 이상 계약을 파기하면 벌을 가하지 않을 수 없습니다. 그것도 신의 의에 속합니다. 대단히 간단하게 말씀을 드렸습니다만, 이러한 상황에서 백성이 죄를 지으면 신으로부터 벌을 받지 않으면 안 됩니다. 멸망한다는 말입니다. 백성을 처벌하여 멸하는 것이 신의 의입니다.

그리스도는 우리의 죄를 위해서 죽었다

그러나 신은 결정적인 심판을 내리지 않고 있었습니다. 바울보다 먼저 예루살렘 원시 교단에서 그리스도에 대한 선교가 이루어졌고, 거기서 이미 그렇게 선포되었습니다. 그리스도가 우리의 죄를 위해서 십자가에서 죽으셨고 다시 살아나셨다고 말입니다. 우리의 죄를 위해서라는 말을 어떻게 이해하면 좋을지 매우 어려운 점입니다. 한 가지 생각해 볼 수 있는 것은 일종의 회향(回向)입니다. 그러한 생각이 있다고 여겨집니다. 아미타불은 자신의 공덕을 다른 사람에게 돌려서 베푸십니다만, 그리스도의 경우는 역으로 사람의 죄를 떠맡는 것입니다. 말하자면 역방향의 회향입니다. 그래서 벌을 받아 죽습니다. 그것으로 말미암아 죄가 용서됩니다. 그러므로 여기서 용서란 우선 매우 법적인 개념입니다. 즉 신의 법정에서 무죄 선고를 받는 것이지요. 죄가 없어지는 것은 아닙니다. 율법을 어긴 인간이 죄가 있는 그대로 신의 법정에서 무죄선고를 받습니다. 율법을 부여했던 신 자신이 그리스도의 대속(代贖)에 근거해서 무죄선고를 내려줍니다. 그것이 의인(義認), 곧 의라고 인정을 받는다는 것입니다. 이러한 생각은 바울 이전에도 분명히 있었습니다.

신앙과 율법

그런데 교회를 박해하던 바울이 회심하고 기독교인이 되어서 가르침을 선교하면서 아주 분명한 내용이 첨가됩니다. 신앙이라는 요소가 첨가된 것입니다. 선교를 받아들여서 수용하는 것이 신앙이기 때문에 그렇습니다. 즉 바울은 율법을 지킴으로써 자신의 의를 주장하려던 지금까지의 행위를 포기한 것입니다. '믿음'에는 그러한 면이 있습니다. 자신의 모든 것을 그리스도에 맡기는 것이기 때문입니다. 거기서 새로운 사태가 전개됩니다. '믿음'이 매우 중요하게 됩니다. 바울은 그것을 신앙의인(信仰義認)이라는 형태로 표현하였습니다. 이제 예수 그리스도가 인간의 죄를 위해서 죽고 다시 살아나셨고, 그로 말미암아 신과 인간 사이에 새로운 계약이 성립되었다고 바울은 말합니다. 예수를 그리스도라고 믿는 사람은 신의 백성에 덧붙여질 수 있다는 계약입니다. "덧붙여질 수 있다"고 말했습니다. 새로운 계약이라는 상황에서 신이 백성에게 요구하는 것이 신앙입니다. 예수를 그리스도로 믿는 신앙입니다. 신앙이 요구되고 있기 때문에, 믿는 것, 곧 신앙이 의라고 여겨지는 것이지요. 이것이 바울이 말하는 신앙의인입니다. 율법을 행하는 것은 더 이상 중요하지 않게 되었습니다.

새로운 생명

거기로부터 또 한 가지 새로운 상황이 전개된다고 저는 생각합니다. 신앙 안에서 새로운 전환이 일어났습니다. 즉 지금까지의 자신이 죽고 새로운 생명에 눈을 떠서 살아가게 된 것입니다. 바울은 그것을 "신이 신의 아들을 내 안에 나타내셨다"(갈라디아서 1장 16절)라거나, "신이 우리들 마음속에서 빛나고, 그 결과 우리는 그리스도를 통해서 신을 알게 되었다"(고린도후서 4장 6절)는 말로 표현합니다. 요컨대 새로운 생명을 받아서 살게 된다는 말입니다. 그렇다면 그 이전의 삶의 방법을 거기로부터 되돌아 볼 수 있는데요, 예전에 열심히 율법을 지키고 있었을 때의 자신을 되돌아본다는 말입니다. 그렇게 되면 자신뿐만 아니라 율법을 행하는 모든 자들이 다 잘못이라는 말이 됩니다. 즉 새로운 생명을 받아서 살게 된 지금의 자아는 과거에 열심히 율법을 지켰던 것이 율법을 수단으로 해서 자아의 자기 주장을 하려는 것에 지나지 않았다는 사실을 알게 된 것입니다. 그것은 "자기"에게 눈을 뜨지 못한 "단순한 자아"의 자기주장이었음을 알게 되었다는 말입니다. 율법을 지키려고 하면 할수록 자신은 점점 더 죄와 죽음의 세력 안으로 깊이 말려 들어갔던 것이라는 뜻입니다.

새로운 죄 이해

여기서 '죄의 힘'이라는 의미로 단수명사인 '하마르티아'라는 말이 등장합니다. 이것은 복수의 율법 위반이 아닙니다. 즉 자신이 새로운 생명을 알지 못하는 자아인 그대로 살려고 애를 쓸 뿐 율법을 수단으로 삼아서 자신의 의를 세우려고 했다는 뜻입니다. 그렇게 해서 신과 사람에게 의로운 사람[義人]으로서 인정받고자 했다는 것이지요. 그렇게 하면 할수록 자신은 자신도 알지 못하는 죄의 세력 안으로 말려 들어갈 뿐이었다. 이것이 로마서 7장의 내용입니다. 이것은 저만의 해석이 아니라 현대의 신약학이 의견의 일치를 보는 곳이기도 합니다. 여기서 죄에 대한 새로운 이해가 등장합니다. 즉 새로운 생명을 받아서 살지 않는 옛 그대로의 자아가 자기주장을 하는 모습. 이것을 '카타 사르카'(육체에 따르는) 삶이라고 말하였던 것입니다. 여기서 '육체'란 눈에 보이는 형태를 지닌 것을 가리키고, 그러한 의미에서 율법의 문자도 동일합니다. 인간이 거기에 따라 살려고 하면 할수록 죄의 세력 안으로 끌려 들어가고, 그 결과는 죽음입니다. 그러므로 바울은 "율법의 문자는 죽이지만, 영은 살린다"(고린도후서 3장 6절)고 말합니다. 그렇게 되면 이제 죄의 세력으로부터의 해방이라는 두 번째의 구제 개념이 성립합니다. 어려운 것은 바울에게는 이 둘이 언제나 하나로 붙어 있다는 점입니다. 다시 말해서 율법 위반이 죄이고 그 죄가 속죄에 의해서 용서된다는 형태와 단순한 자아의 자기 주장은 죄이므로 거기로부터 구원받는 것이 구제라고 하는 두 가지 발상이 하나가 되어있다는 말입니다. 그러므로 이런 의미에서는 율법을 완전하게 지켜도 죄인일 뿐입니다. 이 두 가지 생각이 언제나 하나로 결합되어 있기 때문에 이해하기가 매우 어렵습니다. 바울 자신은 그것을 명쾌하게 해결하지 않은 채 그대로 두었습니다.

죄, 자아의 자기 주장

이처럼 기독교의 경우는 율법 위반의 죄와 그에 대한 신의 벌, 예수의 속죄에 의한 구제—무죄판결— 등등의 일련의 사상이 있습니다. 또 방금 말씀드렸던 자아의 자기 주장—번뇌적 자아라고 할 수 있을지도 모릅니다만—, 다시 말해서 자아가 자기 주장을 하면 할수록 더 깊게 죄의 지배력 안으로 빠져들어 간다는 생각이 있습니다. 그러나 그런 자신을 버리고 모든 것을 그리스도에 맡김으로서―이것이 신앙입니다― 새로운 생명을 받아 살게 되는데, 이것이 구제입니다. 이런 두 가지 생각이 있어서 이후로도 많은 형태로 영향을 주게 됩니다.

사회자가 이야기를 너무 길게 해서 죄송합니다. 이야기의 불씨를 지핀다는 의미에서 좀 보충하는 말을 드렸습니다. 그럼 모모세 선생님, "죄란 무엇인가" 이런 관점에서 말씀을 부탁드리겠습니다.

백성과 신의 계약

모모세: 야기 선생님이 바울의 신앙 의인이라는 문제를 다루셨으므로 그것을 전제로 하면서 다른 측면을 조금 보충할까 합니다. 이미 구약 시대의 이스라엘 백성에게 있었던 생각입니다. 계약이란 결코 개인과 신 사이의 계약이 아니고 이스라엘 백성과 신 사이의 계약입니다. 개인이 신앙에 의해서 구원되고 의롭게 된다는 생각, 다시 말해서 신과 '나', 혹은 그리스도와 '나'라는 식으로 개인의 관계를 강조한 것은 종교개혁 시대에 들어와서부터라고 생각합니다. 그리고 아마도 서방 교회에는 그러한 전통이 강하게 있었을지도 모릅니다. 구약성서의 전통에 따르자면―사실 예수의 '신의 나라'라는 복음은 매우 사회성을 가진 것입니다― 죄도 결코 '나'라는 개인이 죄의 세력에 묶여 있다는 것만이 아닙니다. 사회 전체가 그리고 세계 전체가 상처를 입고 있으니 이들이 구원받지 않으면 안 된다는 것입니다. 그러므로 구제란 악의 세력으로부터 구제되는 것이라고 해도 괜찮습니다만, 오직 '나'만의 구제라는 말은 아닙니다.

교제와 사랑의 회복

예수의 '신의 나라'에 대해서 말씀들 드렸습니다. 그것은 예수의 죽음과 부활을 통해서 기초가 마련되었던 것으로 형태화시키고자 하였습니다만, 이것을 좀 더 현대적으로 다시 말해 본다면, 무엇으로부터 구원되는가 하는 질문에 대해서 이런 식으로 말할 수 있을지도 모르겠습니다. 그 하나는 우상숭배로부터의 구제라고 할 수 있을까요? 신이 아닌 것을 가장 큰 가치라고 여기면서 살아가는 것 역시 악의 힘에 묶여 있을 뿐입니다. 개인의 삶의 방법만이 아니라 사회 전체의 가치 기준으로서 말입니다. 이것이 정말로 신을 중심으로 바꾸고 신의 사랑에 근거한 것으로 바꾸는 것, 이것이 구제가 지닌 하나의 측면이라고 생각합니다.

두 번째로 이것과 분리될 수 없는 것이 교제와 사랑의 회복이라고 생각합니다. 사회에서 이루어지는 인간 사이의 교제라는 것 말입니다. 이것은 서방 기독교의 역사 안에서 조금은 간과되기 쉬웠던 것은 아니었을까요? 개인의 구제만을 강조하기 십상이었던 것은 아닐까요? 원래 원시기독교의 의식은 '코이노니아' 즉 교제였습니다. 그리스도 안에서 회복된 신과의 교제이고, 신과 결합된 신의 아들들 사이의 교제입니다. 현대 사회에서 많은 이들이 사람과의 만남을 상실하고 있으며 고독에 빠져 있는 이때에 이것은 매우 중요하다고 생각합니다.

이웃 사랑과 신 사랑은 하나

오늘 테라가와 선생님의 말씀을 들으면서 저의 솔직한 의문은 사회와의 관계나 이웃과의 관계는 어떻게 이해할 수 있을까 하는 것이었습니다. 왜냐하면 기독교에서 이웃사랑을 빼놓고서 신의 사랑은 있을 수 없기 때문입니다. 교제가 없다면 자신의 구제도 있을 수 없다, 신을 사랑한다고 하면서 이웃을 미워하는 사람은 거짓말쟁이라고 말합니다. 입니다. 이것이 제게는 의문으로서 남아 있습니다. 하지만 이야기를 처음으로 돌리면 기독교가 말하는 구원이란 우선 고독(사랑의 상실, 교제의 상실)으로부터의 구제라고도 생각합니다.

그리고 세 번째는 죽음으로부터의 구제입니다. 악의 힘이란 결국 죽음─단지 육체의 죽음만이 아니고, 신의 생명에 반하는 형태로서의 죽음인데, 이처럼 매우 상징적인 의미에서의 죽음─을 가져오는데 이것으로부터 해방되는 것, 그래서 죽음을 넘어서는 생명을 기독교에서는 구원이라고 하는 것은 아닐까 생각합니다.

모든 우상숭배로부터의 자유, 교제의 회복, 사랑 그리고 죽음을 넘는 생명에 대한 희망. 이 세 가지가 현대식으로 말해서 신의 나라의 내용이라고 저 나름대로 제시할 수 있지 않을까 생각합니다.

'드러난다'란 무엇인가

야기: 감사합니다. 그런데 타마키 고시로 선생님의 말로 한다면 "담마가 나타난다"는 것입니다. 이번 테마에도 '자각'이 들어있는데, '나타난다'는 것은 도대체 무엇이 나타난다는 것일까요? 타마키 선생님의 입장에서 말한다면, 지금까지 보이지 않았던 것이 보이게 되었다, 덮개가 벗겨졌다는 것입니다. 모모세 선생님은 물론 우상 숭배라는 말로 간접적으로 말씀하셨습니다. 신과의 관계라고 해도 여러 가지 관계방식이 있겠습니다만, 그 점은 어떻습니까?

모모세: 글쎄요. 역시 지금 제가 말씀드렸던 같은 내용을 미리 선취해서

맛본다는 것입니다. 기독교인은 그리스도에 대한 신앙을 통해서 그렇게 감지하고 있겠지요. 더 구체적으로 말씀드리면, 세례라거나 성찬식에서 그리스도와 함께 죽고 그리스도와 함께 부활하는 것이 이 현실 세계 안에서 적어도 예고되었고, 거기에서 구원의 체험을 지금 이미 맛보고 있다는 말입니다. 그러한 체험 안에서 신앙인은 자신의 신앙을 이치로서가 아니라 자신을 살리는 어떤 것으로서 확증하는 것이 아닐까요? 그러므로 그러한 의미에서는 '나타난다'고 해도 괜찮을지 모르겠습니다.

야기: 감사합니다. 그럼, 후지모토 선생님 말씀해주세요.

오탁오세(五濁惡世)

후지모토: 정토교의 특징 중 하나를 불교의 역사 속에서 생각해 보면 이른바 인간관에서 찾을 수 있습니다. 예를 들어 번뇌나 무명이라는 말로 이해하는 인간관이 죄악생사(罪惡生死)의 범부라는 자각이라는 옮겨갑니다. 거기에 정토교가 아무래도 관련되어 있는 것 같습니다. 그리고 또 예를 들어서 〈아미타경〉등을 읽어보면 오탁악세나 말세(末世)라는 말로 표현되고 있습니다. 그렇다면 죄악이란 단지 한 인간 개인의 존재방식이라기보다는 오히려 그의 존재방식 뒤에 오탁악세라는 배경이 있는 것은 아닐까요? 이것이 정토교를 생각하는 하나의 포인트가 되는 것은 아닐까 생각합니다. 그러면 어디로부터 어디로 가는가 하는 문제가 되겠습니다만, 저는 오탁악세를 거슬러서 청정한 안양토(安養土)로 가는 것이라고 생각합니다. 정토의 "토"(土)가 그런 의미를 지닙니다.

죽음이란?

그 경우에 어제 그제의 이야기에서 특히 죽음을 하나의 계기로 하는 것이 호넨의 경우에 강하게 나타나 있다고 말했습니다. 그러나 종교적인 생각에서 죽음을 매순간 죽고 매순간 산다고 이해하는 방법도 있습니다. 또 하나는 레벤(Leben)으로서 생존하는 기간과 죽음 그리고 사후, 이 양면을 포함하고 있는 것은 과연 없을까? 이렇게 생각하게 되었습니다. 그렇다면 매순간 죽고 사는 바를 호넨은 평생(平生)이라는 말로 표현했던 것은 아닐까? 그리고 "살아 있는 삶 그리고 죽음 그리고 그 후에 어떻게 되는가"라는 물음에서 사후가 문제가 되고, "궁극적으로는 왕생정토를 설하는 것은 아닐까"라고 생각합니다. 그러한 사실을 지금 말했던 이중적인 의미로 호넨은 다음과 같이 말합니다. "왕생이란 여기를 버리고 저리로 가서 연꽃으로 화생(化生)한다." 이 말에는 두 가지 의미가 있다고 생각합니다. "여기를 버리고 저리로 가서 연꽃으로 화생한다"는 말을 살아있는 동안과 죽고 나서라는 식으로 고정화해서 생각해 버리기 쉽습니다. 그러나 지금 말씀드렸듯이 살고 죽는 것을 양면에서 이해할 필요가 있지 않겠습니까? 그 부분에 대한 해석이 하나의 포인트인 것 같습니다. 이처럼 어디에서 어디로 라는 것은 "여기를 버리고 저리로 간다"는 것인데, 그에 대한 해석이 여러 가지로 이루어지리라 생각합니다.

자각(自覺)

그리고 자각에 대해서 말씀드리면 예를 들어 "아미타불의 명호를 생각한다면 지계청정(持戒淸淨)한 사람과 같아진다"라는 구절도 있습니다. 저는 자각을 어제 말씀드렸던 이른바 삼연의 해석(三緣釋)으로 나타낼 수 있는 것은 아닐까 합니다.

야기: 말세에 오탁악세도 관계된다고 생각합니다. 번뇌나 죄악이라고
하면 잘 알고 있는 것처럼 느낍니다만, 호넨이 번뇌라고 했을 경우에 특별
히 이거다 하고 떠올렸던 것이나 혹은 중심 문제로 삼았던 번뇌가 있습니
까?

후지모토: 역시 난상(亂想)이겠지요. 난상이란 생각이 언제나 흐트러져
있다는 말이 아닐까 합니다. 그리고 테라가와 선생님 발표하신 입장과도
일치합니다만, 그것은 상몰상유전(常沒常流轉)이라고도 생각합니다.

야기: 그것은 번뇌입니까. 아니면 그 안에서 번뇌가 성립되는 것입니까?
즉 상몰상유전 자체가 번뇌를 표현하는 것입니까?

후지모토: 네. 그러한 존재방식이라고 이해하는 방법입니다.

야기: 감사합니다. 그러면 테라가와 선생님, 부탁드리겠습니다.

고(苦)로부터의 해탈

테라가와: 구제 혹은 구원이 과제가 될 때, 무엇으로부터 구원되는가 하
는 것이 공통의 물음이었습니다. 석가모니의 경우는 '고(苦)로부터의 해탈'
이었기 때문에 인생이 고 안에 있고, 그러한 고(苦) 안에 있는 생의 존재방
식을 넘어서 생으로부터 해방되는 것이 불교가 출발점에서부터 지니고 있
던 바람이었습니다. 그것을 바탕으로 하면서 지금 모모세 선생님의 말씀

을 들으면서 새삼스럽게 생각했던 것은 선택된 신의 백성, '백성'이라는 인간 이해입니다. 불교의 경우에는 '시방의 중생'이라는 말이 기본 개념입니다. 중생의 고전적인 의미는 중다(衆多), 즉 많은 생사를 받는다, 다양한 생의 존재방식을 무한히 반복하고 있다는 의미입니다. 거기에는 인도적 세계 혹은 중국적 세계가 자리잡고 있지요. '백성'이라는 소수의 인간 공동체를 가지고는 생각하기 어려운 망막한 인도의 대평원이나 중국의 대평원에 사는 인간의 존재방식입니다. 그러한 것이 역시 그림자를 드리우고 있다는 느낌입니다.

가 없는[無邊] 생사(生死)의 바다

하지만 중생은 다양한 문제를 가지고 있으므로 "가 없는 생사의 바다"라는 말로 이해되고 있습니다. 가 없는 생사의 바다를 넘어 가려는 곳에서 구제에 대한 기본적인 요구가 비롯되는 인간의 현실을 파악할 수 있는 것은 아닌가라고 생각합니다. 그 경우, 이것이 정토교의 특색입니다만, 인간이라는 존재는 가없는 생사의 바다에서 유전을 무한히 반복하고 있습니다. 그러므로 '백성'이라고 한정해서 이해하기는 어렵습니다. 그러한 인간이 살고 있는 시대라고 할까요, 역사의 상황이 있습니다. 그 상황이란, 선생님이 말씀하신 오탁오세라든지 말법(末法)이라는 말로 표현되듯이, 산다는 것이 쉽지 않다고 하는 상황입니다. 오탁오세에 내던져진 채 무한한 유전 속에서 살 수 밖에 없는 것이 구원을 희구하는 인간의 현실입니다. 그러한 상태로부터의 해방이라는 형태로 구원은 요구됩니다. 그때, 이런 눈이 신란과 만났다고 생각합니다. 중생이 신란을 만났다는 말입니다만, 그 중생은 유전 속에 있는 삶입니다. 이런 인간을 범부(凡夫)라고 합니다. 범부는 원어로 *prithag-jana*입니다. 범부라고 번역된 이 말은 '이생'(異生)

이라고 번역되기도 합니다. 이러한 인간의 삶의 방식이 신란에게 대단히 큰 문제로 비쳤던 것입니다. 이생이란 '서로 고립된 삶'이라는 의미를 읽어 낼 수 있는 말입니다. 함께 살면서도 서로 고립되어 있습니다. 그것이야말로 유전하는 삶의 가장 비참한 존재방식이라고 할 수 있습니다.

여래의 집, 정토

따라서 구원은, 조금 전 말씀드렸던 것처럼 구원을 현생정정취(現生正定聚)로 이해한 신란의 구제 이해로부터 생각해 보면, 명호로 돌아가서 현생에 정정취의 몸이 된 사람이 새롭게 찾아낸 삶으로 이해됩니다. 용수의 소박한 말을 빌리자면 '여래의 집', 세친(世親)의 말로 하자면 '정토의 가족'[眷屬]입니다. 새로운 삶은 이곳으로 받아들여진 것입니다. 따라서 신란이 말하는 현생정정취, 즉 명호로 돌아가서 새로운 삶에 눈을 뜬 삶은 여래 혹은 정토의 가족으로서 이해되었다고 할 수 있겠습니다. 정토는 어떤 세계인가 하면 서로 이생으로서 고립무원의 고독 속에서 살지 않으면 안 되는 존재, 이런 무거운 삶 속에 있던 존재가 여래의 집의 가족으로 받아들여졌다는 새로운 삶의 의미가 주어진 세계, 그 세계를 정토라고 합니다.

따라서 "정정취의 몸이 된 사람이 살아가는 인생, 즉 왕생정토한 인생, 그것이 정토이고, 모든 생명 있는 것은 여래의 정토의 가족이다", 그것은 "이런 삶의 의미를 증명해 가려는 염원 속에 살 수 있는 인생을 말하는 것이다"라고 신란을 이해했다고 저는 생각합니다. 백성이라는 형태를 취한 사회의 이미지가 거기에는 없기 때문에, 예를 들어 신의 나라라는 이미지는 아닙니다. 그러나 지금 말씀드린 것처럼 보다 넓은 것을 목표로 하는 삶의 방식, 이것이 신란에게는 구원받은 삶의 존재방식입니다. 아무래도 신란은 여기까지 생각하고 있지 않았나 여겨집니다. 마지막 부분은 시간이 없어서 말씀드리지 못했습니다만, 모모세 선생님의 질문에 다소나마 대답이 되었는지 모르겠습니다.

야기: 정말 감사합니다. 그러면 코멘테이터 분들께서 무언가 코멘트해 주실 것이 있으시면….

구제관은 어디에서?

오미네: '무엇으로부터 구원 받는가'라는 물음에 대한 대답은 예를 들어 "죄로부터의 해방이라든지, 혹은 번뇌로부터의 해방이라든지"라는 식으로 기독교나 불교로부터 대답이 있었습니다만, 한 가지 더 첨가하자면 "구제라는 관념이 어디에서 왔는가"라는 문제가 있다고 생각합니다. 테라가와 선생님은 신란의 경우에 구제라는 관념이 없다고 하셨습니다. 하지만 '구제'라는 말은 없어도 '구제'라는 말로 일컬어져 왔던 내용은 있습니다. 정토진종에도 있고, 기독교에도 있습니다. 이렇게 대개 "우리들이 구원이라고 부르는 관념은 도대체 어디로부터 비롯된 것인가? 즉 어디로부터 구원 받는가"라는 문제가 아니라, "구제라는 생각이 어디로부터 비롯되는가" 하는 문제입니다. 그러한 문제가 현대에는 있지 않을까요?

사람은 구제를 필요로 하고 있는가?

왜 이런 말씀을 드리는가 하면 현금의 시대는 도대체 인간에게 구제라는 관념이 자명한가 아닌가 하는 상황이 되어버렸다고 생각하기 때문입니다. 현대라는 사회는 사람들이 모두 구제를 간절히 바라고 있다는 사실로부터 출발할 수 없는 상황입니다. 그러므로 지금까지 기성의 종교인들이 당연하다는 듯이 말해왔던 구제를 필요로 하지 않는 듯한 의식이 오늘날에는 일반적이에요. 도대체 "구제란 무엇입니까?" 이 말은 "구제의 길을 어떻게 찾는가"라는 물음이라기보다는, "구제가 도대체 인간 존재에게 어떤 의미를 가지고 있을까" 하는 문제입니다. 우리가 구제를 말할 때, 기성의 신학이나 기성의 신앙 체계 안에서는 생각할 수 없는 상황이 있지 않을까 합니다. "구제가 어디로부터 비롯되는가"라는 물음도 중요하지만, 그와 동시에 "구제라는 생각이 도대체 어디로부터 비롯되는가"라는 문제가 있기에, 왠지 그러한 방향으로 생각을 하고 있었습니다.

야기: 선생님은 명호론이라는 주장을 갖고 계신다고 알고 있는데, 그것에 대해서 조금 말씀해주시겠습니까?

명호론(名號論)

오미네: 그러한 문제를 그저 실마리로 생각하고 있을 뿐이어서 내용은 좀처럼 진행되지 못했습니다. 실은 테라카와 선생님의 발표 후 시간이 있으면 질문을 드리고 싶었습니다. 야기 선생님이 말씀하신 표현으로서의 언어—저는 그 때 "명호란 과연 표현언어인가, 아닌가"라는 물음을 제시했습니다—와 연관된 문제입니다. 이하백도(二河白道)라는 비유입니다. 어떤 행자(行者)가 강을 건널 때 저편 기슭으로부터 아미타여래가 "이 쪽으로 오게"라고 부르는 본원초환(本願招喚)의 목소리가 있습니다. 그리고 이쪽 기슭으로부터 석가모니 부처님이 "저 편으로 가게"라는 목소리가 있고요. 이 두 목소리의 관계를 저는 생각하고 있습니다. 석가모니 부처님이 저쪽으로 가라고 할 때, 이것은 〈대무량수경〉의 가르침이라 말해도 좋다고 생각합니다만, 그 언어는 야기 선생님의 용어로 하자면 표현언어입니

다. '표현'의 의미가 문제이겠습니다만, 일단 정보언어가 아니라는 의미에서라면 표현언어라고 불러도 좋다고 생각합니다. 그런데 본원이 저 쪽에서 부른다고 할 때 이것은 인간의 언어가 아닙니다. 〈대무량수경〉이 텍스트입니다만, 물론 그것은 아미타불의 본원을 설하고 있습니다. 아미타불의 본원을 인간의 말로 표현하고 있습니다. 그 경우 "아미타불의 초환으로서의 목소리를 무언가 가장 근원적인 의미에서 언어라고 부를 수 없을까?" 그러한 생각입니다.

본원이 인간을 부르고 있다

왜냐하면 〈탄이초〉(歎異抄)에 "아미타불의 본원이 진실하시면 석존의 설법 또한 허언(虛言)일 수 없습니다"라는 말이 있고, 또 "석존의 설법이 허언이 아니면, 선도(善導)의 해석이 또한 허언일 수 없으며, 선도의 해석이 진실하시다면 호넨이 말씀하신 것도 허언일 수 없고, 호넨이 말씀하신 것이 진실하다면, 내가 말하는 것도 거짓이 아니다"라는 문장이 있습니다. 이 경우에 석가모니 부처님, 선도, 호넨이라는 식으로 등장하는 것은 인간의 표현언어의 전통이라고 생각합니다. 그 전에 석가모니 부처님의 설법이 거짓말이 아닌 것은 아미타불의 본원이 사실이기 때문이라고 말하고 있습니다. 본원이 인간을 부른다는 것을 일종의 원언어[原始言語]라고 생각할 수 없을까요? 표현언어 이전의 근저의 차원에 또 하나의 언어, 언어 그 자체를 성립시키는 그 무엇, 즉 표현언어가 되었든지 정보언어가 되었든지, 어쨌든 언어라는 것을 성립시키는 가장 기초가 되는 곳을 생각할 수 있습니다. 아마도 선종의 입장이라면 그것은 언어가 아닌 것, 언어를 끊는 지평이라 말할 수 있다고 생각합니다만, 정토진종의 경우는 언어의 가장 근저가 되는 곳에 원 언어와 같은 것을 생각할 수 있는 것은 아닌가? 그러므로 명호는 매우 소중합니다. 본원과 명호는 분리시킬 수 없습니다. 본원은 즉 명호이고, 명호는 즉 본원입니다. 그만큼 명호를 소중히 합니다. 명호란 이름입니다만, 이름을 하나의 원시 언어라고 생각할 수는 없을까요? 그 경우의 언어란 무언가에 대해서 말하는 언어는 아니라고 생각합니다. 아미타불이 우리를 부르는 것은 아미타불이 아미타불에 대해서 무언가를 말하고 있는 것이 아니고, 아미타불이 자신의 이름을 부르고 있습니다. 자기 자신을 말하고 있습니다. 그로 말미암아 언어의 가장 기본적인 곳에 "이름을 말한다"는 것이 있지 않을까? 뭐, 이런 것들을 생각하고 있습니다.

야기: 그 점을 자세히 말씀드릴 수 없었습니다만, 언어학이 말하는 언어의 기능론을 어제 말씀드렸습니다. 저 자신은 거기에 하나 더 추가해서 작용이라는 측면에서 다시 생각할 수 있다고 봅니다. 그렇다면 그 안에 "작용하는" 것이 있지요. 즉 상대의 응답을 재촉하는 작용 일반이 있습니다. 이것은 가장 원시적인 의미에서 언어라고 말할 수 있지 않을까, 저 자신은 그렇게 생각하고 있습니다.

언어의 기능

오미네: 언어의 제일 기본적인 기능은 무엇인가 하는 것이었습니다. 언어에는 여러 가지 기능이 있습니다. 아미타불이 말합니다 ― 인간이 말하는 것이 아니라 아미타불이 부릅니다. 하지만 아미타불이 부른다는 것은 무엇인가? 예부터 신이 말한다고 합니다만, 신이 말한다든가 부처가 말한다고 하면 왠지 모르게 신화적으로 들립니다. 신화적이라고 해서 특별히 나쁠 것은 없습니다만, 왠지 잘 이해가 안 됩니다. 신앙이 있는 사람은 알겠지만, 보통사람이라면 이해하기 어렵습니다. 인간이 말한다고 하지 않

지만, 말하는 것은 인간이 말하는 것이어서, 다른 존재가 말한다는 것은 겨우 비유 정도로 밖에는 여겨지지 않는다고 생각합니다.

언어가 말한다

그러나 하이데거의 언어론을 읽어 보면 아미타불이 나를 부른다는 것을 "언어가 말한다"(Die Sprache spriht)라고 이해하고 있는 듯합니다. 우리가 말하는 것이 아니고, 그렇다고 해서 신이 말하는 것도 아닙니다. 언어가 말합니다. 언어가 말한다는 것은 이상하지 않은가, 소리의 분절 기능도, 언어 능력도 없는데 언어가 말하다니, 그것이야말로 옛날이야기처럼 생각됩니다. 그러나 근본에서는 언어가 말한다. 인간이 무엇인가를 말하기 이전에, 언어가 말하는 것이 있지 않은가? 아미타불의 부름이라는 명호를 예로 든다면 그러한 식으로 해석할 수 있습니다. 그렇다고 해서 하이데거가 정토진종이라고 말씀드리는 것은 아닙니다. 제가 말씀드리려는 것은 도대체 왜 명호가 구제인가 라는 물음에 저는 계속해서 의문을 가지고 있었고, 인간이 말하지만 인간이 말하는 것은 언어가 말하는 것이 근저에 있기 때문이라는 언어론이 하나의 계시가 되는 것 같다는 뜻입니다. 지금 대체로 이런 것을 생각하고 있습니다.

야기: 이 문제에 대해서 선생님들로부터 무언가 하실 말씀이 계시면….

가르침의 언어

테라가와: 저희들은 근본어라는 말을 곧잘 합니다. '언어를 낳는 언어'라는 의미라고 생각합니다만, 신란이 존경했던 세친의 형으로 무착(無着, 無

著)이라는 사람이 있습니다. 그가 쓴 글 중에 언어를 말하고 들음으로써 유전(流轉)을 깊게 한다는 말, 그것이 '세상의 언어'[世間語]입니다. 한편 언어로 말해지는 그 언어를 들음으로써 유전을 부수고 열반으로 돌아가는 작용을 언어가 있는데 그것이 '가르침'이라는 말로 표현되는 언어입니다. 불교 고유의 딱딱한 말이지만, 가르침이라는 말을 이런 언어라고 이해합니다.

가장 청정한 법계. 이것은 진리의 세계라고 해도 괜찮고, 정토라고 이해해도 괜찮은 세계입니다. '등류'(等流)란 질은 바뀌지 않고 형태가 변해가는 것입니다. 가장 청정한 세계는 언어를 넘어서 있습니다. 그러나 언어를 넘어서 있는 지혜의 세계가 언어의 형태를 취하면서 전개해 갑니다. 이것이 등류입니다. 가르침이란 그러한 의미를 가진 언어입니다. 이것은 교법 (敎法) 전체에 대해서 하는 말입니다만, 명호는 그에 대한 상징이나 응집으로서 생각할 수 없을까요?

미타의 직설

오미네: 교법은 진리를 말하고 있는 언어입니다. 석가모니라고 해도 일단 인간의 언어지요. 그 석가모니 부처님의 가르침을 들어서 구원받는다는 것은 도대체 어떤 것인가요? 예를 들어 석가모니께서 말씀하신 여러 가지 정보 내용에 의해서 구원받는 것이 아닙니다. 그렇다면 개념이나 이법(理法)과는 다른 언어의 차원이 있게 됩니다. 구체적인 예를 들면, 아사하라 사이이치(淺原才市)의 노래 중에 "지금 설교한 것은 누군가"라고 묻고, "안라쿠지(安樂寺)의 스님"이라고 대답합니다. "그렇지 않겠지" 하고 자신에게 문답을 합니다. 그러고 나서는 "렌뇨(蓮如) 상인(上人)입니다."

"그렇지 않겠지. 아미타불의 직설(直說)이다, 아미타부처님이 직접 말씀하고 있다. 그것이 나무아미타불이다." 아사하라는 이렇게 노래합니다. 이 경우 안라쿠지의 주지스님이 표현언어이지요. 그 표현언어 안에 울리는 아미타불의 목소리, 아미타불의 언어, 아미타불의 직설을 아사하라 사이 이치는 들었던 것입니다. 즉 나무아미타불을 듣고서 구원받은 것입니다. 언어에 의해서 구원받았습니다. 그러한 언어의 차원이 가장 먼저 있다. 그곳이 정토진종이 아닐까 라고 저는 생각합니다.

염불 속에서 아미타불을 체험한다

야기: 명호란 아미타불의 자기표현이라는 말인가요? 저는 자기의 자각 언어라는 식으로 말씀드렸습니다만, 아미타불의 자기표현이 명호라면 확실히 그런 의미에서는 표현언어이군요.

테라가와: 너무 집요한 것 같지만, 아미타불의 자기표현이라는 이해는 물론 잘 알고 있습니다. 명호에 의해서 환기된 곳에서 아미타불을 느낀다고 우리들은 실감하고 있습니다. 아미타불의 표현이라기보다 언어로 말미암아 환기되며, 그곳에서 아미타불을 자각해 나갑니다. "아미타불의 자기표현"이라는 말은 아미타불이 먼저 있고 그 다음에 표현이 있다는 의미로 이해되지 말하는 법도 없겠다는 생각이 듭니다.

야기: "부른다, 대답한다"는 자타(自他)의 패러다임에서 말하는 경우가 있겠고, 이와는 달리 부름을 받아서 대답하는 것 자체가 아미타불의 자기 표현이라고 하는 경우도 있겠습니다. 이러한 두 가지 면이 있는 것은 아니겠습니까?

테라가와: 언어를 세심하게 구분하고자 할 뿐입니다. 아미타불의 자기 표현이라고 하면 "아미타불이 자기를 표현한다"는 말이 되지 않겠습니까? 제가 말씀드리려는 그런 것이 아니라 나무아미타불이라는 언어가 있고, 그 언어로 돌아갔다고 하는 자각을 얻었을 때, 거기에서 아미타불을 체험해 간다는 말입니다.

오미네: '표현'이라는 개념은 제 느낌으로는 아무래도 너무 간접적입니다. 저의 말로 하자면 명호는 표현언어가 아니라 '마지막 언어'입니다. 어제 말씀하신 정보언어가 가지고 있는 외적 검증성이란 사물과 사물을 표현하는 언어가 별개의 것이라고 전제하고 있다고 생각합니다. 언어와 그 언어에 의해서 말해지는 것이….

야기: 아닙니다. 그것의 일치가 검증입니다.

이름은 그것 자신

오미네: 일치하지 않는다는 것을 전제로 해놓고 나서, 그것이 일치하는가 일치하지 않는가 하고 검증하는 것이지요. 이름을 댄다든가 이름을 부른다고 할 때에는 이름은 이름을 가지고 있는 바로 그 자신이기에, 이것은 보통의 의미에서 표현이라고 할 수는 없다고 생각합니다. 나의 이름은 나를 표현하고 있다고는 말할 수 없습니다. 나의 이름은 나 자체입니다. 명호란 아미타불이 자신을 표현하는 것이 아니라 나무아미타불이라는 명호가 즉 부처입니다. 따라서 사물과 언어가 하나여서 나뉠 수 없는 언어, 그런 언어의 차원이 아닐까 생각합니다.

야기: 저는 사실 표현언어라는 말은 좋지 않다고 생각합니다. 넓은 언어

그룹을 지명하기 위해서는 괜찮습니다만, 종교언어의 경우는 역시 단지 '표현언어'로는 안 된다고 생각하고 그래서 '자기의 자각 언어'라고 말했던 것입니다. 여기에서 '나'라고 하면 결코 단순한 '나'는 아닙니다.

고쿠부: "예수가 생전에 제자에게 말했다", "석가모니가 생전에 제자들에게 말했다"라고 할 때의 말한다는 의미와 "아미타불이 말한다"고 할 때의 의미 그리고 이제는 이미 돌아가셔서 "그리스도가 된 예수가 말한다"고 할 때의 말한다는 의미는 다르다고 생각합니다.

야기: 다릅니다. 적어도 구별은 할 수 있지요. 그렇지만 일치점도 있습니다. 즉 인간 예수가 말하고 있지만, 그때 인간을 뛰어 넘는 것이 말하고 있다는 점이 있어서, 예수가 없어도 예수의 말이 그것을 자신 안에 불러일으킵니다. 인간 예수의 말이 결국 어디로부터 나왔는가를 묻는다면, 그리스도가 말하는 것과 연결됩니다. 이처럼 이 둘은 확실히 구별할 수 있지만 연결되어 있는 점도 있지 않을까요?

그러면 고쿠부 선생님, 차례가 좀 뒤바뀌었습니다만, 선생님의 코멘트를 계속해 주시지요.

신란 한사람을 위해

고쿠부: 테라가와 선생님은 중생이란 유전하는 삶이고, 그것이 범부라고 이해하고 계십니다. 신란은 '번뇌구족(煩惱具足)의 우리들'이라고 말했지요. 하지만 "신란 한 사람을 위해서"라고도 합니다. 이 둘은 어떻게 연결되는지요? 번뇌구족의 우리들이라고 할 때에는 인류를 말하는 것이고,

"신란 한사람을 위해서"라고 할 때의 그 '한 사람'도 번뇌구족이기 때문에, 한 사람이 구원되지 못하면 인류는 구원받지 못한다는 식으로 생각할 수는 없을까요? 번뇌구족의 우리들, 그 중 한 사람이 신란이니까, 그 한 사람의 신란은 번뇌구족이기 때문에 인류와 일치합니다. 그러므로 "신란 한 사람을 위해서"라는 말은 자신이 구원받지 못하면 인류는 구원되지 못한다는 뜻으로 이해할 수 없을까요?

테라가와: 말씀하신 그대로라고 생각합니다. 신란의 경우, 인류를 중생 혹은 시방의 중생이란 말로 나타내는데, 중생의 일례로서 자신을 보는 것이 아니라 자신에게서 중생을 느끼고 있습니다. 그러므로 신란은 자신의 구원이 시방의 중생의 구원과 관계된다고 느꼈음에 틀림없습니다. 다만 그 경우 조금 전 말했던 것처럼 범부라고 번역되고 있는 말은 이생이라는 말로도 번역됩니다.

'함께'의 세계

이생은 고독한 삶을 살고 있는 것을 의미하기 때문에 "신란 한 사람을 위해서"라고 말할 때의 한 사람은 달리 말하면 "속박의 업을 나누어 가지는 몸"이라고도 할 수 있습니다. "속박의 업을 나누어 가지는 몸"이 어쩔 수 없이 고립된 삶을 산다고 해석되기에, 이것은 자기 자신을 극히 구체적인 중생으로 이해한 것이라고 생각합니다.

중생은 이생으로서 유전합니다. 즉 함께 살면서도 절망적인 고독 안에서 자신을 느끼면서 삽니다. 이것이 인간 생의 몹시 비참한 상태이고, 그것으로부터 구원되려는 것이 역시 인간의 근본적인 요구이겠지요. 조금 전 말씀드렸던 것처럼, 구원됨으로써 열리는 세계가 '함께'라는 세계입니다.

하나의 사회라는 형태로 정해지지는 않았지만 여래의 집의 가족에 포함되었다든지, 정토의 가족에 포함되었다는 말로 용수와 세친이 말하는 '함께'라는 세계입니다. 신란은 구원을, 모모세 선생님이 말씀하신 대로, 사랑과 진리에 의해서 인간 사이의 교제가 다시금 이루어지는 바에 있다고 여겼던 것입니다.

야기: 감사합니다. 또 코멘트로 돌아가겠습니다. "번뇌나 죄라는 문제와 함께 도대체 왜 구제를 말하는가"라는 이야기도 있었습니다. 이 모든 것을 포함해서 오프너 선생님께서 말씀해 주시면….

구원은 신의 은혜

오프너: 방금 전 야기 선생님은 기독교의 구원에 대해서 말씀하시면서 구약 시대에는 율법을 지킴으로써 구원된다고 유대인은 생각했지만, 신약에서는 그리스도의 십자가의 속죄를 통해서 의롭다고 인정된다, 즉 구원받는다고 하셨습니다. 제 해석으로는 구약 시대의 사람들도 역시 동일한 그리스도의 속죄로 인해서, 신의 은혜에 의해서 구원받는다고 생각합니다. 결국 구약에서도 신약에서도 사람이 구원받는 것은 신의 은혜에 의한 것입니다. 사람의 노력이나 행위, 율법 준수 등에 의해서 구원받는 것이 아니라 신의 은혜에 의해서 구원됩니다.

제 생각을 정토교의 입장에서 말씀드리면, 예전에는 사람들이 자력으로 구원될 가능성이 있었지만, 지금 같은 말법 시대나 죄악의 시대에는 그것이 불가능하기 때문에 타력본원이라는 구제의 길이 주어졌다고 하는 것 같습니다. 하지만 석가모니의 시대나 저 옛날에 실제로 사람들이 자신의 능력으로 구원될 가능성이 있었던 것일까요? 만약 있었다고 한다면 현재에도 같은 방법으로 구원될 가능성은 없는 것일까요? 그리고 한 가지 더 말씀드리면 정토교의 입장에서 석가모니도 아미타불의 본원에 의해서, 혹은 아미타불의 대비에 의해서 구원된다고 해석할 수도 있는지요? 구제의 길이라든지 구원의 방법은 옛날과 현재가 다릅니까? 만약 같다고 한다면 같은 아미타불의 대비에 의해서 구원된다고 할 수 있는지요? 이러한 점에 대해서는 어떻게 생각하십니까?

야기: 그러면 우선 저에 대한 질문에 대해 말씀드리지요. 저는 바울의 구약 이해에 대해서 말씀드렸으므로, 그것과 구약 성서 시대의 종교인들이 실제로 어떠했는가 하는 것은 별개의 문제입니다. 물론 구약 성서에도 하나님의 은혜가 강조되고 있습니다. 죄를 범해도 하나님의 은혜에 의해서 용서받는다는 생각은 구약을 통해서 계속적으로 흘러오고 있습니다. 다만 바울은 조금 전에 말씀드렸던 것처럼 생각하고 있었지요. 그리고 예수와 바리새인들이 곧잘 대비됩니다만, 바리새인들도 역사적으로 잘 보면 신약성서가 이해하고 있는 바리새인들과는 실제로 상당히 다른 점이 있습니다. 따라서 제가 조금 전에 말씀드린 것은 어디까지나 바울이 생각했던 구약이라는 것입니다.

그리고 지금 하신 질문에 대해서입니다만, 자력에 의해서 구원될 가능성이 있는가? 또 석가모니도 아미타불에 의해서 구원된다고 할 수 있는가에 대해서는 어느 분에 대한 질문입니까?

오프너: 어느 분이라도 좋습니다만 정토교의 입장에서 대답을 들려주시면 좋겠습니다.

석가모니도 아미타불에 의해서 구원되었는가?

후지모토: 붓다의 말에 "나는 다르마에 의해서 깨달음을 얻었다. 다름 아니라 이 다르마를 존경하고 경청하고 지지해야 한다"는 말이 초기의 경전에 나와 있습니다. 그리고 일본어로 번역된 『붓다 최후의 여행』에는 "다르마에 의지하고 타인에 의지하지 않는다"는 말이 나옵니다. 그렇다면 "'다르마에 의지한다'라는 말을 어떻게 이해해야 하는가"라는 문제가 되겠지요. "다르마에 의지한다"라는 표현을 우리가 다르마를 타자로서 만나 거기에 의지한다고 이해한다면, 그것을 타력이라고 할 수도 있다고 생각합니다. 그러나 원시 불교에서는 그렇게는 받아들여지지 않은 것 같습니다. 이점은 미묘한 바가 있다고 생각합니다. 다만 다르마를 인격적이라고 할까요, 이른바 보신(報身)의 아미타불이라고 이해하는 인간관으로 받아들인다면 거기에는 하나의 연속적인 측면이 있겠지요. 이것이 제게 지금 떠오른 생각입니다.

오프너: 그렇다면 결국 석가모니도 아미타여래에 의해서 구원되었다고 해도 괜찮을까요?

진리가 석가모니에게 나타났다

테라가와: 조금 전에 야기 선생님이 "담마가 나에게 현현했다"는 말을 하셨습니다. 타마키 코시로 선생님의 말씀이었습니다. 담마 즉 다르마가 석가모니에게 나타났다. 이것이 고타마 싯다르타가 붓다라고 불리게 된 이유이고, 그 정각(正覺)의 내용이라는 생각입니다. 석가모니가 진리를 깨달았다는 말보다 진리가 석가모니에게 나타났다는 것이 사실에 가깝다는

생각이지요. 그것은 매우 알기 쉬운 것이고, 석가모니에게 나타난 담마가 어떠한 것일까 하고 탐구한 것이 그 후의 불교의 역사라고 이해할 수 있는 면도 있습니다. 신란의 눈으로 보면 담마가 곧 명호입니다. 나무아미타불이라는 말은 이해하기 어렵습니다. 그러나 세친이 말하는 "'귀명진시방무애광여래'—무한의 빛이 석가모니에게 나타나 석가모니가 빛 안에 있게 되었다"는 이것이 석가모니의 깨달음의 구체적인 형태였다고 이해한다면, 석가모니는 담마, 곧 나무아미타불이라는 언어로 표현되고—여기서 "표현"이라는 말이 문제가 되었습니다만— 작용하는 진리에 눈을 떴던 사람이라고 할 수 있겠지요. 신란의 눈은 그렇게 보고 있었다고 해도 무방하다고 생각합니다.

오프너: 결국 그것은 자력입니까, 타력입니까?

테라가와: 물론 타력입니다.

자력에 의한 구원의 가능성

오프너: 자력으로 구원될 가능성은 없다고 말할 수 있습니까?

테라가와: 그 문제가 참 어려워요. 석가모니는 연기의 법을 깨달았다고 옛 불교도들은 생각했습니다. 그 후 용수가 나타나고 세친이 나오고 신란이 나타나 담마가 명호라는 이해에 이르게 됩니다. 그 이전에는 석가모니가 수행에 의해서 연기의 법을 깨달았다고 하면서, 뭔가 석가모니를 조그맣게 이해했습니다. 그러한 생각은 잘못되었다고 지적했던 것이 용수이지요. 용수는 인간의 노력, 자력으로 깨달음을 얻는다는 생각은 잘못이라고

말합니다. 그것은 난행도(難行道)여서 이론적으로는 있을 수 있어도 현실에는 있을 수 없다는 것이지요. "인간이 해탈에 이르는 것은 다만 신불(信佛)의 인연에 의한 것이다, 부처를 믿는 그 길에서만 인간은 구원된다, 그것이 이행도(易行道)다"라고 용수는 말했습니다. 대승은 여기서부터 시작됩니다. 한 번 더 말씀드리면 석가모니가 출가해서 수행하여 깨달음을 얻은 것이 아니고, 석가모니가 열었던 그 길은 누구에게나 열려진 길입니다. 그렇기 때문에 석가모니가 했던 말에 의지해면서 석가모니처럼 노력하면 석가모니가 얻었던 동일한 깨달음에 이를 수 있습니다. 이것이 자력이 성립된 이유입니다. 그러나 그것은 석가모니를 너무 작게 해석한 것이기에 잘못이라고 했던 것이 용수라고 할 수 있습니다. 그러니까 사실 불교는 자력으로서는 있을 수 없다고 우리들은 생각합니다. 다만 선(禪)하는 분들은 다릅니다. 여러 가지 전통이 불교에는 있는 것이지요. 정토교에서 자력은 성립할 수 없습니다.

잡행(雜行)에 의한 구제

브라후트: 조그마한 보완적 질문입니다. 지금 "자력으로 구원될 가능성이 남아있느냐"라는 질문이 있었습니다. 그러면 "잡행에 의해서 구원될 가능성은 남아 있습니까?" 이것도 같을까요?

테라가와: 선도는 만불일생(萬不一生)이라고 합니다. 만에 하나도 없다는 뜻이지요.

야기: 자력이라고 할 경우 '자'(自)란 어떤 의미인가 하고 언제나 문제를 느낍니다. 선불교 분들께 그런 질문을 드리면, 아니, 선은 절대로 자력이

아니라는 분도 계십니다.

테라가와: 그렇겠지요. 도겐의 경우 "자기를 옮겨서 만법을 수증(修證)하는 것을 미혹[迷]이라고 하고, 만법에 나아가서 자기를 수증하는 것을 깨달음이라고 한다"고 말합니다. "만법에 나아가서 자기를 수증한다"는 것이 진리이니까요.

야기: 만일 전자에서 자기라고 할 때의 '자'가 자력의 '자'를 의미한다면, 그것은 단순한 자아의 노력이 되므로 이것은 절대로 불가능하지요.

오프너: 그러나 신란인지 호넨인지 잊어버렸습니다만, "옛날은 그랬지만 지금 같은 말법(末法) 죄악의 시대에는 불가능해졌다"라는 식으로 구별했다는 기억이 납니다. 제가 잘못 기억하고 있는 것인가요?

브라후트: 저도 지금까지 그렇게 생각했습니다. 신란의 말은 조금 애매한 것 같아요. 호넨은 잘 모르겠지만…. 인간의 나쁜 상황이란 어떤 것입니까? 그것은 본원적(本源的)인 것인가요, 그렇지 않으면 말법의 것인가요? 진짜 문제는 말법에 있습니까? 그렇지 않으면 인간의 근본 조건에 있습니까? 그것이 무언가 분명하지 않다는 느낌이 듭니다.

테라가와: 신란의 경우는 인간의 본질로서 죄장(罪障)을 말합니다. 단지 시대가 악하기에 구원되기 어렵다고 하는 것만은 아니라고 생각합니다. 분명히 인간이라는 존재는 근저로부터 죄장 안에 있다고 합니다.

브라후트: 다만 표현은 그렇지 않지 않을까요?

말법사관(末法史觀)

오미네: 그 경우 해석이 중요합니다. 이른바 말법사관(末法史觀)이 있지요. 말법의 시대에는 자력으로 구원될 수 없다고 신란도 그렇게 말합니다. 한편 인간은 본성 상 어떤 시대에도 자력으로는 구원되지 않는다고도 합니다. 두 가지 생각이 모두 있어요. 이렇게 말할 수 없을까요? 인간이 본성 상 구원되기 어렵다는 사실이 근원적으로 드러난 것은 하나의 역사적인 사건입니다. 니체가 유럽의 니힐리즘을 말했는데, 유럽의 니힐리즘은 하나의 역사적 개념이지요. 19세기말 유럽에서 나타났던 개념입니다. 중세 유럽도 아니고, 르네상스 시대의 유럽도 아니며, 동양도 아니라, 바야흐로 근대의 유럽이라고 하는 시간과 공간에 의해서 한정된 어떤 장소에서 일어났던 역사적 개념이라는 것입니다. 하지만 그것이 인간 존재의 어떤 본질적인 사건을 개시하는 것이기도 하지요. 19 세기 유럽이라는 장소가 없었다면 인간 존재의 그러한 본질은 개시되지 않았겠지만, 그러나 그것이 개시한 것은 시대를 뛰어넘는 사건이었다는 말입니다. 마찬가지로 신란이 자신을 말법의 범부로서 자각했을 때에도, 말법의 시대가 없었다면 개시될 수 없었던 인간 존재의 본성이라는 것이 있는 것은 아닐까요? 시간과 영원이 하나로 얽혀있지요.

번뇌구족은 인간의 본질

고쿠부: 신란의 인간 이해는 시간과 공간을 뛰어넘는다고 생각합니다. 말법이니까 번뇌구족이나 죄인이라는 말이 아니고, 번뇌구족이 인간 그 자체의 본질을 나타내고 있는 것이지요. 그러므로 자신이 번뇌구족이라고 말할 수 있기 위해서는 역시 빛이 와 닿아서 자신이 어디엔가 비치지 않으

면 안 되지요. 바울의 경우도 율법 앞에 섰을 때에 비로소 죄인이라고 하듯이, 무언가 완전자라는 것을 저쪽에 놓고 자신을 돌아볼 때 비로소 자신의 진짜 모습이 보이기 시작하는 것입니다.

야기: 제일 마지막 순서가 되어서 죄송합니다. 운노 선생님의 코멘트를 부탁드립니다.

구제와 눈뜸은 하나

운노: 제 생각으로는 불교의 경우 구제와 눈뜸은 하나가 아닐까 합니다. 예를 들어 무엇으로부터 구원되는가를 불교에서 잘 쓰이는 술어인 '본다'[見]는 말을 써서 거꾸로 '보는 것', 삿되게 '보는 것'으로부터의 구원이라고 할 수 있습니다. 간단하게 말하면 우리들이 사물을 보는 방식은 에고에 뿌리를 내리고 있는 잘못된 방식이어서 세계 그 자체를 보고 있지 않습니다. 이것으로부터 해방됨으로써 사물을 여실히 보고, 있는 그대로 보게 됩니다. 그러므로 무엇으로부터 구원되는가 하면, 거꾸로 "'보는 것'으로부터 구원되어서 동시에 진실, 여실, 사물 그 자체에 눈을 뜬다" 이런 것이 불교의 기본적인 입장이라고 생각합니다. 인도의 종교계나 사상계에서 '봄'의 문제가 중심이었기에 불교도 그것을 계승하지 않았을까 생각합니다.

정토교의 경우 '본다'고는 물론 말하지 않지만, 더 넓은 입장에서 '헤아림'[思量]으로부터 해방됨으로써 여실하게 인생을 응시하고, 단지 밖의 사물을 보는 것이 아니라 인간의 범부성과 번뇌성을 응시하는 눈뜸이라고 여깁니다. 그러나 그 눈뜸은 범부에게 눈을 뜨는 것만을 의미하는 것이 아닙니다. 범부에게 눈을 뜨는 것은 대비(大悲)에 의해서 눈을 뜨게 됩니다. 대비에 의해서 눈을 뜨게 되는 것과 범부에게 눈을 뜨는 것은 동시라고 생각합니다.

브라후트: 자신의 비참함을 본다 그리고 그 비참함을 능가하는 대비가 있다는 것인데 이것은 결국 이 둘은 같은 말이라고 저는 생각합니다. 자신을 죄인으로서 자각하고 비참한 존재로서 자각하는 것과 만물의 근저에서 구원해 주는 대비가 있다는 것은 그대로 같은 것이 아니겠습니까? 지금 밖의 것을 몰라서 자신을 본다고 말씀하셨지요. 아무 것도 자신을 넘는 것 없이 이중심신(二重深信)을 그대로 하나로 한다면 아무것도 남지 않는다는 느낌입니다. 자신만이, 비참한 자신만이 남겠지요.

고쿠부: 그것은 동시일 겁니다.

구원을 생각하지 않는 원인

브라후트: 저도 동시라고 생각합니다. 한 가지만 더 말씀드리겠습니다. 방금 전에 오미네 선생님은 "구원이라는 생각은 어디에서 오는가"라고 물으셨습니다. 매우 변증법적인 생각이군요. 한편에서 인간의 비참함을 느끼고, 다른 한편에서는 인간의 높은 사명이라는 생각이 동시에 없으면 성립되지 않겠지요. 가끔 생각하곤 합니다만, 현대인들에게 구원이 잘 이해되지 않는다는 말은 어디에서 나온 것일까요? 오늘날 인간은 비참함을 경험하지 않기 때문인가? 그렇지 않고 인간의 높은 사명을 믿을 수 없게 되었기 때문인가? 어느 쪽에 진짜 원인이 있을까 하는 것입니다.

야기: 문명이 자아의 문명이 되어 버렸으므로 깊은 차원이 가려져 있지 않습니까? 조금 전의 오미네 선생님이 제기하신 문제입니다만, 구약에서

도 신약에서도 무언가 인간을 뛰어넘는 곳으로부터 구원을 향해서 인간이 나아가도록 재촉하는 것이 있어요. 인간은 언제나 그것을 느끼고 있었고….

오미네: 구원이라는 관념이 발생하는 그 지대가 무언가에 의해서 은폐되어 있는 말씀이군요.

야기: 재촉하는 것이 분명히 들리는 차원을 현대 문명은 가리고 있다고 할까요? 자아와 정보언어가 결합되면 무언가 중요한 것이 가려버리는 일이 있습니다.

오미네: 그 곳을 은폐시키는 것을 제거한다는 일이 되겠군요. 그것이 끊임없이 이루어지지 않으면 번뇌구족의 범부로부터 구원된다는 것으로부터 시작해도, 뭐라고 할까요, 그것이 내부만의 이야기가 되고 말겠군요.

야기: "번뇌구족도 보이지 않고, 이것이 당연하잖아"라고 하면서 오히려 당당하게 나오게 되지요.

일상적인 비참함과 진정한 비참함

고쿠부: 인간의 비참함이라고 할 경우, 이른바 일상적인 비참함이지요. 그런데 불교, 특히 정토진종에서는, 연(緣)에 의해서—예를 들어 여래의 명호를 듣고 자신이 빛에 비추어진다는 연에 의해서— 자신을 보았을 때 느끼는 비참함이 진정한 비참함이지요. 그 진정한 비참함의 차원에서는 자신의 비참함과 여래의 대자대비가 동시에 하나가 됩니다. 그러니까 흔

히 말하는 비참함과 여래의 대자대비 혹은 무량광의 빛에 쏘여서 보이는 자신의 비참함이란 다르다고 생각합니다. 연이 있고, 아무런 신앙도 가지고 있지 않는 사람이 "자신은 비참하다"라고 하는 것은 참된 비참함을 보게 되는 계기가 된다고 생각합니다.

야기: 보통 말하는 비참함도 여래의 빛에 비추어져서 분명해지는 비참함의 그림자 같은 것을 품고 있지는 않을까 생각합니다. 그것조차 느끼지 못하는 상황도 있거든요. 모모세 씨, 어떻습니까? 교제와 사랑의 상실에 대해서 말씀하셨습니다만, 그것은 어떤 것인가요?

사는 의미

모모세: 저는 구원이라는 개념이 현대에 이르러 반드시 소원한 개념이 되어버렸다고는 생각하지 않습니다. 물론 '구원'이라는 말은 대단히 종교적인 냄새가 나는 말이어서 현대인의 멘탈리티와는 좀 다를 지도 모릅니다. 그러므로 '사는 의미에 대한 물음'이라는 관점에서 보고 싶습니다. 모든 사람은 의미를 묻습니다. "자신이 살아 있는 것은 왜일까"라고 말이지요. 인간답게 살고자 하는 사람이라면 그렇게 물을 것입니다. 거기서 굳이 '구원'이라는 말을 하지 않아도 좋다고 생각합니다. 의미를 상실하는 것은 역시 구원이 없는 상황입니다. 기독교에서는 '구원'이라거나 '속죄'라고 합니다만, 이것은 역사적인 문맥에서 발생한 개념입니다. 그것은 나름대로 매우 훌륭한 것이지요. 그러나 만일 그 말이 어색해졌다고 한다면 그 지평에서 다시 새로운 언어를 사용하면 됩니다. 그저 그렇게 하면 된다고 생각합니다.

오미네: 지금 갑자기 든 생각입니다만, 예를 들어서 "너는 구원받고 싶은 사람이다"고 했다고 합시다. 그 경우 "구원받고 싶다"는 말이 비교적 환기력을 가지고 있습니다. 그런데 불교에서 구원이라고 말하면 어떤 사람에게는 환기력이 있을지 모르지만, 구원이라는 말을 듣고 환기력을 점점 잃어버리게 된다고 하는 사람도 있습니다. 인간인 이상 구원이라는 말에 나타난 인간적 조건은 지금도 여전히 있다고 생각합니다. 그러나 거기에 환기력을 가지는 말을 재발견하지 않으면 아무리 신학적인 말을 한다고 해도 그 은폐된 지대를 더욱 더 은폐하는 방향으로 작용해버리는 —물론 언제나 꼭 그렇다고는 생각하지 않습니다만— 경향이 있는 것이 아닌지요? 모든 것은 결국 언어의 문제로 귀결된다는 생각이 드는군요.

운노: 미국에서 세이브(save)라는 말을 종교적 콘텍스트에서 사용하는 경우에는 대단히 가벼운 의미로 사용됩니다. "I was saved last night. 어젯밤 구원받았다"라고, 매우 간단하게 쓰는 언어입니다.

입상(立相)의 필요성

야기: 시간도 많이 갔으므로 앞으로 약30분간은 패널리스트들께서 자유롭게 발언해주시면 좋겠습니다. 우선 실마리를 푸는 의미에서 브라후트 선생님부터 말씀해주시면 감사하겠습니다.

브라후트: 같은 정토교 안에도, 또 기독교 안에도, 다양한 경향이 있습니다. 정토교 안에는 정토진종과 정토종이 따로따로 있어서 그 사이에는 미묘한 차이가 있다는 것도 배울 수 있었습니다. 후지모토 선생님은 일부러 그 점을 강조하신 것은 아닐까 합니다. 호넨이 말하는 입상(立相), 즉 형태

를 세운다는 것, 아미타불의 인격을 세운다는 것에 대해서 말씀하셨습니다. 아미타불에 대한 범부의 대향성(對向性) 혹은 대면성(對面性), 서양의 철학에서 말하면 간주관적(間主觀的) 관계를 강조하셨습니다. 그에 대해서 테라가와 선생님은 신란이 그러한 간주관적인 것이나 대향적인 것을 가능한 한 제외하려고 했다고 하시면서, 그것은 "실체적인 대응을 피하고자 했기 때문은 아니었을까"라고 말씀하셨습니다. 저도 역시 그런 느낌이 듭니다. 어떤 의미에서 무상(無相)이란 참된 종교성이라고 생각합니다. 특히 선불교에서 그런 느낌을 받습니다. 정토는 분명 이와는 다르겠지요. 거기에서는 언어가 근본적이니까 말입니다. 그런데도 신란은 가능한 한 그것을 줄이려는 경향이 있다고 여겨지는데, 입상이란 종교에서 어디까지 필요할 것인가? 종교인 한 입상이 있지 않을까? 저는 이런 생각을 하였습니다.

그리고 한 가지 덧붙이자면 테라가와 선생님도 역시 시골에 유배된 후 신란의 종교성이 상당히 발전했다고 하셨습니다. 범부를 위한 종교가 되었다는 말이겠지요. 그런데 범부를 위한 종교는 아무래도 입상을 필요로 한다는 느낌이 강하게 듭니다. 그것이 신란에게는 어떤 식으로 양립하는지 저는 잘 모르겠습니다. 어떤 의미에서 시골 사람들의 종교성은 비교적 미신적인 것이 많고 민속 신앙적인 것도 많지요. 그에 대해서 신란은 비교적 엄하게 금했던 것 같습니다. 이것은 미묘한 문제 제기이겠지만, 이런 문제를 말씀드리고 싶었습니다.

상에 붙잡히지 말라

후지모토: 실은 이 문제는 어느 쪽이라고 해도 불충분하다는 생각이 들므로 정말 말로는 표현하기 어려운 점이 있습니다. 예를 들어서 지금 범부

의 가르침이나 범부의 행처럼 범부라는 입장에 선다고 합시다. 예를 들어 여기에 브라후트 선생님이 계시기 때문에 여러분들은 이쪽을 보고 있습니다. 그러한 점을 주목할 필요가 있다고 생각합니다. 즉 상(相)에는 그러한 기능이 있는 것이 아니겠습니까? 이것은 선도가 지적하고 있습니다만, 가령 상을 세운다고 해도 범부는 그 상조차도 보지 않습니다. 볼 수 없습니다. 그러므로 하물며… 라는 해석이 우선 있습니다. 따라서 상을 세우는 것은 그것을 매개로 해서 리얼리티를 가져오려는 것은 아니겠습니까? 다만 상에 사로잡혀 버린다는 문제도 등장하는 것이 사실입니다. 이것은 특히 정토교에서는 호넨 이후 여러 가지로 문제가 되어왔습니다. 그리고 또 한 가지, 이것은 인간학적인 의미와도 관련된다고 생각합니다만, 부르면 응답한다는 매우 원시적인 사실입니다. 역시 상을 세우는 것은 모습이 있는 쪽으로 향한다고 하는 인간의 성향에 응한 것은 아닌가 합니다. 이 두 가지 점이 선도와 호넨이 "상을 세운다", "소리를 낸다"라고 한 이유라고 생각합니다.

신란은 정토진종을 세웠습니다. 그리고 자신이 세운 진종의 입장에서 지금 말씀하신 선이나 호넨의 유상성(有相性) 또는 소리라는 것을 다시금 새롭게 이해하려했던 것이 아니었을까 합니다.

유상(有相)의 의미

테라가와: 오늘날 넓은 의미에서의 종교 연구, 예를 들어 종교철학의 입장에서 유상, 무상에 대해서 모종의 관심을 가지고 다양하게 논하고 있는 것 같습니다. 그러한 관심 속에서 말해본다면 신란은 물론 유상입니다. 그에게도 범부의 불도라고 하는 기본적인 입장이 있기 때문입니다. 그런데

신란의 유상의 입장이 어떤 것인가에 대해서 말해 보면, 그는 선도가 말했던 지방입상(指方立相)에 대해서 꽤 거리를 두면서 비판적인 태도를 취했습니다. 정토 및 아미타불에 대한 신란의 이해를 보면 이렇게 생각할 수 있습니다.

정토란 도대체 어떤 세계인가? 가장 철저한 의미로 말한다면, 신란은 무상열반의 공덕이 지금 작용하고 있는 세계가 정토라고 말합니다. 그러니까 그것은 사후라든지 현세라든지 내세라고 한정할 수 없는 넓은 세계입니다. 그것을 체험의 입장에서 말하면 무량광명토(無量光明土), 즉 한없는 빛의 세계라고 해야 할 그런 세계입니다. 이처럼 신란은 정토에 대해서 자각적인 면과 체험적인 면에서 두 가지로 말합니다. 그런데 빛은 형태이고 정토의 공덕이라고 하더라도 역시 형태입니다. 그러한 의미에서는 유상의 입장입니다. 그러나 구상성(具象性)에 대해서 신란은 대단히 비판적입니다.

조금 전 말씀드렸던 것처럼 신란은 〈탄이초〉에서 인간 생명의 가장 비참한 상태를 "번뇌구족의 범부, 화택무상(火宅無常)의 세계는, 만사가 모두 헛소리요, 실없는 소리요, 참된 것이 없다"고 말합니다. 헛된 것에 지나지 않는다, 즉 생명의 공허성이고 허망성입니다. 허위성이야말로 인간에게 가장 비참한 상태라고 신란은 통감하고 있습니다. 그러한 비참한 상태를 낳는 가장 깊은 뿌리에 무명이라는 번뇌가 작용하고 있습니다. 이렇게 이해하기 때문에, 무명의 번뇌가 진실의 말을 만나서 부수어지는 거기에서 체험되는 것은—어둠이 부수어졌다는 것은 빛이 있음이 정해진 이치이기에— 무한한 빛의 세계지요. 이런 체험을 통해서 정토에 접합니다. 무한한 빛의 세계를 사후에 한정시킨다면 이미 잘못이라는 의미입니다. 그러나 빛은 형태이고 허위성을 부수는 것은 진실이라는 작용이기 때문에, 작용으로서 아미타불이라고 불리는 여래를 나타냅니다. 완전히 유상이지요.

다만 나무가 궁전이 있다거나 강이 흘러간다고 하는, 그런 극락정토라는 말에 들러붙어 있는 여러 가지 극히 구상적인 이미지는 오히려 정토의 순수함을 방해하는 것이 되겠기에, 그것은 가차 없이 떼어냅니다. 그러한 의미에서 유상성에 대한 반성이고 비판이기 때문에 무상의 입장은 아닙니다. 이것은 움직일 수 없다고 생각합니다.

왕생은 새로운 교제의 장에서 생긴다

모모세 선생님은 사랑에서 이루어지는 인간의 교제에 대해서 말씀하셨습니다. 전부터 쭉 이것이 매우 무거운 질문이라고 느끼고 있었습니다. 신란은 구원을 얻은 생이 무엇을 실현하려고 살아간다고 보았는가? 이 물음에 대해서 역시 신란의 말로 대답한다면 그것은 친구[同朋]입니다. 세친의 말로 하면 가족[眷屬]이고, 담란은 형제라고 대답합니다. 용수라면 '여래의 집'이라고 대답함으로써 꽤 구체적으로 진리 혹은 대비에 의한 인간의 교제라고 이해할 수 있는 것을 가리킵니다. 신란은 그것을 강하게 목표로 삼고 있습니다. 정토가 여래의 진실한 작용이 일어나는 세계라고 한다면, 신심에서 열린 삶은 고립된 삶을 살아가는 이생(異生)으로서의 인간이 여래의 가족이 되는 교제의 장을 새롭게 누리게 되고, 그러한 교제에 열린 삶이라고 신란은 말합니다. 왕생이란 그러한 생을 자신의 삶을 가지고 증명해가려는 의욕을 가지고 받아 누리는 인생입니다. 따라서 이 세상을 버리고 저 세상에 간다고 하는 것이 아닙니다. 낙토(樂土)인 정토를 꿈꾸면서 저쪽으로 간다는 것은 지극히 빈약한 왕생일 뿐입니다. 참된 왕생은 정토가 없는 곳에서 정토의 공덕을 살아가는 것, 즉 자신은 정토에 가지 않는다는 각오를 가지고 이 세상에서 지혜와 자비에 바탕한 인간의 교제를 한걸음씩 실현해가는 것입니다. 이것이 실은 왕생이라고 신란은 말하고 있는 것 같습니다. 그러므로 정토를 저쪽으로 가는 세계라고 생각하는 것은 꿈을 꾸고 있는 것에 불과하다고 신란은 여깁니다. 저는 신란이 이렇게 보았다고 생각하지 않을 수 없습니다.

상행대비(常行大悲)

운노: 선생님의 지금 설명 속에 예를 들어 상행대비라는 말을 적용시킬 수 있습니까?

테라가와: 그렇습니다. 그러한 것을 상행대비하는 삶의 방식이라고 하는 것은 아닐까요?

운노: 그러나 신란은 상행대비가 무엇인가에 대해서 선생님처럼 분명히 말하지는 않습니다. 신란 성인이 쓴 글 중에는 상행대비가 명확하게 이런 것이라고는 써 있지 않은 것 같은데, 그렇지 않습니까?

테라가와: 상행대비란 자기 자신이 염불 안에 살아가고 있다는 것, 즉 염불의 상속(相續)입니다. 그리고 인생의 모든 장면에서 다른 사람에게 염불을 권하는 삶이 상행대비입니다. 신란은 참된 불제자를 말하면서 이에 대해서 분명히 말하고 있습니다.

브라후트: 거기에 제가 방금 전에 말씀드렸던 것이 포함되는군요. 하지만 그것은 아직 종교 안에 머무르는 이타(利他)이지요. 염불을 가르치는 것은 아직 종교 안의 일입니다. 무언가 그것을 세속적이고 일상적인 곳으로 넘어 갈 방향은 없을까요?

부처가 없는 세계에서 대비를 행하다

테라가와: 여래의 대비, 지혜라고 해도 좋습니다만, 여래의 생명에 눈뜨지 못하고 오히려 그것에 등을 돌리고 살아가는 인간, 혹은 그런 것을 모르고 비참함 속에 있는 인간에게 대비로 삶을 받아 살아가는 삶에 눈을 뜰 수 있도록 염불을 권하는 행위가 상행대비입니다. 그것이 종교적 세계 안에서의 행위에 머무는지, 그렇지 않으면 그로부터 사회적인 형태로 노출되는 인간의 불행으로까지 나가는 것을 읽어내야 하는가는 하나의 과제입니다. 가장 철저한 왕생은 단순하게 안락정토, 즉 부처님이 계신 세계에 태어나기를 바라는 것만이 아니라, 부처님이 안 계신 세계에 살면서 대비를 행하려는 소망을 자신의 소망으로 하면서 사는 것입니다. 이것이 가장 철저한 왕생입니다. 이런 것이 〈정토론〉에 있습니다. 신란의 상행대비는 그것까지도 포함하는 것으로 읽어야 한다고 저는 생각하고 있습니다.

야기: 그런 이야기를 들으면, "그렇다면 그것을 환상(還相)이라고 해도 괜찮지 않은가"라는 느낌이 듭니다. 그래도 그렇게는 말하지 않습니까?

테라가와: 그것은 환상회향(還相回向)이라는 말에 부여한 정의(定義)에 반합니다. 그것은 왕생 혹은 원생(願生)에 포함됩니다.

야기: 과연 그렇군요. 이것은 환상이 아니고 왕생입니까?

고쿠부: 무불(無佛)의 세계를 향한 원생의 '원'(願)은 역시 부처의 본원, 즉 부처가 없는 세계에 자신이 태어나고 싶다고 생각하도록 만드는 것이 이른바 부처님의 원이지요.

테라가와: 말씀하신 그대로입니다. 본원을 믿는 것은 그러한 소원이 자신의 소원으로 상기된다는 것입니다. 그것까지 포함합니다.

고쿠부: 자기의 원생이 아니군요.

테라가와: 자기의 원생입니다. 다만 그 원생은 본원에 의해서 구원되어서 상기된 의욕입니다. 신란의 왕생이나 원생이 이런 내용이라는 사실을 잘 숙지한다면 '내'가 환상회향을 행한다는 생각에 빠지는 일도 없으리라고 생각합니다.

형태없는 세계가 참된 세계

오미네: 조금 전의 상(相)의 문제에 대해서 질문을 드려도 좋을까요? 호넨의 경우 지방입상이라고 해서 비교적 상이 강조되었습니다. 신란 성인의 경우도 근본적으로는 상의 입장인 것 같습니다. 하지만 문제는 상이 없어서는 안 된다는 의미를 신란의 정토교는 오히려 분명히 하지 않았나 하는 느낌을 받습니다.

이것은 정토교만이 아니라 유럽에서도 플라토니즘 이래 감성계와 초감성계의 관계라는 문제가 있습니다. 플라톤은 초감성계가 참이고 눈에 보이는 형태의 세계는 가상이거나 허위이고 미혹의 세계라고 보았습니다. 다만 플라톤의 경우 초감성계는 에이도스입니다. 그것은 형태가 있기에 무상은 아닙니다. 육안으로는 안 보이지만 영혼의 눈이라고 할 수 있는 사유에 의해서 파악하는 형태입니다. 이데아는 에이도스(形相)를 가지고 있다는 사고가 있습니다만, 결국은 형태가 없는 세계가 참이고, 형태가 있는 세계는 가상의 세계라는 생각이 줄곧 있어져 왔습니다. 근대에 들어와서 칸트가 예지계와 감성계, 현상계와 물자체라고 생각했던 경우도 마찬가지입니다. 현상계란 물리학이 성립하는 세계이기에 단순한 환영은 아닙니다만, 그래도 칸트 역시 마지막에 가서는 실천이성에 의해서 초감성계와의 관계를 가지고 현상계를 넘는다고 생각하였지요. 그러한 생각은 왠지 모르게 상에 근원적인 의미를 부여하지 않는 사상이 아닐까 생각합니다.

형태가 없기 때문에 자유롭게 형태를 취한다

그런데 담란의 말에 "무상이기 때문에 상이 되지 않을 수 없다"는 말이 있습니다. 무상임에도 불구하고 형태를 취한다는 생각은 흔히 있지만, 형태가 없기 때문에 오히려 자유자재로 형태를 취할 수 있다는 말입니다. 형태를 취하는 것이 아미타불의 자비의 나타남이기 때문에 상은 자비로부터 나온다는 것입니다. 단지 형태가 없는 곳에 머무르면 이것은 참된 불이 아닙니다. 방편법신이 그 배경으로 법성법신을 가지고 있다는 점이 신란이 호넨과 다른 차이라고 생각합니다. "형태도 색도 없는 진리 자체"라는 세계를 배경에 가지고 있습니다. 그러나 형태도 색도 없기 때문에 형태를 취한다고 생각하는 곳에 상이 가지는 근원적인 의미가 신란성인의 경우 나타나는 것은 아닐까라고 저는 생각합니다.

원력소성(願力所成)

테라가와: 선생님, 그것은 신란만이 아니라 근본무분별지(根本無分別智)를 분별후득지(分別後得智)로 전개한다는 것은 대승 불교의 지견이 아니겠습니까?

오미네: 정토교를 유상이라고 하셨습니다만, 유상의 정토교적인 의미라고 하겠지요.

테라가와: 무상의 작용을 상으로 나타내는 것입니다.

오미네: 불교 전체가 그렇습니다만, 그것은 상의 근원적인 중요성을 분명히 한 사상이라 할 수 있으리라 생각합니다.

테라가와: 무상이 유상보다 깊다고 합니다만, 그것은 잘못이에요. 유상이 무상보다 더 철저합니다. 형태가 없는 것이 형태를 취해서 작용하기 때문에 작용을 실현할 수 있지요.

오미네: 무상의 완성태라고 할까요?

테라가와: 그렇습니다. 무상의 완성태입니다.

오미네: 그러나 또 반대로 상을 취하는 것은 무상이기 때문이라는 면도 있습니다. 둘 사이에는 교호적인 관계가 있다고 생각합니다.

후지모토: 상이라고 하는 경우 역시 원력소성이라는 점이 중요합니다. 그래서 지방입상의 경우도 어디까지나 그 상은 원력소성이라고 하는 그러한 상입니다. 그것이 빠지면 무언가 이상하게 되어버립니다.

야기: 색즉시공, 공즉시색이니까, 모든 차원에서 공과 색의 관계가 관철되고 있겠지요.

테라가와: 형태를 취한 것이 형태가 없는 것보다 더 철저하다는 생각이 대승의 기본이지요.

야기: 그러한 것이 여러 가지 차원에서 말해지지요.

테라가와: 신란은 조금 전에 말씀드렸듯이 보리수가 있다든지, 팔공덕수(八功德水)가 흐른다든지 하는 말은 정말 꺼려했던 것 같습니다.

고쿠부: 근본무분별지란 이(理)의 세계입니다. 이른바 이 자체의 세계이지요. 분별후득지는 우리들에게 있는 세계이구요. 우리에게 있어서 분별후득지이지, 진리 그 자체는 근본무분별지이지요.

테라가와: 진리 자체는 근본무분별지가 깨닫는 대상[所證]입니다. 근본무분별지가 말하고 있는 것이 근본진리입니다.

고쿠부: 그것이 우리들에게는 이른바 후득지이기 때문에, 그 후득의 "후(後)란 우리에게 있어서"라고 받아들여야합니까?

테라가와: 그러한 의미도 있습니다만, 진리 자체가 여래라는 형태를 취해서 작용하는 경우 무분별지가 아니고 분별지입니다. 여래라는 것은 형태이기 때문에.

야기: 아직도 화제가 끝이 없습니다만, 이제 시간도 다 되었으므로 마치도록 하겠습니다. 여러분의 협력으로 많은 결실을 낸 토론을 할 수 있었습니다. 감사드립니다. (박수)

토 론 참 석 자 소 개

후지모토 기요히코(藤本浄彦)

1944년생. 와세다대학 제일문학부 졸업. 오타니대학 대학원 박사과정 수료. 현재 불교대학 교수.

주요 저서, 논문: 『実存的宗教論の研究』(平楽寺書店), "*Begründung des Japanischcn Amida-Buddhismus, Heiliger Honen* (1133-1212)" (Tohokai Verlag, Osaka), 『法然浄土教思想論』(平楽寺書店)

고쿠부 케이지(国分敬治)

1907년생. 현재 난잔대학 명예교수. 중세철학학회 명예회원.

주요 저서, 논문: 『生きることと死ぬこと』, 『パウロと親鸞』, 『キリスト教と浄土真宗』(法蔵館)

모모세 후미아키(百瀬文晃)

1940년생, 죠치대학 철학과 석사, 프랑크푸르트 성 게오르크신학대학 박사. 현재 죠치대학 신학부 교수.

주요 저서, 논문: "*Kreuzestheologie. Auseinandersetzung mit Jürgen Moltmann*"(Freiburg-Basel-Wien), 『イエス ・ キリストを学ぶ――下からのキリスト論』(中央出版社)

오미네 아키라(大峯顕)

1929년생. 쿄토대학 졸업. 현재 오사카대학 교수.

주요 저서, 논문: 『フィヒテ研究』(創文社), 『花月の思想』(晃洋書房), 『今日の宗教の可能性』(本願寺出版社)

클라크 오프너(Clark Offner)

1927년생. 드부크대학, 뉴욕신학교, 뉴욕대학대학원 졸업. 북 뱁티스트 신학대학 박사과정 수료. 시카고 대학대학원 학위 취득 후 연구. 현재 기독교 공동교회 감독.

주요 저서, 논문: "*Modern Japanese Religions*"(CE. J. Brill), "A Comparison of Salvation in the Amida Sects of Japanese Buddhism and Christianism"

시가라키 다카마로(信楽峻麿)

1926년생. 류코쿠대학 졸업. 현재 류코코대학 학장.

주요 저서, 논문: 『浄土教における信の研究』, 『親鸞における信の研究』(永田文昌堂), 『宗教と現代社会』(法蔵館)

테라가와 토시아키(寺川俊昭)

1928년생. 도쿄대학 문학부 졸업. 현재 오타니대학 학장.

주요 저서, 논문: 『清沢満之論』(文栄堂), 『歎異抄の思想的解明』(法蔵館), 『教行信証の思想』(文栄堂), 『親鸞のこころ』(有斐閣), 『市民と読む教行信証』4巻(文栄堂)

타이테츠 운노

1929년생. 캘리포니아대학 졸업. 도쿄대학대학원 박사과정 수료. 현재 스미스대학 종교학과 교수.

주요 저서, 논문: "The Religious Philosophy of Nishitani Keiji", "The Religious Philosophy of Tanabe Hajime", "Tannisho: A Shin Buddhist Classic"

얀 반 브라후트(Jan Van Bragt)

1928년생. 루뱅대학 (벨기에) 졸업. 현재 난잔종교문화연구소 소장.

주요 저서: *"De Jonge Hegel en 'Das Leben'. Zen und die Kunste"* (共著)

야기 세이이치(八木誠一)

1932년생. 도쿄대학대학원박사과정수료. 현재 도쿄공업대학명예교수, 쇼인학원 요코하마대학교수.

주요 저서, 논문: 『新約思想のの成立』(新教出版), 『キリストとイエス』(講談社), 『イエスと現代』(NHKブックス), 『仏教とキリスト教の接点』, 『パウロ・親鸞*イエス・禅』, 『フロント構造の哲学』

역 자 후 기

　이번에 난잔종교문화연구소연구총서 제4권으로『정토교와 기독교』를 두 사람이 함께 번역하게 된 인연은 작년 2016년 3월 난잔종교문화연구소연구총서 제3권으로 출판된『참회도의 철학』(타나베 하지메 저, 김승철 역, 도서출판 동연) 서평회에 김호성이 서평위원으로 참여한 것에서부터 시작되었습니다.

　『정토교와 기독교』를 함께 번역하면 좋겠다는 김승철의 제안을 김호성이 적극적으로 받아들이게 된 것은 불교와 기독교의 대화를 통해서 불교와 기독교를 좀 더 심층적으로 이해하고자 하는 두 사람의 바람이 평소부터 있었기 때문이라고 생각합니다. 특히 기독교와의 대화를 통해서 정토교, 특히 일본 정토교에 대한 이야기를 한국에 좀 더 소개한다는 것도 의의가 있었습니다. 그도 그럴 것이 우리나라 불교계에는 현재 정토교에 관한 이야기가 극히 희미한 형편이고, 더군다나 일본 정토교에 대해서는 글을 찾아보기 쉽지 않은 것이 현실입니다. (한국에는 일본의 정토교에 대해서 비교적 덜 알려져 있다고 여겨져서 이 책에 실린 정토교 관련 논문에는 원문에는 없는 역자주를 가능한 한 상세히 달았습니다.)

　역자 김호성은 근래 10년 정도, 일본 정토교에 대한 공부를 해왔습니다. 그런데 그 교과서 역할을 한 것은 야나기 무네요시(柳宗悅)의 책『나무아미타불』이었습니다. 이를 읽고 또 읽고, 말하고, 그러면서 번역을 해왔습니다. 이 책은 금년에 나오리라고 생각합니다만, 저자 야나기는 이른바 '종문(宗門)의 사람'이 아닙니다. 정토교 종단의 사람이 아니라는 것입니다. 정토교 종단에 소속된 학자나 스님이 아니라는 의미입니다. 그런 점이 좋아서 빨려 들어갔다고 볼 수도 있습니다. 그만큼 저역시 종문에 갇힌 해석 보다는 자유로운 필자들의 관점에 더 큰 매력을 느꼈다고 할 수 있습니다.

그런데 그것은 한계가 있는 이야기일 것입니다. 종문에 갇히지 않는 것은 좋지만, 종문에서 하는 이야기를 알고는 있어야 할 것이기 때문입니다. 그런 점에서 정토종 개조 호넨에 대한 논문 1편과 정토진종 개조 신란에 대한 논문 2편은 역자들의 안목을 크게 넓혀주었지만, 이 책을 읽으시는 모든 분들에게도 같은 일이 가능해지기시를 희망해봅니다.

나아가 지금까지의 기독교와 불교의 대화는 주로 선불교를 중심으로 이루어져 온 것이 사실이기 때문에 정토교를 통해서 기독교를 이해하는 시도는 신선한 의미조차 지니고 있다고도 여겨집니다.

같은 불교라고는 해도 정토종의 학자와 정토진종의 학자가 만나서 허심탄회하게 이야기하는 것은, 어쩌면 현재 일본에서도 쉬운 것만은 아닐 것 같습니다. 그 중에서도 같은 신란을 이야기하고 있지만, 혼간지파(本願寺派; 류고쿠대학龍谷大學)와 오타니파(大谷派; 오타니대학大谷大學)에 소속된 학자들이 만나서 토론하는 것도 쉬운 일은 아니라 봅니다. 그런데 그 모든 '다른 종문'들이 한 자리에 모여서 토론하고 대화를 나누었습니다. 이는 오랫동안 기독교와 불교의 대화를 설립 목적으로 해 온 난잔종교문화연구소의 공덕이라고도 감히 생각해봅니다.

현재 일본에서는 동서종교교류학회를 통해서 기독교와 불교의 대화가 지속적으로 이루어지고 있습니다. 이 학회는 현재도 매년 여름에 쿄토에서 모임을 지속하고 있는데, 난잔종교문화연구소는 지금도 이 학회의 사무국을 맡아보고 있고, 역자 김승철도 사무담당 이사로서 이 학회에 참여하고 있습니다.

불교의 정토종단측 학자들에 대하여 기독교 신학을 전공한 학자들이 질의를 하고 논평을 하는 모습을 보면서, 한국의 기독교 신학자와 불교 학자분들께도 어떤 시사점을 주는 것은 아닐까 하고 역자들은 생각하고 있습니다. 기독교 신학자가 불교를 통해서 기독교를 이해하고, 불교학자가 기독교를 통해서 불교를 이해하는 작업, 다시 말하자면 상대방이라는 거울에 자신을 비추어 봄으로서 자신을 이해하는 작업은 오늘날처럼 다원화된 사회에 있어서 더 이상 선택이 아니라 필수적인 길이라고 여겨지기 때문입니다.

정토교와 기독교의 만남을 소개한 이 책을 통하여, 우리나라의 기독교인들과 불교인들이 종교 간의 대화에 더 관심을 가지시고 보다 더 상대방을 이해할 수 있게 되기를 바랍니다. 그래서 종교 간의 평화와 공생(共生)을 위하여 성찰할 수 있는 가능성을 제공하게 되기를 간절히 빌어 봅니다.

참고로 번역은 김승철이 〈오리엔테이션〉과 2, 4, 6장, 김호성이 1, 3, 5장을 각각 맡아서 하였고, 전체적인 교정을 두 사람이 함께하는 방식으로 이루어졌음을 밝혀 둡니다.

끝으로 이 책을 곱게 펴내 주신 도서출판 동연의 김영호 선생님과 편집부 여러분의 노고에 감사드립니다.

2017년 2월

역자 김호성, 김승철

역 자 소 개

김호성(金浩星)

동국대 불교대학 인도철학과에서 학사, 석사, 박사를 취득하였으며 현재 동국대 대학원 인도철학과 교수 및 불교학부 교수이다.

일본 교토의 붓교(佛敎)대학(2002. 9-2003. 8)과 코치(高知)대학(2013. 3-10)에서 연구하였다. 2005년부터 일본 불교사독서회를 이끌고 있고, 보조사상연구원장도 겸하고 있다.

지은 책으로는 『대승경전과 선』, 『천수경의 새로운 이해』, 『불교해석학연구』, 『경허의 얼굴』, 『바가바드기타의 철학적 이해』, 『힌두교와 불교』, 『결사, 근현대 한국불교의 새얼굴』 등이 있다. 근래는 정토불교의 연구와 권진(勸進)에 힘을 기울이고 있다.

김승철(金承哲)

고려대학교 물리학과와 감리교신학대학대학원을 졸업하고 스위스 바젤대학교에서 신학박사학위를 취득하였다. 부산신학교와 킨조학원대학(金城學院大學)의 교수를 거쳐서 현재 일본 난잔대학(南山大學) 인문학부 교수와 난잔종교문화연구소 소장으로 있다.

지은 책으로는 『無住와 放浪: 기독교 신학의 불교적 상상력』, 『벚꽃과 그리스도: 문학으로 보는 일본 기독교의 계보』, 『神と遺伝子: 遺伝子工学時代におけるキリスト敎』, 『DNA에서 만나는 신과 인간』, 『해체주의적 글쓰기와 다원주의로 신학하기』, 『엔도 슈사쿠의 문학과 기독교: 어머니되시는 신을 찾아서』, 『대지와 바람: 동양신학의 조형을 위한 해석학적 시도』, 『〈침묵〉의 소리』 등이 있으며, 종교 간의 대화나 종교와 과학의 대화와 관련된 역서 및 논문들이 있다.